mandelbaum *verlag*

Rudolf Kauders

Donauwalzer am Irawadi

Exil in England, Kampf in Burma, Rückkehr nach Wien

Herausgegeben von Lilian Kauders

mandelbaum *verlag*

Die erste Auflage dieses Buches wurde gemeinsam von Tanja Gausterer und Lilian Kauders herausgegeben und erschien in der Reihe:
Exil-Leben. Dokumente und Materialien, Band 1
Für die Österreichische Gesellschaft für Exilforschung (öge)
herausgegeben von Evelyn Adunka, Fritz Hausjell und Friedrich Stadler

Wir danken den Bezirksmuseen Wien Brigittenau und Wien Floridsdorf für die Beratung und die Bereitstellung der Bilder.

www.mandelbaum.at

ISBN 978-3-85476-925-5

2. Auflage 2023

Satz & Umschlaggestaltung: Michael Baiculescu
Druck: PrimeRate, Budapest

INHALTSVERZEICHNIS

TEIL 2 – ENGLAND
Bearbeitet von Tanja Gausterer

TEIL 3 –BURMA
Bearbeitet von Lilian Kauders

DANKSAGUNG

Im Sinne meines Vaters, dem die Veröffentlichung seiner Geschichten und Zeichnungen seit Langem ein Anliegen war, möchte ich mich bei allen bedanken, die zur Herausgabe des vorliegenden Bandes beigetragen haben:

- Bei der Gesellschaft für Exilforschung, die dieses Buchprojekt ermöglicht hat, wobei Friedrich Stadler (Leiter des Wissenschaftlichen Beirats der öge) für die Startinitiative gedankt sei, Simon Usaty für seine unermüdliche, tatkräftige Unterstützung und vor allem Fritz Hausjell für seinen persönlichen, aufmunternden Einsatz bei der fachlichen Gesamtbegleitung.
- Weiters bei meiner Familie: meinen Eltern, den Onkeln Hermann (Humschi) und Paul Kauders, deren Cousin Hermann Zerbs und insbesondere meiner Schwester Elisabeth, die mir in inhaltlicher und sprachlicher Hinsicht wesentlich geholfen hat, wie auch Mario Smole für seine wertvollen Korrekturen; weiters allen Weggefährten, sowie allen Zeitzeugen aus dem Freundes- und Bekanntenkreis meiner Eltern, die mitgeholfen haben, die damaligen Ereignisse in Erinnerung zu rufen.
- Peter Menasse danke ich für die Zurverfügungstellung eines aufschlussreichen Briefes seines Vaters, Kurt Menasse, aus Burma.
- Herzlichen Dank an Lucia Schwarz, die viele Stunden ihrer Freizeit bei Endarbeiten geopfert hat.
- Besonderer Dank geht an all jene, die die Bearbeiterinnen mit Ratschlägen, Ideen und Informationen versorgt haben, Tanja Gausterer für ihre sorgfältige und umsichtige Mitherausgebertätigkeit, gedankt sei.
- Nicht zuletzt danke ich dem Mandelbaum Verlag für die engagierte Betreuung.

Danksagung zur zweiten Auflage

Ich möchte mich bei allen bedanken, die dazu beigetragen haben, dass die zweite, erweiterte Auflage mit einer Reihe von interessanten Zusätzen erscheinen kann:

– Beim Mandelbaum Verlag für die Gelegenheit, die zweite Auflage mit einem aktualisierten Anhang zu versehen und die besondere Unterstützung bei der Fertigstellung desselben.
– Bei Dr. Peter Pirker, dass er seinen Text *Österreicher in der britischen Armee, 193–1948* für diese Auflage zur Verfügung gestellt hat, sodass die Lebenserinnerungen von Rudolf Kauders in den sonst erst wenig beleuchteten historischen Kontext gestellt werden können.
– Bei Dr. Paulus Ebner, Leiter des Archivs der TU Wien, für die Interpretation der historischen Studienunterlagen, wodurch u. a. Datierung und Umstände wichtiger Ereignisse aus jenen Jahren geklärt werden konnten.
– Bei Dr. Christoph Mentschl dafür, dass er ein aktuelles Foto der Gebäude des ehemaligen Camp Peveril zur Verfügung gestellt hat, was den Karikaturen und Geschichten aus der Internierung einen „Ort der Handlung" gibt.
– Bei Dr.[in] Susanne Fritsch-Rübsamen vom Wiener Stadt- und Landesarchiv für die Suche nach einer Dokumentation der Zwangsarbeit von Rudolf Kauders sen.
– Bei Dr. Joseph Klement und seinem Team im Nationalfonds der Republik Österreich für die Recherche zu Dipl.-Ing Gisbert Hatschek, dem Förderer von Rudolf Kauders in Peveril Camp.
– Bei Dr.[in] Ursula Schwarz (DÖW) für die Bereitstellung von 16 Dokumenten zur „Arisierung" der Kauders'schen Gemeindewohnung.
– Sowie bei Marlene Deibl PhD für die Hilfe bei der Fertigstellung des Typoskripts.
– Meiner Schwester Elisabeth Kauders danke ich wieder für ihre wertvolle Unterstützung in inhaltlicher und sprachlicher Hinsicht.

LILIAN KAUDERS

DANIEL DÜSENTRIEB IM DSCHUNGEL

Die Lebenserinnerungen von Rudolf Kauders sind eine ganz besondere historische Quelle. In Österreich und Deutschland ist bis heute so gut wie unbekannt, dass jüdische Flüchtlinge, die in die englische oder US-amerikanische Armee eingetreten sind, auch im sogenannten pazifischen Krieg eingesetzt wurden.

Für die Betroffenen war das alles andere als ein erwünschtes Abenteuer. Mein inzwischen verstorbener Onkel Kurt Menasse, der Rudolf Kauders' Schicksal teilte, berichtete, absolut geschockt gewesen zu sein, als nach dem Ende der Grundausbildung in Schottland die Uniformen ausgegeben wurden, und er, als einer von ganz wenigen, die „tropical uniform" bekam, Moskitonetz inklusive. Als Geschichtsvolte erscheint es geradezu grotesk: Junge deutschsprachige Juden, die darauf brannten, zurück auf dem Kontinent die Nazis zu bekämpfen und ihre vom Tod bedrohten Familien zu befreien, wurden in Schiffen um die halbe Welt geschafft, um in Burma an einem unübersichtlichen, grausamen Dschungelkrieg gegen die mit Hitler-Deutschland verbündeten Japaner teilzunehmen. Dort hatten sie es nicht nur mit japanischen Scharfschützen, sondern auch mit Skorpionen, Schlangen, Moskitos und allen möglichen tropischen Krankheiten zu tun, mit der Malaria, der Cholera und der Ruhr.

Als ich in den Jahren um die Jahrtausendwende begann, für meinen Roman „Vienna" die burmesische Geschichte meines Onkels zu recherchieren, hätte ich mir gewünscht, ein Buch wie das von Rudolf Kauders mit solchen lebendigen und pointierten Schilderungen in Händen zu haben. Damals fand ich dazu nur Zeitzeugen-Literatur aus dem englischsprachigen Raum.

Der Kampf in Burma ist natürlich der exotischste Part im Leben von Rudolf Kauders, aber er ist nicht alles. Es ist eine kluge Entscheidung, auch die vielfältigen Kindheitserinnerungen als armes Wiener Arbeiterkind mit aufzunehmen. So wird noch einmal deutlich, wie vollkommen unberechenbar das Schicksal mit den Juden umgesprungen ist. Die das Glück vor Auschwitz bewahrte, konnte es wahrlich überall hinspülen, nach Shanghai oder nach Lateinamerika, und eben auch als Soldat in den burmesischen Dschungel. Davor jedoch standen Kindheiten, die denen der „Arier" durchaus glichen, ganz normale, ja: glückliche Kindheiten im Wien der Zwanzigerjahre. Den Antisemitismus gab es wohl, aber für ein Kind war er nicht mehr als ein unangenehmes Geräusch dann und wann. Auch das erinnert uns daran, zeitgenössische Misstöne nicht zu unterschätzen: man sieht einem kleinen Rinnsal eben nicht an, ob daraus bald ein reißender Strom wird.

An Rudolf Kauders' Texten fällt besonders sein leichter, pointierter Ton auf. Die Gräuel und Grausamkeiten, die besonders im burmesischen Dschungelkrieg, aber gelegentlich auch davor in Wien geschehen sind, muss man zwischen den Zeilen geradezu mit der Lupe suchen. Das ist ein typisches Verhalten, das ich aus meiner eigenen Familie nur allzu gut kenne, dem von Nachgeborenen aber oft mit Unverständnis begegnet wird: Dass sich der Überlebende auf das Witzige scheinbar beschränkt, während er das Schreckliche einfach weglässt. Dabei scheint mir das im Gegenteil ein gelungenes Mittel der Hervorhebung zu sein, das ich selbst in „Vienna" anzuwenden versucht habe: Je beharrlicher einer über das, was wir von ihm „eigentlich" erwarten, schweigt, desto stärker betont er diese Leerstelle. Und wir müssen selber denken.

Vor allem aber hat dieses „Weglassen" mit Würde zu tun: Wer von seinem Überleben erzählt, will sich nicht selbst dauernd als leidendes und gedemütigtes Opfer aufleben lassen. Lieber konzentriert er sich auf die überraschenden und ironisch zuspitzbaren Wendungen in seiner Geschichte. Von solchen Wendungen gibt es bei Rudolf Kauders wahrlich genug: Sein Überlebenstalent und sein Erfindungsreichtum sind schier atemberaubend, er muss eine Art Daniel Düsentrieb im Dschungel gewesen sein. Unvergesslich sind aber auch viele Beobachtungen, die er uns weitergibt, etwa von den Gurkhas, die ihre langen, hohlen Wanderstöcke mit Fleischbrei füllten, um für die monatelangen Wanderungen immer genug Proviant griffbereit zu haben.

Ich wünsche diesem Buch viele Leser!

Eva Menasse

Der Begründer der Erzähltradition, Rudolf Otto Kauders sen., im Alter von ca. 80 Jahren (Federzeichnung von Paul Kauders)

„Opa, was bedeutet das eigentlich: die feine englische Art?" – „Das kann ich dir am besten an einem Beispiel mit einem Engländer erklären: Wie ich damals bei der Tramway auf der Ringlinie Schaffner war, hab ich oft mit ausländischen Touristen Englisch gesprochen. Einmal bei einer Station hat mich ein eleganter Brite um Feuer gebeten. Ich nehm also mein selbstgebautes, ca. 20 cm großes Benzinfeuerzeug aus der Tasche – eine Viertelliter-Glasflasche mit einem speziellen Verschlussmechanismus und einem langen Docht drinnen – und erkläre dem staunenden Mann das System, entzünde mit dem mitgeführten Gasanzünder den Docht; er beugt sich vor und sagt beeindruckt ‚Oh …' – da schießt unerwarteter Weise durch einen kleinen Defekt eine riesige Stichflamme empor und der Brite, mit angesengten Augenbrauen, beendet seinen Satz mit: ‚… how interesting', ohne auch nur mit den nicht mehr vorhandenen Wimpern zu zucken. Siehst du, das nenn ich die feine englische Art."

Lilian Kauders

VORBEMERKUNG

Märchen waren für uns Kinderkram, ein wenig lächerlich wegen des moralisierenden Endes, auf das unsere liebe Großmutter besonderen Wert legte. Denn meine Schwester und ich wuchsen mit hunderten lustigen und spannenden, nur ganz selten traurigen Erzählungen aus dem Leben unseres Vaters und Großvaters auf, meistens als Gute-Nacht-Geschichten vorgetragen. Erstaunlich war, dass auch die schlimmsten Kriegserlebnisse zum Beispiel vom Fronteinsatz unseres Großvaters im Ersten Weltkrieg oder von den Dschungelkämpfen unseres Vaters in Burma noch komische Pointen hatten. Man wollte uns Kinder nicht mit dem Kriegsgrauen erschrecken, aber manchmal schimmerte es doch durch. Als mein Vater Rudolf in den 1990er-Jahren die Burma-Erlebnisse niederschrieb, brachte er viel von dem Schrecklichen zu Papier, das er noch nie davor erzählt hatte. Als er dann seine Zeichnungen und Karikaturen, die er längst für verloren gehalten hatte, vor etwa fünf Jahren am Boden seiner alten Seemannskiste wiederfand, entstand die Idee, eine Auswahl seiner Erzählungen und Zeichnungen zu veröffentlichen. Diese Erinnerungen reichen von seiner Kindheit in Wien über die Flucht aus Österreich, das Exil in Großbritannien, seinen Einsatz in der Britischen Armee im Burmakrieg bis hin zur Rückkehr in die Heimat. Zum besseren Verständnis der zeithistorischen Umstände und individuellen Hintergründe dieses Vierteljahrhunderts schienen kommentierende Überleitungen sinnvoll.

Karikaturen und Zeichnungen – Dokumente aus der Emigration

Die Cartoons und Dokumentarzeichnungen aus den Jahren von 1939 bis 1943 korrespondieren in Darstellung und Ausdruck mit dem Erlebten, geben gut die Stimmung im Internierungslager wieder, illustrieren die Geschichten so, dass wir uns ein Bild von der Zeit machen können ...

Während der Zeit der schweren Landarbeit auf den Farmen findet Rudolf wenig Zeit für seine Karikaturen, sie sind flüchtiger gearbeitet, weniger detailliert ausgeführt, nicht so zahlreich. Im Jahr 1943, als er in Leicester wohnt, zeichnet er wieder mehr, experimentiert mit Stilrichtungen und Techniken und nimmt Themen aus dem Kriegsalltag der englischen Bevölkerung auf.

In Burma beschäftigt er sich intensiv mit dem Erlebten: Er führt ein geheimes Kriegstagebuch, interessiert sich sehr für das Leben der Einheimischen, zeichnet im Dschungel in Marschpausen, im Nachtlager – lässt sich

Zeichenmaterial aus England schicken. Aber nie stellt er Grausamkeiten, Tote, Ernstes dar, wie er es ständig erlebt – mit einer Ausnahme: Er zeichnet geschockt die kaputten sohlenlosen Schuhe, die die britischen Soldaten nicht gegen Anderwertiges auszutauschen wagen, doch wissend, dass ihnen Barfußgehen den Tod durch Infektionen bringt. Im Grunde glaubt er nicht daran, dass er diese Hölle überleben wird, aber er lässt sich davon nicht abhalten, Witziges zu sehen und darzustellen, nicht zuletzt, um seine Kameraden zu unterhalten. Fürchterliche Zustände – wie Durchfallerkrankungen, Erschöpfung, Hunger, Durst und ständige Angst – zieht er mit harmlosen Karikaturen ins Lächerliche, sodass die Kameraden zumindest schmunzeln können, wenn sie sich in den Cartoons in der Militärzeitung des „South East Asia Command" wiedererkennen, in der die meisten Zeichnungen veröffentlicht werden: Im ersten Moment mögen solche verharmlosenden Darstellungen heute kindisch, naiv oder unpassend erscheinen – damals war diese Art von Humor hilfreich. Viele Karikaturen britischer Zeichner in derselben Militärzeitung wirken noch harmloser.

Rudolfs Karikaturen illustrieren und dokumentieren für ihn zentrale Begebenheiten, die er immer wieder erzählt und schließlich im Alter von über achtzig Jahren niederschreibt. Sie sind letztlich Zeugnis und Ausdruck der Lebenseinstellung, selbst in schlimmsten Situationen noch Heiteres oder zumindest Absurdes erkennen zu können. Die Zeichnungen aus der Internierung und der Zeit als Landarbeiter sind Dokumente des Alltags der Emigration, zeigen Probleme auf, die viele andere Emigranten gleichermaßen betreffen.

Kurzbiographie Rudolf Kauders

Rudolfs Eltern sind beide Schaffner bei der Wiener Tramway, als sie 1919 heiraten. 1920 wird der älteste Sohn Rudolf geboren, Paul folgt 1922, Hermann 1924. Im Jahr 1925 ziehen sie in eine kleine Gemeindewohnung in der Engerthstraße im 20. Bezirk, wo die Brüder mit ihren Cousins Hermann und Robert – fast immer im Freien und unbeaufsichtigt – eine wunderbare Kindheit verbringen, obwohl die Familie arm ist, die Buben nur eine Garnitur Gewand besitzen und in der warmen Jahreszeit barfuß gehen.

Rudolf absolviert nach der Hauptschule die Oberstufe in der Realschule Vereinsgasse im zweiten Bezirk, wo auch seine Brüder und die beiden Cousins maturieren. Die Tatsache, dass Rudolf Kauders senior, der in einem Waisenhaus in Prag aufgewachsen ist, einen jüdischen Vater hat (von seiner Mutter behauptete er nach dem „Anschluss", dass keine Dokumente erhalten seien), bekommt überhaupt erst 1936/37 eine Bedeutung, als

Rudolfs Mutter mit Cousin Robert, um 1919

der Einfluss der Nazis immer stärker wird.[1] Sofort nach dem „Anschluss" verliert der Vater seine Arbeit, die Familie wird nach dem Novemberpogrom aus der Gemeindewohnung vertrieben. Rudolf kann als „Mischling" im Juni 1938 noch seine Matura ablegen, bei der er als Fleißaufgabe eine technisch-mathematische Arbeit über Winkelmessungen mit Hilfe von Spiralen abgibt, was ihm im Jahr darauf zu einer Empfehlung seines Mathematiklehrers für einen kurzen Studienaufenthalt in England verhilft. Mit diesem Dokument und einem Ausreisevisum für das Zielland Uruguay in der Tasche verlässt Rudolf im Mai 1939 noch vor seinem vierzehnjährigen Bruder Hermann Wien, um vom Ausland aus gegen Hitler zu kämpfen.

In England wird er bei der Registrierung zur Landarbeit eingeteilt und arbeitet bei einem netten Schaffarmer in Lancashire. Bis zum Kriegsausbruch erreichen seine Briefe die Eltern noch, alarmiert schreibt er ihnen in einem vorher ausgemachten Zahlencode: „Verlasst Europa, hier rechnet man mit Krieg!", aber für Flucht ist es bereits zu spät. 1940/41 wird Rudolf für dreizehn Monate auf der einsamen Isle of Man interniert, danach wird er wieder in der Landwirtschaft eingesetzt, leistet mit großem Einsatz seinen Beitrag zum War Effort. Nebenbei absolviert er den Großteil eines Fernstudiums für Chemie an der Universität Leeds. 1943 tritt er einen gut bezahlten Posten in einer chemischen Firma an, aber als sich bald darauf die Möglichkeit für Emigranten ergibt, der Britischen Armee beizutreten, meldet sich Rudolf sofort.

In Glasgow erhält er die Militärausbildung, soll dort auch als Ausbildner bleiben, will aber „endlich gegen Hitler kämpfen". Statt nach Österreich oder Deutschland zu kommen, wird er im Sommer 1944 in den Dschungel von Burma abkommandiert, wo die britische Rückeroberung des Landes von den japanischen Besatzern in vollem Gange ist. Rudolf hat sich zwar seinen Einsatz als Antifaschist anders vorgestellt, aber wie so oft versucht er das Beste aus der Situation zu machen, und wie durch ein Wunder überlebt er etliche Verletzungen und Krankheiten – wie etwa Ruhr – sowie Angriffe der Japaner. Nach dem Sieg über die Japaner ersucht er um Versetzung nach England, um von dort nach Österreich zurückkehren zu können.

Im März 1946 trifft er bald nach seiner Ankunft in London seine spätere Frau, die Wiener Emigrantin Mela Katz, mit der er im Dezember 1946, noch in der Uniform der Britischen Armee, nach Wien zurückkehrt und seine Eltern in einem halbzerbombten Haus im zweiten Bezirk wiederfindet. Sie haben den Krieg in Wien durchgestanden. Der bald 60-jährige Vater über-

1 Die Geburtsurkunden der Eltern von Rudolf Kauders sen., Herschmann Kauders und Henriette, geb. Fischer, als Kopien von der Israelitischen Kultusgemeinde in Wien am 10. Mai 1938 ausgestellt, liefern genauere Angaben.

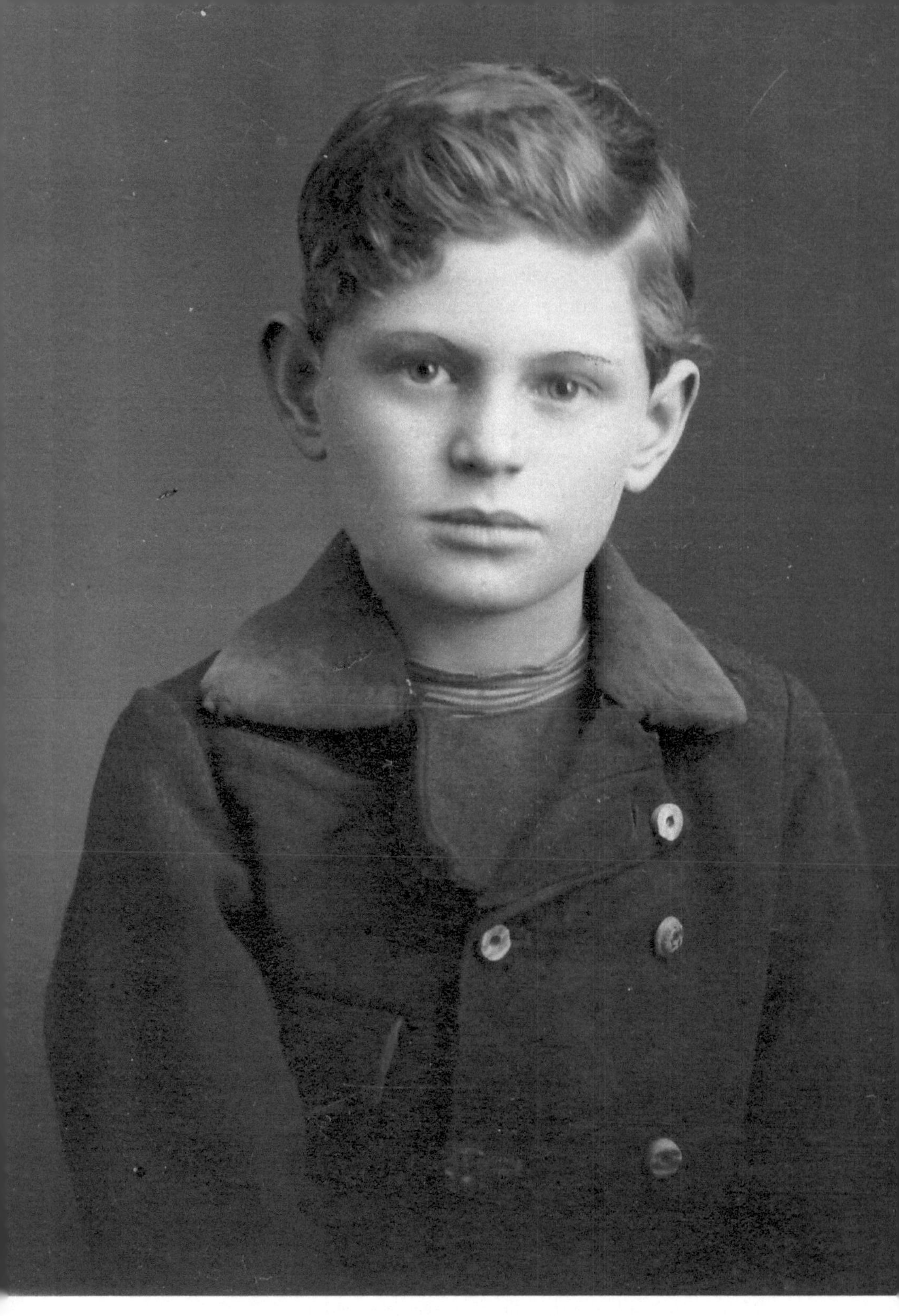

Rudolf, ca. 10 Jahre

lebt die Zwangsarbeit bei der Regulierung des Liesingbaches halbverhungert. Er ist zum Glück vor der Deportation durch seine „arische" Frau geschützt, die sich trotz großen Drucks nicht von ihm scheiden lässt.

Auch alle Kauders-Buben sind am Leben. Ein erstes Zusammentreffen der Brüder hat es bereits in England im Frühjahr 1946 gegeben, wo Rudolf und Hermann den in englische Kriegsgefangenschaft geratenen mittleren Bruder Paul bei Birmingham besuchen können.

Hermann heiratet eine Engländerin und lässt sich in Essex nieder, Paul kehrt nach Wien zurück und studiert an der Akademie der Bildenden Künste. Er wird akademischer Maler und lebt mit seiner Familie in Wien und später in Oberösterreich.

Cousin Hermann, geboren 1921, muss zur Wehrmacht einrücken, kommt mit der Kavallerie an die Front nach Frankreich und dann nach Russland. Zurück in Deutschland gelangt er für drei Monate in amerikanische Kriegsgefangenschaft und kehrt schließlich mit seiner Frau nach Wien zurück. Cousin Robert, 1918 geboren, fällt als Wehrmachtssoldat 1941 in Kiew.

Rudolf schließt sein Studium an der Technischen Universität Wien 1950 ab. Mela muss nach der Geburt der beiden Töchter längere Zeit als Alleinverdienerin die junge Familie erhalten. Rudolf schreibt Sozialreportagen und populärwissenschaftliche Artikel, unter anderem in der Zeitschrift „Die Woche", um Geld zu verdienen, arbeitet gegen Ende des Studiums schon in leitender Funktion als Brennstofftechniker – Fachleute sind nach dem Krieg rar. Als Waschmittelchemiker, in der Wundpflasterherstellung und in anderen Bereichen ist er an Betriebserfindungen beteiligt, hält eigene Patente. Schon ab den 1960er-Jahren beschäftigt er sich vorrangig mit Energieeinsparung, Umwelttechnologie und Recycling. Rudolf wird Österreichs Vertreter bei der UNO in einem internationalen Projekt zu „Low Waste and Non Waste Technologies". Er ist einer der ersten österreichischen Experten auf dem Gebiet des Umweltschutzes und der erneuerbaren Energien.

Sein Leben lang bleibt ihm der Drang erhalten, Dinge zu verbessern und innovative Lösungen zu finden, den er sich schon bei der Landarbeit in England und sogar im Dschungelkrieg zunutze machen kann. Als Erfinder aus Leidenschaft arbeitet er auch nach der Pensionierung bis ins hohe Alter ständig an neuen Ideen weiter. Für seine beruflichen Tätigkeiten und wissenschaftlichen Forschungen erhält er das Goldene Ingenieurdiplom der Technischen Universität Wien. 2007 wird er gemeinsam mit fünfzehn überlebenden, ehemaligen Angehörigen der Britischen Armee und Widerstandskämpfern geehrt, 2010 erhält er das Goldene Verdienstkreuz der Republik Österreich.

Wien, im September 2011 Lilian Kauders

TEIL 1

WIEN

Die Greißlerei in der Engerthstraße

Der Held dieser Geschichten wird in Wien geboren, in einer Zeit, die man nachher Zwischenkriegszeit nennt, in einem Viertel, das bei den Einheimischen Zwischenbrücken heißt. Hohe Zinskasernen aus der Gründerzeit, zahlreiche neu errichtete moderne Gemeindebauten mit großen begrünten Höfen, Fabriken, ein riesiger Gasometer, dazwischen brachliegendes Land – sogenannte Gstättn – und lange Plankenzäune in den schäbigen Gassen prägen in den 1920er- und 1930er-Jahren diesen an der Donau gelegenen Teil des ärmlichen Arbeiterbezirkes Brigittenau. In Zwischenbrücken, damals jedem Wiener ein Begriff als heruntergekommenes Viertel, gibt es auch ganz verrufene, wirklich verwahrloste Ecken, beispielsweise das berüchtigte „Brettldorf", wo die Ärmsten der Armen in menschenunwürdigen Bretterverschlägen hausen. Zwischen Bahngleisen und dem Donaustrom, auf ungepflasterten Straßen, der Donauwiese und den hohen Brückenbögen spielt sich die Kindheit und Jugend von Rudolf und seinen Brüdern ab.

Ursprünglich besteht nördlich von Wien ein riesiges Augebiet aus zahlreichen Flussarmen und Inseln, sodass die Stadt aus dieser Richtung nur über viele hölzerne Brücken erreichbar ist. Ab 1688, als die Donaubrücken und Befestigungsanlagen in diesem Gebiet neu angelegt werden, baut man hier einige Häuser für Mautwächter und Mautsoldaten. Bald kommen Gasthäuser für Wachmänner, Schiffsmüller und Matrosen hinzu. Ab 1800 entsteht daraus eine größere Ansiedlung mit Fabriken und dem Nordbahnhof um 1839. Die zu dieser Zeit noch stark landwirtschaftlich genutzten Ufergebiete werden für die weitere Ansiedlung von Industrie und Gewerbe gebraucht. Mit der Errichtung der riesigen Nordbahnwerkstätten, eines Walzwerks, eines Gasometers und einer Maschinenfabrik ist es um die Mitte des 19. Jahrhunderts mit der ländlichen Idylle vorbei. 1850 wird Zwischenbrücken nach Wien eingemeindet. Allerdings bleiben beide Donauufer durch wiederkehrende, riesige Überschwemmungen gefährdet, die man erst durch die Donauregulierung zwischen 1870 und 1876 in den Griff bekommt. Für die Donau wird ein breites, gerades Flussbett geschaffen, neue Donaubrücken aus Stein und Metall werden errichtet. Am linken Donauufer entsteht ein breites Überschwemmungsgebiet, begrenzt vom Hubertusdamm. Nun folgt die weitere Verbauung der Brigittenau mit Fabriken und Wohnhäusern. Der Zuzug von Menschen aus den Kronländern der Monarchie und der anwachsende Strom von jüdischen Zuwanderern aus dem Osten nimmt rasch zu.

DIE GROSSMUTTER

Als meine 1888 in der Hanna in Mähren geborene Mutter sieben Jahre alt war, zog ihre Stiefmutter mit ihr und den vier anderen Kindern, die von ihren dreizehn überlebt hatten, nach Wien. Sie wanderten barfuß und trugen das einzige Paar Schuhe zur Schonung über der Schulter. Wie damals viele Einwanderer aus den östlichen Kronländern siedelte sich die vaterlose Familie im neu entstehenden Randbezirk, der Brigittenau, an. Dort, am Hannovermarkt, wurde die Großmutter Standlerin und blieb es bis in den Zweiten Weltkrieg hinein, fast bis zu ihrem Tod, der sie mit über neunzig nicht gerade ereilte. Sie verkaufte mehr schlecht als recht Schnitt- und Topfblumen und ernährte davon Tante Gisela, Onkel Kurti, Tante Agnes und Tante Resi – und meine Mutter.

Als ich im Jahr 1920 in Wien geboren wurde, gab es fast nichts zu essen. „Du bist als Frühgeburt auf die Welt kommen. Nur zwei Kilo zehn Deka hast damals gwogn. Deine Fingerl warn so dünn wie Zündhölzer, und ich hab nicht genug Milch für dich ghabt in der schlechten Zeit damals. Dass du überhaupt noch am Leben bist, hast deiner Großmutter zu verdanken", sagte meine Mutter. Der Blumengärtner, von dem Oma ihre Ware kaufte, hatte nämlich eine Ziege, und zu dem marschierte sie täglich, ganz zeitig in der Früh zu Fuß aufs Land hinaus, um eine Kanne Milch für mich zu holen. Gerührt schenkte ich meine Dankbarkeit zu gleichen Teilen der Großmutter und der Ziege. Letztere habe ich leider nie kennengelernt.

Manchmal, wenn wir Geschwister vor dem Haustor standen und nichts Besseres vorhatten, rief irgendeiner von uns: „Gehn wir auf den Hannovermarkt!" Fast immer wurde der Vorschlag angenommen. Der Weg führte uns durch die Engerthstraße nordwärts bis zur Hellwagstraße, eine der wenigen Straßen, die ein Unterqueren der Geleise der Nordbahn und, weiter westlich, der Nordwestbahn ermöglichte. Unser Viertel war auf langen Strecken von Gleisen ohne Übergänge oder Unterführungen eingeschlossen, von den stadtwärts gelegenen Bezirksteilen regelrecht abgetrennt und auch zur Donau hin von der Donauuferbahn begrenzt. „Zwischengleisen – nicht Zwischenbrücken sollte es heißen!", konnte Paul den Namen unserer Wohnumgebung nie wirklich akzeptieren. Jenseits der Gleise angekommen marschierten wir noch eine Viertelstunde bis zum großen Markt mit den bunten Schirmen über den Verkaufsständen.

Die Großmutter, sie trug unbeirrt vom Wetter ein graues Kopftuch und im Winter riesige Filzstiefel mit etwa fünfundvierzig Zentimeter langen Sohlen, lächelte immer erfreut, wenn sie uns erblickte. Einmal, an einem kalten Wintertag, das Warenangebot war dementsprechend gering, blieb endlich eine Kundin stehen. Obwohl nur noch wenige Schritte von ihrem Stand entfernt, konnten wir nicht hören, was die Dame haben wollte, sahen nur die Großmutter, wie sie sich anschickte, dienstbeflissen nach vorn zu eilen, wohl um das Blumenstöckerl in die Einkaufstasche der Dame zu befördern, aber – sie konnte sich nicht von der Stelle rühren. Ich befürchtete schon eine Lähmung, aber nein, die Sohlen ihrer Stiefel waren am Boden festgefroren, wie wir ihrem entsetzten Schrei entnahmen.

Damit das nicht noch einmal passierte, trieben wir sie an, mit uns Fangerl rund um ihren Verkaufstisch zu spielen. Dass ich dabei gegen den Tisch stieß und einige Eimer mit Blumen umfielen, kommentierte sie – ihr Akzent ähnelte dem der Greißlerin Dobrowolny – lediglich mit: „Warum spülts ihr nit wo anders? Ausgerechnet do bei Blumen meinige?" Humschi zwitscherte: „Weil wir dich so lieb haben", und die Großmutter, mit der übrigens nur wir Enkelkinder, nicht aber meine Eltern, Onkeln und Tanten, per Du waren, sagte: „Do hobts Blumen, schene, bringts ham fir eire Mutter." Gerührt wischte sie das verschüttete Wasser von ihrem Tisch. Wie immer bestand ich darauf, für den Strauß zu bezahlen, und drängte ihr die fünfzig Groschen auf, die mir meine Mutter extra für diesen Zweck eingesteckt hatte.

Unsere Mutter wollte unserer einzigen Großmutter – mein Vater hatte schon als Kind seine Eltern verloren – sooft es ging, eine kleine Freude machen. Zweimal bereitete sie ihr eine wirklich große Überraschung: Während die Großmutter am Hannovermarkt arbeitete, ließ sie das Wasser vom Gang in ihre Einzimmerwohnung einleiten und fünf Jahre später, wieder zu ihrem Geburtstag, organisierte sie die Installation von elektrischem Strom. Die Großmutter hatte ihr ganzes Leben lang nur Petroleumlampen als künstliche Lichtquelle benutzt. Alle ihre Kinder und Enkelkinder kamen gegen Abend, um ihr zu gratulieren. Als es dunkelte, drehte meine Mutter am Lichtschalter – mit einer festlichen Miene, als ob sie eine neue Donaubrücke eröffnen würde – und die elektrische Glühbirne hoch oben an der Decke erhellte plötzlich das Zimmer. Jeder freute sich über Großmutters Staunen.

Als aber am darauffolgenden Vormittag ihr Schwiegersohn, Onkel Leo, der Mann von Tante Resi, in ihre Wohnung kam, weil sie bei ihrem Marktstand nicht erschienen war, bot sich ihm ein merkwürdiges Bild: Die Großmutter saß weinend beim Tisch, auf dem ein Sessel stand. Hoch oben über dem Tisch brannte die Glühbirne. Die Großmutter schluchzte: „Gonze Nocht hob i nit schlofn. Konn i jo nit aufisteigen, des Licht ausblosn!“ Alle hatten wir vergessen, ihr zu erklären, wie man die Lampe wieder ausschaltet.

Doch auch wenn meine Großmutter gegen ihr Lebensende hin doch etwas zerstreut wurde, vor allem auch, weil sie schon sehr schlecht sah, so schlecht, dass sie einmal „scho geschlogane zwa Stund bei Herd“ steht, weil das Fleisch, das sie mit einem kleinen Stück Fetzen verwechselt hatte „nit und nit wach wird“, blieb sie doch immer eine aufrechte Frau. Wie hat es mich beeindruckt, als mir später berichtet wurde, dass sie 1944 einmal für alle ringsum gut hörbar einer Kundin am Marktstand antwortete: „Krieg, Krieg, zu was hamma nur Krieg? Hob i Voter verlurn bei Königgrätz im 66er-Jahr. Is Sohn gfoln in Ersten Weltkrieg in 16er-Jahr. Und jetzt, Enkel tot in Kessel von Stalingrad. Wer maa den Krieg verlieren!“ Auf das hastige „Psst, Mutter, san S' stad!“ ihrer Tochter, der Tante Resi, die zu den umstehenden Frauen sagte: „Die Mutter is schon so alt, sie weiß ja nicht, was sie redet“, antwortete sie: „I was scho. Bin i jo net bled. Bled is da Krieg!“

Die zentrale Rolle in der Familie spielt der Vater. Ihm kommt in fast allen Geschichten eine wichtige, wenn nicht die Hauptrolle zu. Und das zu Recht. Ein Optimist, glaubt er auch in düsteren Zeiten an die Vernunft, an die Intelligenz, daran, dass man dem eigenen Gewissen gemäß handeln muss. Dabei ist er originell, schlagfertig, nonkonformistisch und vor allem humorvoll. Seine Söhne bewundern ihn und lieben ihn heiß, in der Nachbarschaft ist er beliebt und geachtet und die Kollegen bei der Tramway kennen ihren unersetzlichen Turnier-Schachspieler unter seinem Spitznamen Tschibuk-Toni.

Eher kleinwüchsig, aber breitschultrig und athletisch, ist er auch überaus musikalisch (er kann wunderbar pfeifen und spielt Mandoline) und vor allem technisch und mathematisch sehr begabt. Im katholischen Waisenhaus in Prag, in dem er vom achten bis zum dreizehnten Lebensjahr aufwächst, darf er aber nur eine Lehre machen. Er sucht sich den Bäckerberuf aus, um immer etwas zu essen zu haben. Daneben bildet er sich so gut es geht selbst weiter, entwickelt sein eigenes System, vierstellige Zahlen mit anderen vierstelligen im Kopf in Windeseile zu multiplizieren, lernt später mit seinen Söhnen den Oberstufen-Schulstoff mit, macht die wunderbarsten Erfindungen, hat wie der Rest der Familie einen Hang zum Reimen und ist ein unschlagbar lustiger Geschichtenerzähler.

DIE ENTSCHULDIGUNG

Eines Morgens wollte ich nicht in die Schule. Mutter schüttelte das Fieberthermometer, bis die Quecksilbersäule bei 35 Grad angelangt war und steckte es mir in die Achselhöhle. Kaum hörte ich sie wieder in der Küche, rieb ich es heftig in einer Falte der Bettdecke, die ich mit den Fingern der linken Hand bildete: Die Temperatur stieg auf unwahrscheinliche 41 Grad. Es gelang mir nicht, sie auf ein glaubwürdigeres Maß hinunter zu schütteln, bevor meine Mutter das Zimmer betrat. Schnell rieb ich mit beiden Händen heftig meine Stirn. Ungläubig starrte sie auf das Thermometer, stutzte, schaute noch einmal hin, dann legte sie die Hand auf meinen künstlich erhitzten Schädel. „Der Arzt muss sofort kommen – und dann gleich ins Spital mit dir, mein armes, liebes Kind, mein Zuckerstern, mein Alles.“ Ein heiseres „Nein!“ leitete mein Geständnis ein: „Ich, ich hab nur geschwindelt, ich will heute nicht in die Schule gehn. Das is alles!“ Eine Ohrfeige erhöhte die Temperatur meines Kopfes erneut, diesmal im Bereich meiner Wange.

Inzwischen war es schon neun Uhr geworden, der Vater sollte eine Entschuldigung für mein Zuspätkommen formulieren. Der Frau Lehrerin genügten die immer gleichen Wegen-allgemeinen-Unwohlseins-Entschuldigungsschreiben der Mutter seit einiger Zeit nicht mehr. Streng hatte sie verlangt, dass diese fortan mein Vater, und zwar mit genauer Begründung, verfasste. Der runzelte kurz die Stirn, schmunzelte und schimpfte gar nicht mit mir, als er von meiner erfundenen Krankheit hörte. Erleichtert atmete ich auf, stellte so ganz nebenbei fest, dass sich „runzeln“ mit „schmunzeln“ reimt und hörte ihn sagen: „Heute zahlt sich's eigentlich nicht mehr aus, also soll er gleich ganz zu Hause bleiben. Ein zweites Mal wird er's sicher nicht mehr machen!“ Ich umarmte und küsste dankbar meinen verständnisvollen Vater, bis er sich lächelnd in sein Kabinett zurückzog.

Am darauffolgenden Tag übergab ich gleich zu Beginn des Unterrichtes mein Entschuldigungsschreiben in einem zugeklebten Briefumschlag der Lehrkraft, die das Kuvert mit einem einzigen Ruck ihrer Handkante öffnete und mit ihren Augen und einem etwas eigenartigen Gesichtsausdruck aufmerksam den Zeilen folgte. Dann rief sie mich zu sich auf's Podium, zur Tafel, und forderte mich auf, den Text laut vorzulesen. Er lautete:

Rudi (rechts) mit Freunden im Alter von ca. 14 Jahren, Realschule Vereinsgasse

„Sehr geehrte Frau Lehrerin!
Meinem Sohn tat alles weh, was nur schmerzen kann –
es beginnt mit A, B, D, endet erst mit Zahn:
Arme, Augen, Beine, Bauch, Blind- und Dünn- und Dickdarm auch,
Ellenbogen, Ferse, Fuß (schmerzen, wenn er gehen muss).
Das Genick und Hals und Hände, Innereien, Knie und Lende,
Kreuz und Kehle und der Kopf (ach, er ist ein armer Tropf).
Lunge, Lippen, Mund, Nasenlöcher, beide Ohren
(wund vielleicht vom vielen Bohren?),
Rachen, Rücken, Rippen (vielleicht vom vielen Bücken?),
Schien- und Steißbein, Schlund, Schenkel, Stirn und beide Sohlen
(sollen wir den Doktor holen?), Tränendrüsen, Unterarm
(ist das gute Kind nicht arm?), Waden, rechte große Zeh‘
UND DAS GANZE WAR EIN SCHMÄH.“

Die Schüler lachten, johlten, ja hüpften vor Freude auf die Bänke. Ich wurde abwechselnd rot und bleich vor Scham und Schande, musste eine volle Stunde zur Strafe hierbleiben und als Strafverschärfung je zehn Mal folgende Sätze schreiben: „Ich soll nicht die Schule schwänzen." – „Ich soll mich nicht krank stellen." – „Ich soll nicht lügen."

Mein Vater hat – wie so oft – recht behalten.

MEIN VATER, DER BASTLER

Was mein Vater bastelte, das schien für die Ewigkeit bestimmt zu sein. Als ich Anfang August 1920 auf die Welt kam, war so wenig Platz in der winzigen Wohnung, dass er eine Kiste zimmerte, die, auf vier mächtigen Wandhaken an der Decke befestigt, in Brusthöhe mitten im Zimmer schwebte. Vier Zugfedern ermöglichten ein sanftes Schaukeln. Auf die Kohlenkiste gestellt wurde daraus mein erstes Bett. Als wir Mitte der Zwanzigerjahre in den Gemeindebau in der Engerthstraße übersiedelten, diente die Bettkiste als Bauteil für eine Küchenkredenz. Später, im Zweiten Weltkrieg, überstand sie sogar einen Bombentreffer erstaunlich gut. Mein Vater holte sie aus Trümmern und Schutt hervor.

Zu meinem achten Geburtstag zimmerte mir der Vater dann aus zwei gewaltigen Eichenbrettern und zwei faustgroßen Kugellagern einen Triton, einen Tretroller. Dieses Fahrzeug war trotz seines Gewichtes leicht zu steuern und auf – damals leider ziemlich seltenem – Asphaltbelag dröhnte es wie ein Rennauto. Über Stiegen und Kopfsteinpflaster musste ich den Roller tragen. Durch dieses Kraftsport-Training wurde ich etwas stärker, was angesichts der damaligen Angriffslust vieler Buben nicht unvorteilhaft war. In jedem Knaben, den ich auf der Straße antraf, vermutete ich einen Feind, vor dem ich auf der Hut sein musste, und zerlegte blitzschnell den Tretroller in seine beiden Teile, die ich drohend hin- und herschwang. „Komm nur her, wenn du dich traust", rief ich, „dann hau ich dir eine über den Schädel, dass es nur so kracht!" Meist ergriff der tatsächliche oder vermeintliche Gegner die Flucht. Irgendwann fertigte mein Vater aus dem Tretroller schließlich ein Leiterwagerl an. Es sah beinahe wie ein Fahrzeug des nächsten Jahrtausends aus, hatte acht Räder von den alten Kinderwägen, ein neuntes diente als Lenkrad und war so lang, dass ein Kind darin liegen konnte. An jeder Längswand waren zusätzlich zwei Bretter: „Das sind die seitlichen Stoßstangen", erklärte mein Vater seiner entsetzten Frau, während wir unser neues Renngefährt schon begeistert in Besitz nahmen. „Die kann man mit den Hebeln dort hinunter drücken, dadurch sind sie auch Bodenbremsen, außerdem wirken sie als Umkippschutz." Von den beiden Drehachsen für enge Kurven, den Rillenrädern und der doppelten Federung sowie den Reserverädern am Boden und der mächtigen gefederten vorderen Stoßstange wollte meine Mutter gar nichts mehr wissen.

Das Leiterwagerl war ihr zu grob und zu groß und zu schwer, und sie wünschte sich etwas Kleines, Leichtes, Dünnes, Zierliches. Diese Kritik inspirierte meinen Vater. Er baute das fragilste, leichteste, kleinste und noch dazu billigste Schachspiel der Welt. Als Brett diente eine überklebte alte Postkarte, als Schachfiguren benutzte er kleine kreisrunde beschriftete Kartonscheiben: Tw etwa für Turm weiß, Ds für Dame schwarz. Das ganze Schachspiel hatte in einem Briefumschlag Platz. Der Vater trug es in seiner Rocktasche. Fast immer spielte er nur gegen sich selbst.

Seine nächsten allerkleinsten und zierlichsten Meisterwerke waren seine Detektor-Radioapparate. Aus dünnem, isoliertem Kupferdraht, den er um winzige Kartons flocht oder um leere Zwirnspulen wickelte, einem Bleikristall und einem zugespitzten Lametta sowie einer Unterlage fertigte er wahre Wunderwerke mit reinem, klarem und erstaunlich lautem Empfang an. Am Abend, vor dem Einschlafen, stülpte er sich die von ihm verbesserten Kopfhörer auf sein Haupt und hörte Musik. Ein absolutes Prachtexemplar war ein komplettes Empfangsgerät innerhalb einer Zündholzschachtel. Triumphierend zeigte er es unserer Mutter. „Ist das klein genug?", fragte er beschwingt. Sie staunte nicht schlecht, als sie die Zündholzschachtel öffnete und war noch beeindruckter, als sie tatsächlich aus den Kopfhörern Musik vernahm. Aber richtig zugeben wollte sie es nicht. „Ja, interessant und auch wirklich klein, aber eben viel zu klein. Du fällst von einem Extrem ins andere!", enttäuschte sie unseren Vater sichtlich. Was sein Basteln anbelangt, so konnte es mein Vater der Mutter eigentlich fast nie recht machen.

DER KRAFTMEIER

Vaters logischer Gedankengang, der sich schon im Waisenhaus zu entwickeln begann, führte ihn zu folgender Erkenntnis: Man soll aus Geist und Körper das Bestmögliche herausholen. Was letzteren anlangt, zielte er nach Kraft, Abhärtung und Ausdauer. Er war stets eine willkommene Arbeitskraft, weil er das Gewichtheben auf seinem jeweiligen Arbeitsplatz übte. Er ließ sich auf seinen ausdrücklichen Wunsch mehr Lasten als notwendig aufbürden, zum Beispiel Eierkisten, von denen er bis zu dreihundert Kilo auf einmal auf seinem gebeugten Rücken tragen konnte. Als Hafenarbeiter schleppte er auch halbe Schweine, volle Säcke und Fässer, Ballen, Balken, Stahlteile und Steinbrocken. Als Aushilfskellner brachte er es auf zwölf Krügel Bier – nie als Trinker, immer nur als Träger: je eines an jedem Finger und je eines in der Armbeuge.

Im Ersten Weltkrieg meldete er sich freiwillig zur Schwerarbeit. Einmal sollte er mit einem starken Kameraden, einem „Bosniaken", der kaum Deutsch verstand, einen Baumstamm transportieren und überdeutlich erklärte er dem Muskelmann die Vorgangsweise: „Wir zählen, du und ich, bis drei. Und bei drei lassen wir ihn von der Schulter hinunterfallen. Verstanden?" Der Bosnier, ein Riese von Gestalt, nickte, zählte dann laut „Ains, drai!" und ließ los. Vater erhielt von dem emporschnellenden Ende des Stammes einen fürchterlichen Schlag gegen die Kinnbacke.

Nach dem Krieg wurde mein Vater Schaffner, hauptsächlich im „Elfer", der auch durch die Engerthstraße fuhr und bei der Endstation beim Engelsplatz nicht, wie die meisten anderen Wiener Tramwaylinien eine Schleife hatte, auf der der Zug, ohne umdrehen zu müssen, wieder zurückfahren konnte. Der Triebwagen fuhr an der Endstation etwas weiter, das verlängerte Gleis war offensichtlich als eine Art Sicherheitseinrichtung gedacht. Wir Geschwister sahen einmal mit eigenen Augen, wie ein Triebwagen bei dieser kritischen Stelle viel zu weit über das Ende der Geleise gefahren war. Für solche Missgeschicke erhielt der Fahrer Strafpunkte, es wurde ihm ein angemessener Betrag vom Gehalt abgezogen und bei einer bestimmten Anzahl von Strafpunkten wurde er strafweise als Schwerarbeiter, beim Verlegen oder Schweißen von Straßenbahnschienen etwa, eingesetzt. Missmutig stieg der Fahrer aus. Als er zu meinem Vater „Tschibuk-Toni, wart da, i geh Telefonhüttl. Es muss ihn ein anderer Triebwagen bis unter die Oberleitung ziehen" sagte, setzte Vater ein zufriedenes Lächeln auf. „Bleib da, ich probiers“, freute er sich auf eine Möglichkeit, seine Kraft zu demonstrieren. Das „Unmöglich!“ des resignierten Fahrers spornte ihn nur noch mehr an. Unser Vater schob an – der Triebwagen rollte tatsächlich einige Zentimeter nach vorn, dann aber wieder zurück. „Es geht schon“, keuchte er, „er schwingt nach vorn und zurück wie ein Pendel. Immer weiter. Und dann ...“ Vater stieß und stemmte. Da kamen noch einige Fahrgäste zu Hilfe und nach einem gemeinsamen „Ho ruck!“ glitt er langsam bis zur Oberleitung, wo der Bügel wieder Strom bekam. Genüsslich zündete unser Vater seine Pfeife, seinen Tschibuk, an und freute sich, dass sein Kollege keine Strafpunkte bekommen würde und auch darüber, dass eine junge Frau applaudierte und voll Bewunderung „So ein Kraftmeier“ sagte.

Aber mein Vater war nicht nur stark, sondern – trotz seiner Raucherei – auch ein exzellenter Schwimmer und ebenso ausdauernder Läufer. Er machte regelmäßig Atemübungen – sein Brustkasten erschien mir fast so mächtig wie der eines Gorillas – lief bis nach Nußdorf, Klosterneuburg oder marschierte gar bis nach Tulln und schwamm dann in der eiskalten Donau – bis in den Oktober, ja manchmal sogar noch im November – hinunter bis zur Reichsbrücke. Oft warteten wir, also seine drei Söhne, sein Neffe und ein kleiner Freund, auf der Nordbahn- oder Floridsdorfer-Brücke geduldig, bis der Vater ohne sichtliche Anstrengung darunter durchschwamm. Wir sahen nur noch sein Taschentuch mit vier Zipfeln auf dem Kopf, wenn der alle paar Sekunden bis zum blonden Schnurrbart im Wasser versank und den luftgefüllten Sack mit seinen Kleidungsstücken, den er an einer langen Schnur hinter sich herzog.

Um das Nützliche mit dem Angenehmen zu verbinden, ersetzte er schließlich das Schnupftuch mit einer hermetisch abdichtenden Schwimmhaube aus Gummi, unter die er seine Kopfhörer quetschte. Oben drauf klebte er seinen wasserdicht verpackten Detektor-Radioapparat, den ihm die hohen Wellen des Schaufelrad-Passagierdampfers lediglich ein einziges Mal vom Kopf hinunter spülten. An Land trug er das Gerät fix montiert unter seinem Hut, aber da er häufig beim Grüßen auf der Straße seinen Hut kurz lüften musste, was ihm regelmäßig die Kopfhörer von den Ohren zog, vervollkommnete er diesen Vorläufer des „Walkman“ durch eingebaute Sprungfedern, die ein elegantes Anheben des Hutes samt Radio erlaubten. Für den optimalen Empfang hätte es einer Antenne bedurft, aber da schritt die Mutter energisch ein: Sie erlaubte lediglich einen ganz kurzen Draht, der durch eine Schmuckfeder getarnt aus dem Hut ragte.

Während seiner Dienstzeit als Straßenbahnschaffner zog er sich, wenn nicht allzu viel Betrieb war, auf einer Stange, die hoch oben unter dem

Waggondach befestigt war, an einem Arm mehrmals hintereinander hoch. Daneben konzentrierte er sich auf den Langstreckenlauf – den Weg zu und von der Dienststelle in Floridsdorf. Auf der Donauwiese zwischen der Nordbahn- und der Floridsdorfer-Brücke lauerten ihm im Morgengrauen einmal zwei Pülcher auf.

„Ich hätt' ihnen ja davonlaufen können trotz der schweren umgehängten Ledertasche mit Wechselgeld und Fahrscheinblocks. Aber ich hab sie ein für alle Mal loswerden wollen. Also, der eine hat mich von hinten gewürgt, der andere hat mir die Tasche übern Kopf wegziehen wollen. Zuerst hab ich den Würger fest an seinen Handgelenken packt und seine Unterarme nach unten drückt, dass er in die Knie gangen ist. Dann hab ich ihn schnell aufklaubt und durch die Luft gschleudert. Dem anderen bin ich nachglaufen, hab ihn bei der Hand gnommen wie ein kleines Kind und so fest zudrückt, dass seine Fingergelenke kracht habn. Dann hab ich beide fein säuberlich nebeneinander hinglegt und gsagt: ‚Und das nächste Mal dreh ich euch das Gnack um.'" – „Da hast wieder dein Kuchlmesser", fügte er an meine Mutter gewandt – übertrieben gelassen – hinzu, „das brauch ich nicht." In ihrem Gesicht, eben noch blass vor Angst und Sorge, zeigte sich liebliche Röte, als sie das Messer, das sie ihrem Mann aus Sicherheitsgründen in seine Tasche gesteckt hatte, sorgfältig abwischte und in die Besteckdade legte.

Eines Tages kam der Vater mit einem schweren Stein nach Hause. „Zum Gewichtheben, den hab ich mir vom Donauufer ausborgt", kam er der Frage unserer die Stirn runzelnden Mutter zuvor, das Gesagte sogleich demonstrierend, indem er den Felsblock mehrmals in die Höhe stemmte. Schon wenige Tage später war ihm das Riesentrumm zu leicht geworden, und er tauschte es gegen einen noch wuchtigeren Brocken aus. Der letzte Steinklumpen stammte aus der Uferböschung in Nußdorf.

Sogleich begann er in seinem Kabinett mit Stemmübungen, doch ziemlich bald hörten wir einen fürchterlichen Krach. Der Felsblock war seinen Händen entglitten, hatte sein Bett, das als Stoßdämpfer versagt hatte, durchschlagen und den Fußboden ziemlich beschädigt. Die Nachbarin von unten eilte schimpfend herauf. Unsere Mutter versprach ihr, den Schaden an ihrem Plafond beheben zu lassen. Schließlich saßen beide am Küchentisch, tranken Malzkaffee und klagten über die Nachteile von Ehemännern im Allgemeinen und im Besonderen.

Die Lehre, die mein Vater aus diesem Trainingsdebakel zog, war: Der Stein musste versteckt, das Training heimlich ausgeführt werden. Einmal aber erwischte ihn unsere Mutter. Er ließ ihn vor Schreck fallen und verursachte damit eine weitere Delle, diesmal im Wohnzimmerboden, was Mutter derart verärgerte, dass sie ihn vor die Alternative stellte: „Du musst dich entscheiden, entweder der Stein oder ich.“ Vater schleppte ihn reumütig zur Uferböschung zurück, füllte die Lücke wieder ordnungsgemäß aus und stellte damit den ursprünglichen Zustand wieder her.

Damit endete die Steinzeit. Der Vater lieh sich als Ersatz Mutters Besen aus. An einem Ende hing Humschi, am anderen Paul, ich klammerte mich in der Mitte an. Täglich stemmte er uns mehrmals in die Höhe. Uns gefielen diese Kraftübungen sehr. „Noch einmal!“, riefen wir jedes Mal, wenn er aufhören wollte. Schließlich nötigte er mich, den Ältesten, den Schwächling, mich aufzuziehen. Als ich diese Übung bereits zehn Mal hintereinander durchführen konnte, band er mir sein schweres Werkzeugkistl um den Bauch. Die Mutter musterte mich kritisch. „Ich merk nichts von Armmuskeln. Aber seine Arme sind, mir scheint, ausgedehnt! Noch ein bisschen länger und er schaut aus wie ein Aff“, schien sie nicht sonderlich überzeugt von den Trainerqualitäten ihres Mannes, der seinen Glauben an die „Zweckmäßigkeit der allmählichen Steigerung in der Natur“ dadurch allerdings nicht verlor. „Die Kinder werden immer schwerer, ich spür die Zunahme an Gewicht aber gar nicht, weil sie so langsam zunehmen. So komm ich einmal auf hundertfünfzig Kilo und mehr!“, träumte er von einer Zukunft, in der er es mit jedem Meisterstemmer aufnehmen würde können. Aber schon bei insgesamt etwa fünfundsiebzig Kilo Lebendgewicht seiner drei Söhne, vermehrt um rund acht Kilo Zusatzbelastung durch die Werkzeugkiste, brach eines Tages der Besenstiel entzwei. Das war das Ende unserer geliebten Hebeübungen.

Rudi wächst im „Milchblock“ neben dem „Kakaoblock“ auf, wie der bekannte Janecek-Hof sofort nach der Eröffnung im Volksmund genannt wird. Was sich wie eine Jugend im Schlaraffenland anhört, allerdings lediglich mit der weißlichen beziehungsweise schokoladebraunen Fassade zu tun hat, bedeutet in der Realität oft genau das Gegenteil. In den 1920er- und 1930er-Jahren gibt es überall Nachbarkinder, die zu Hause nichts mehr zu essen bekommen und zu Mittag als Kostkinder in fremde Familien geschickt werden. Bei den drei Kauders-Brüdern sitzt so ein armes Mädchen oft beim Mittagessen – und wird unter dem Tisch von den Buben ins Schienbein gestoßen, weil die ohnehin seltenen, winzigen Wurstrationen mit ihr geteilt werden müssen. Im Großen und Ganzen aber gelingt es dem Vater, seine drei Söhne zu Solidarität mit den Armen und Schwachen zu erziehen. Und was ihm ganz sicher gelingt: Deren Selbstbewusstsein sowie Aufmüpfigkeit gegen Autoritäten zu fördern, obwohl er selbst eher schüchtern ist.

SCHÜCHTERNHEIT

Wahrscheinlich war ich damals nicht ganz vier Jahre alt. Ich erinnere mich nur an Bruchstücke, an einzelne Bilder und Gerüche, und vor allem an das manchmal etwas verlegene Lächeln meines Vaters.

Da war die Türschnalle. Ich musste mich auf die Zehenspitzen stellen und den rechten Arm hoch emporstrecken. Mit der linken Hand stützte ich mich an der Glasscheibe der Tür ab. Meine Hand rutschte von der glänzenden Klinke ab. Die Tür ging nach innen auf, und ich fiel ins Geschäft hinein. Eine Glocke bimmelte.

Der Laden war geräumig, weiß gekachelt, in den Glasvitrinen der Budel befanden sich schwindelerregend herrliche Wurstwaren. Verzückt atmete ich den köstlichen Duft ein. Jemand hob mich auf, stellte mich auf die Füße und schloss die Tür. Das Klingeln hörte auf. Zwei Augenpaare sahen mich an, ich stammelte: „25 Dauer-Schnitzel ... ab 25 Deka ... Ich habs vergessen. Ich geh fragen ...“. Diesmal schaffte ich es etwas schneller und gekonnter, die Tür zu öffnen, und rannte bis zur Hauseinfahrt, wo mein Vater stand. „Das ging aber flott! Wo ist denn ...?“ Er verstand sofort und wiederholte ganz langsam Mutters Bestellung, nämlich: 25 Deka Abschnit-

Der reiche Onkel Harry aus Amerika kommt zu Besuch und kauft den Buben (Rudi, Hermann, Paul) Holzgewehre und Matrosengewand.

zel von Schinken, Salami und Dauerwurst. Ich aber hörte wieder gar nicht richtig zu und flehte ihn erneut an, doch lieber selbst zu gehen. „Rudi, schau, du musst lernen, ein selbständiger, couragierter Mensch zu werden. Sonst bringst dus zu nichts im Leben. Schüchterne habens schwer. Also tu mir, bitte, den Gefallen und geh! Sei brav!" Ich verstand kaum ein Wort von dem, was er da gesagt hatte, abgesehen vom Schluss. Also machte ich mich mit gesenktem Kopf und hastig den Spruch wiederholend zum zweiten Mal auf den Weg und fiel tatsächlich noch einmal mit der Tür in den Laden. Es bimmelte und bimmelte. Den Tränen nahe stand ich auf, klopfte mit den Händen die Sägespäne von meiner Vorderseite. „Bitte, 25 Deka Dauer-Schinken, ab Salamiwurst ... ab Schnitzelsalami ..." Schon nach dem dritten Wort war mir klar, dass ich es wieder nicht geschafft hatte. Ich wollte nur noch raus, weit weg, die Tür stand noch offen – aber mein Vater noch immer vor unserem Hausflur. Geduldig wiederholte er ein weiteres Mal meinen Auftrag: „Merk dir: 25 Deka Abschnitzel. Abschnitzel, das sind die Zipfel, die Scherzerl. Die will niemand, deswegen sind sie so billig. Abschnitzel, Abschnitzel! Das ist doch kinderleicht!" – „Nein, ist es gar nicht", jammerte ich, „geh wenigstens mit. Ich fürcht mich allein." Aber selbst meine nassen Augen konnten ihn nicht erweichen. „Du sollst ja lernen, keine Angst zu haben. Und später, in der Schule, wirst dir noch viel mehr merken müssen. Und Prüfungen wirds geben, noch und noch. Also probiers noch einmal. Zur Belohnung trag ich dich nachher bis nach Haus. Die Mutter hat Geburtstag, und da machst ihr eine große Freude mit den Abschnitzeln", sagte er. Beim dritten Mal stolperte ich zwar wieder, fiel aber nicht mehr auf den Bauch. „Ab ... 25 Deka ... Salami, Schinken, Schnitzel, 25 Deka ...", brachte ich hervor, dann begann ich zu weinen, fühlte mich zum ersten Mal durch und durch als Versager. Jemand schloss ungeduldig die Tür und in der Stille klang mein Schluchzen plötzlich ganz laut.

„Bist du ganz allein?", hörte ich eine sanfte Männerstimme fragen. „Mein Vater steht vorm Haustor, gleich da ... Ich soll lernen, wie man allein was kann", japste ich dank der gutmütig sachten Anteilnahme schon wieder etwas glücklicher. Schlagartig veränderte sich allerdings der Klang der Stimme: „Da hört sich doch alles auf! Komm, Kleiner! Zeig mir, wo dein Papa ist."

Der Vater zuckte zusammen. Der Verkäufer war sehr groß. Er hatte rote Wangen, ein volles Gesicht, er trug eine weiße Schürze und er schrie meinen Vater an: „Drei Mal ist das Buberl in mein Geschäft hinein gepurzelt. Er stottert was zusammen ... Der ist ja noch viel zu klein zum Einkaufen. Also kommen S' mit." Der Mann führte mich an der Hand ins Geschäft zurück, der Vater folgte widerstrebend und sagte: „Halt! Warten S' doch! Ich hab mirs überlegt ... Eigentlich ..." Doch der Fleischhauer ließ nicht locker.

Im Laden starrte der Vater auf die Wurst, auf die kleinen weißen Täfelchen, die auf einem Spieß befestigt in jeder Ware steckten. Und nachdem der Vater, ein wenig stockend, die schwierige Abschnitzel-Bestellung ausgesprochen hatte, sagte er: „Wissen S', das ist so: Ich bin als Kind sehr schüchtern gewesen und mein Sohn da, der soll nicht so werden wie ich. Der Kleine, hab ich gedacht, der soll ..." – „Kostet nichts! Ein Geschenk des Hauses!", sagte der Mann und reichte mir das Viertelkilopaket. Der Vater wurde ein wenig blass, als der Metzger sein „Kommt nicht in Frage!" einfach ignorierte, ein fingerlanges Stück von einer Dauerwurst abschnitt, es mir reichte und sagte: „Weil du so tapfer und mutig bist! Auf so einen tüchtigen Buben kann dein Papa wirklich stolz sein!"

Ich biss sofort in die Wurst und vergaß ganz, danke zu sagen. Ich war so glücklich, dass ich die Tür hinter mir offen ließ. Die Türglocke bimmelte. Ich drehte mich um. Der Geschäftsinhaber winkte mir nach. Damals beschloss ich, Fleischhauer und Selcher zu werden.

Der Vater nimmt schon als junger Mann den evangelischen Glauben an, bleibt allerdings sein Leben lang ein vehementer Kritiker jeglicher „kirchlicher Verdummungspolitik". Von religiöser Erziehung hält er dementsprechend wenig, ihm ist es vor allem wichtig, seine Kinder zu kritischem Denken zu erziehen. Ganz im Gegensatz zu seiner Frau, die im Glauben etwas Schönes und Gutes sieht, für alle Religionen offen ist und mit ihren Kindern abwechselnd evangelische und katholische Kirchen besucht. Beim Gottesdienst singt sie mit herrlicher Stimme mit, als ob sie eine Opernarie zum Besten gäbe. Dass sie mit den ihr wichtigen Kirchenbesuchen nicht immer so ganz die Frömmigkeit erzielt, die ihr vorschwebt, davon handelt das folgende Geschehen.

RELIGION, KIRCHE, KREUZ

Schon viel zu spät für die Schule dran, stopften wir noch eilig unsere Frühstücksbrote in uns hinein, da vernahmen wir einen dumpfen Schlag. Unsere Mutter bemerkte prompt, dass die Bibel, hoch oben auf dem Bücherbrett neben dem Küchenherd, umgefallen war. Vater hatte schon oft bemängelt, dass die Küche nicht der richtige Platz für die Aufbewahrung von Büchern sei, doch Mutter beharrte auf der Zweckmäßigkeit des Bücherregals, denn so konnte sie ab und zu, während einer Pause beim Kochen, einen Blick auf die geliebten Buchseiten werfen. Ihr nunmehriger Stimmungswandel entging mir nicht. Ernst und bleich, ohne ein Wort zu sagen, holte sie das Stockerl, stieg hinauf, und schleuderte meinen Stoß Schundhefterl, den ich blasphemischer Weise hinter der Heiligen Schrift verborgen hatte, in weitem Bogen auf den Boden.

„Das ist schlimm von dir, Rudi – sogar sehr schlimm! Allein schon, dass du den Schmarrn liest, aber dass dus heimlich tust, obwohl ich dirs verboten hab, hinter meinem Rücken sozusagen und dus dann ausgerechnet hinter der Bibel versteckst, dafür ghören dir mindestens drei Ohrfeigen. Ich hab schon glaubt, eine Warnung vom Himmel, wenn die Bibel ohne Grund umfällt. Aber ER hat mir wahrscheinlich nur deinen Mist offenbaren wollen, du böser Bub!" Wohl wegen all dem nicht mehr zu befürchtenden Fingerzeig Gottes hat sie die Ohrfeigen glücklicherweise vergessen. „Wer hat die Bibel umgeworfen? Gott Vater oder sein Sohn?", murmelte

Humschi mit vollem Mund vor sich hin. „Ich glaub, beide", ätzte ich, „der himmlische Vater hat vielleicht vorgeschlagen, dass mir die Bibel zur Strafe auf den Kopf fallen soll, aber der Sohn hat es ihm ausgredet." – „Hör auf, du Frechdachs", sagte die Mutter gar nicht mehr bös. Aber das Thema hatte uns gepackt. „Wenn der liebe Gott eine Frau wär, dann täts vielleicht weniger Strafen geben, ich mein: für Kinder. Warum ist ER eigentlich keine Frau?", meldete sich Humschi nochmals zu Wort. „Im Himmel ist der Unterschied nicht so wichtig", behauptete ich altklug. Und unsere Mutter sagte: „Also, es gibt dort, bei den Katholiken, mein ich, oben eine Frau, die heilige Maria, die Mutter Gottes; ihr Sohn ist Jesus." – „Ist Gott jetzt ihr Sohn oder ihr Mann?", fragte Humschi verwirrt. „Nein. Weder das eine noch das andere. Ihr Mann war ein Zimmermann und hieß Josef, und der war der Vater von Jesus, aber halt nicht sein echter Vater, sozusagen, der ist Gott Vater", konnte Mutter bei allem Bemühen seine Zweifel nicht wirklich ausräumen. Paul aber glaubte zu verstehen, als er nun sagte: „Kenn ich, so was! In meiner Klasse, der Hansi Tschebitschek, der hat auch keinen richtigen Vater. Seine Mutter hat einen anderen Mann, einen Lebensgefährlichen. Ist vielleicht der Gott Vater der Lebensgefährliche von der heiligen Maria? Bei den Katholiken, mein ich." – „Red doch nicht so einen Unsinn", zischte die Mutter wenig angetan von seiner Interpretation. Paul, etwas enttäuscht, dass seine Erklärung dieses schwierigen Problems so ganz und gar keine Akzeptanz fand, fragte aber munter weiter: „Darf man sich bei den Katholiken den lieben Gott vorstellen, wie man will?" Auch hier geriet Mutter etwas ins Strudeln, widersprach aber nicht. Ihr „Esst endlich auf!", mit dem sie eindeutig einen Schlussstrich unter die ihr zunehmend unangenehmer werdende religiöse Debatte ziehen wollte, völlig ignorierend, geriet Paul ins Schwärmen: „Fein! Ich seh ihn nämlich wie einen Menschen mit zwei Köpfen – mit einem Frauen- und einem Männerkopf. Weil ohne Mami könnt ich mir die Familie nicht vorstellen." – „Wir sind aber nicht katholisch, sondern evangelisch", holte ich ihn aus seiner Phantasiewelt zurück, und Mutter kündigte an, gleich am nächsten Sonntag mit uns allen in das protestantische Bethaus Am Tabor zu gehen. „Es wird höchste Zeit für euch", bemerkte sie.

Auf dem Weg erzählte sie uns kleinen Heiden noch geschwind die Geschichte, wie Martin Luther seine 95 Thesen zu Wittenberg ans Kirchentor geschlagen hatte. „Das kann ich nicht glauben", protestierte der Protestant Humschi. „Warum hat denn der so viele ghabt? Bei dem muss ja schon alles künstlich gwesn sein! Und wenn er sie alle runter tan und gegen die Tür gschlagen hat, is er dann nicht umgfalln, so ganz ohne Füß und

Arm und ohne Finger und ohne Popo ..." – „Du meinst ja P r o thesen, du Dummscherl!", rief ich verwirrt von Humschis eloquenter Ignoranz. Mein kleiner Bruder setzte vor dem wenig beeindruckenden Portal schon zu einer komplizierten Widerrede an, da bat uns Mutter endlich zu schweigen. „Und ich möcht mich nicht für euch schämen müssen. Nicht lachen, nicht schwätzen. Ganz ruhig bleiben", zischte sie uns nochmals zu, bevor sie uns die Plätze in der linken Reihe anwies, sich selbst aber weiter rechts in die Bank setzte. Vor uns saß eine dicke Frau.

Der Gottesdienst begann mit dem Kirchenlied: „Ein' feste Burg ist unser Gott,/ ein' gute Wehr und Waffen./ Er hilft uns frei aus aller Not,/ die uns jetzt hat betroffen." – „So ein Blödsinn!", ärgerte ich mich über den Text. „Gott ist doch keine Burg mit Zinnen und Türmen und Zugbrücke!" Die dicke Dame vor uns drehte sich um, blickte uns tadelnd an und räusperte sich. Doch ich musste meinem gerechten Ärger einfach Luft machen. „Und außerdem reimt sich ‚Waffen' nicht wirklich mit ‚betroffen' – außer im Wienerischen", kritisierte ich weiter das fromme Kirchenlied. Laut und mit Gott und der Welt zufrieden zwitscherten wir bei besagter Stelle im Dialekt: „Aus da festen Burg schiaßt unsa Gott/ mit guade Gwehr und Woffn/ Er hüft uns glei aus olla Not,/die Feinde hot er troffn", wobei Humschi mit dem Zeigefinger auf den Pfarrer zielte, dabei die guten Gewehre und Waffen nachahmte und zischte: „Kch-kch-kch! Peng, peng, peng! Bong!" Dann ging er in Deckung. Die Mutter deutete uns, brav und ruhig zu sein. Auch die dicke Dame drehte sich wieder um und schüttelte diesmal missbilligend den Kopf. Die riesige Spinne, die auf dem Pult der Kirchenbank daherkroch und zwischendurch immer wieder stehen blieb, entging ihr. Wir beobachteten sie mit atemloser Spannung. Unsere Mutter und die dicke Dame vor uns atmeten erleichtert auf, weil wir auf einmal so still geworden waren, vor allem als die Spinne ihre Laufrichtung wechselte. Fiebrig beobachteten wir, wie sie zuerst auf den Rücken, dann auf den pelzigen Kragen, schließlich auf die glatten, ordentlich frisierten Haare der dicken Dame – und zu (un)guter Letzt auf ihre Wange kraxelte! Die Frau kreischte laut auf, quietschte „Pfui Teufel!", gab sich eine schallende Ohrfeige, deren Opfer mit eingezogenen Beinen, wie ein Knäuel, auf das geöffnete Gesangbuch kollerte. In der plötzlichen Stille konnte man deutlich hören, wie Humschi zischend flüsterte: „Der Teufel kanns sicher nicht gwesen sein ..." – „Wieso nicht? Der kann sich doch in eine jede Gestalt verwandeln – auch in eine Spinne", wisperte Paul auch viel zu laut. „Dieses kleine Tier hat der liebe Gott geschickt. Zur Warnung oder als Strafe. Das weiß ich ganz genau", vergaß Humschi das mütterliche Ruhegebot nun ganz und gar, „sie hat nämlich ein Kreuz auf dem Rücken gehabt."

„Schon gut möglich, dass der Herrgott die Kreuzspinne in die Kirche hat kommen lassen, um die Dame da für eine kleine Sünde zu bestrafen. Gut für sie, dass sie keine größere begangen hat, sonst hätte er ihr vielleicht gar eine Kreuzotter geschickt", kommentierte Vater später launig unseren aufgeregten Bericht vom Kirchenbesuch.

Als Rudi geboren wird, erholt sich die Wirtschaft gerade von den Auswirkungen des Ersten Weltkrieges. Von diesem Aufschwung profitieren auch die unteren Schichten. Man sieht mehr und mehr wohlgenährte Menschen auf Wiens Straßen, die schaufensterln gehen und sich ausrechnen, wann sie sich die hier ausgestellten Luxusartikel leisten würden können. Es gibt wieder eine Oper, in den Theatern applaudiert man in ausverkauften Vorstellungen, und im Brigittenauer Winarsky-Kino sitzt bald auch Rudi und wartet ungeduldig auf die drei Gongschläge, mit denen die Vorführung beginnt.

Auch Rudis Vater, der schon Erfahrung in etwa vierzig Berufen gesammelt hat, darunter fünf Jahre lang in Amerika, vom Bäcker, Gepäckträger, Kutscher bis zum Juweliersgehilfen, und die ihn nie länger halten haben können, oder umgekehrt – findet nach der Heimkehr aus dem Ersten Weltkrieg eine Anstellung mit sicherem Einkommen: Er wird 1919 Schaffner bei der Tramway, mit Pensionsanspruch und ohne Risiko, ausgesteuert zu werden, das heißt ohne Arbeitslosengeld auf der Straße zu stehen. Die Wiener Linien werden der Dampftramway-Gesellschaft, vormals Kraus & Comp., erst 1907 von der Gemeinde Wien abgekauft und elektrifiziert. Die vorher überaus harten Arbeitsbedingungen – als die Arbeitszeit in der Industrie längst auf elf Stunden beschränkt ist, arbeiten die Beschäftigten des „schienengebundenen Nahverkehrs" noch immer sechzehn bis achtzehn Stunden und ihre Löhne liegen weit unter dem Durchschnitt – bessern sich. Aber immer noch schrecken besonders lange Arbeitszeiten, die unregelmäßigen, langen Früh-und Spätschichten und die Dienste in den zugigen Waggons, besonders auf den offenen Plattformen, Bewerber ab.

Rudis Vater tritt den Posten selbstbewusst an und, da er sich eigentlich zu Höherem, Technischem berufen fühlt, erfüllt er ihn mit zusätzlichem Sinn: Bei wenigen Fahrgästen kann er in aller Ruhe Kopfrechnen üben und im Geiste an Erfindungen tüfteln,

Vier der berühmten, resoluten Wiener Schaffnerinnen auf der Linie 31 (Aus dem Bildarchiv des Bezirksmuseums Floridsdorf)

was zu einer gewissen – in der Mehrzahl der Fälle wohlwollend belächelten – Gedankenverlorenheit führt.

Die kennen seine Söhne an ihm auch zu Hause, wo er in der Früh häufig sein Amtskapperl oder andere Teile seiner Uniform zu Hause vergisst, ein Sakrileg und Grund für Strafpunkte. Als großes Plus hat er wohl das von Joseph Roth in seiner Reportage „Abschied von der Schaffnerin“ festgehaltene Faktum betrachtet, dass die zu dieser Berufsgruppe gehörenden Frauen als die feschesten Wiens gelten. Jedenfalls hat er eine von ihnen geheiratet, gerade rechtzeitig in seinem ersten Dienstjahr, als sämtliche Schaffnerinnen auch schon wieder den aus dem Krieg zurückgekehrten Männern weichen müssen.

Leider hält die wirtschaftliche Aufschwungphase nur kurz, zerbröselt, gerade als das Leben sich nach dem Krieg wieder zu normalisieren scheint, in Inflation und Weltwirtschaftskrise, die viele, auch gut ausgebildete Menschen zu Langzeitarbeitslosen, zu

„Ausgesteuerten“ degradieren, auch den Mittelstand in die Armut treiben und – Richtung rechts – radikalisieren. Im Gemeindebau vernimmt man immer häufiger das Klopfen der „Winterhilfe“, die Geld und warme Kleidung sammelt. Umso glücklicher ist die Familie, dass der Vater ein Fixangestellter ist. Das Elend rundherum entgeht den Kindern jedoch nicht.

DER STELZENCHRISTBAUM

„Schad um die viele Arbeit“, murmelte der Vater, als die Mutter ihn zum x-ten Mal daran erinnerte, unsere geliebten Stelzen aus „Sicherheitsgründen“ – irgendwie hatte sie uns dazu gebracht, diesem Frevel sogar persönlich zuzustimmen – endlich zu zersägen. Traurig verließen wir das Haus, als er sich an die Arbeit machte.

Groß war unser Erstaunen, als Vater uns bei unserer Rückkehr sein Werk präsentierte: Statt die Teilstücke so zu verkleinern, dass sie in unseren aus gusseisernen Ringen zusammengesetzten „Hausfreund“-Ofen passen würden, hatte er in die Stangen Löcher gebohrt. „Was soll das sein? Schaut aus wie Emmentaler in Stangenform“, kommentierte unsere Mutter seine Arbeit respektlos. „Ein für immer und ewig zerlegbarer Weihnachtsbaum“, antwortete Vater in feierlichem Tonfall, um dann nicht mehr ganz so protzig fortzufahren: „Du bist ja immer fürs Sparen. In die Löcher steckt man jedes Jahr Tannenreisig, das nichts kostet, dann setzt man den Christbaum zusammen und fertig ist die Hexerei.“ Meine Mutter schien nicht überzeugt: „Dieses Graffelwerk aus alten Besenstielen? Kommt nicht in Frage! Nie könnte ich ‚Stille Nacht, heilige Nacht‘ vor so was singen. Niemals!“, sagte sie.

Wir Kinder fanden Vaters Einfall hingegen prächtig. Sofort keimte in uns die Idee, ihn zu verscherbeln. Aber wem konnten wir einen solchen Weihnachtsbaum andrehen? Niemandem – außer vielleicht Herrn Laufer, dem Geschirrhändler. Dieser lehnte aber dankend ab. So entschlossen wir uns, ihn im Freien, auf der Schlegerwiese, aufzustellen – zur Freude armer Kinder und deren Eltern, die sich keinen leisten konnten. „Auch für Arbeitslose, Obdachlose, Ausgesteuerte, Bettler, Kranke, ganz alte und traurige Leute“, ergänzte Paul die Liste von Personen, die wir mittels dieser guten Tat aus der für sie unweigerlichen Weihnachtsdepression zu erretten gedachten.

Da ich bereits die Erfahrung gemacht hatte, dass fast alles, was wir unternahmen, eigentlich verboten war, schlug ich vor, die Veranstaltung polizeilich anzumelden. Mein Cousin Hermann war strikt dagegen und auch sein Vater, Onkel Herbert, hielt nicht viel von meiner besonnenen Vorsorge. „Das Ganze ist ein großer Blödsinn, wenn ihr mich fragt", dämpfte er meinen Enthusiasmus schon, bevor er dann sagte: „Ihr seid noch minderjährig, und ich will mit der Polizei nichts zu tun haben. Wisst ihr überhaupt, was da auf mich und eure Eltern zukommen würd?! Ein Gesuch schreiben, eine Stempelmarke draufpicken, Vergnügungssteuer zahlen und dann eine Ewigkeit auf die Genehmigung warten. Wegen der Feiertage kommt die offizielle Erlaubnis wahrscheinlich erst so um den 10. Jänner herum."

Tante Gisi, in kirchlichen Angelegenheiten gut versiert, wollte stattdessen lieber mindestens einen Pfarrer zuziehen, ein Vorschlag, der von uns Kindern allerdings rigoros abgelehnt wurde, nicht nur, weil wir befürchteten, dass unser doch etwas ausgefallener Christbaum nicht ganz den kirchlichen Erwartungen entsprechen würde. Allerdings hatten wir eine Aufgabe für sie, nämlich Zettel mit der Ankündigung des Weihnachtsfestes auf der Schlegerwiese an Bäumen und Planken anzubringen. Sie eignete sich wegen des unbändigen Bewegungsdranges ihres Hundes besonders gut für diese Tätigkeit. „Außerdem kenn ich die Plätze, wo die Armen Klostersuppe erhalten. Also gib her die Wisch", sagte sie freudig zu. Stolz überreichte ich ihr meine zerkleinerten Zeitungsblätter mit abgeschnitten Ecken, die meiner Ansicht nach sehr werbewirksam waren und auf die ich mit Redisfeder und roter und schwarzer Tusche gestochen schön „Alles, was Sie nicht brauchen, was aber noch brauchbar ist, bringen Sie bitte am 24.12. ab 14 Uhr auf die Schlegerwiese zum Weihnachtsbaum für arme Leute" beziehungsweise „Einladung zur Weihnachtsbescherung ab 16 Uhr auf der Schlegerwiese, für alle, denen niemand sonst etwas beschert" geschrieben hatte.

„Wir müssen alles ruck-zuck erledigen und sofort nach der Bescherung wieder verschwinden, damit uns die Polizei nicht erwischt. Sonst schnappen sie uns noch wegen Erregung öffentlichen Ärgernisses oder Anstiftung zur Zusammenrottung von Menschenmassen oder vielleicht sogar wegen Verhöhnung eines kirchlichen Feiertages", meinte der juristisch immer schon sehr interessierte Herbert, als wir die von uns gesammelten Gaben – vor allem die Greißlerin Dobrowolny hatte sich sehr spendabel gezeigt – zur Schlegerwiese schleppten. Auch den zerlegten Weihnachtsbaum, eine Kanne mit einer Mischung aus Kleister und Leim sowie einen Pinsel hatten wir in einer Tasche verstaut. Während die anderen Organisatoren dann alles nett herrichteten, schwärmten wir aus, um von den Christbaumverkäufern Abfallreisig zu ergattern, das wir dann nach Größe geordnet schlichteten.

Während wir mit dem Errichten des Weihnachtsbaumes beschäftigt waren und Onkel Leo sich bereit erklärte, mittels seiner Doppelleiter die Petroleumlampe mit ihrem rostigen Reflektor um Mitternacht auszulöschen, diskutierten meine Eltern und einige Verwandte, die gekommen waren, um auch mitzuhelfen, stattdessen eingehend unser Projekt. „Wie die Geier werden sich die armen Leut auf die Geschenke stürzen. Hoffentlich hauns das Bäumerl nicht gleich beim ersten Ansturm um", meinte Onkel Leo gespielt besorgt. Auch Onkel Herbert, der Tischler, unkte pessimistisch: „Der Stamm ist ja viel zu dünn! Drei Meter hoch, drei Zentimeter dick und aus zehn kurzen Staberln zammgesetzt. Na, das wird was werdn, habe die Ehre!" All unsere empörten Entgegnungen prallten an dem fachmännischen Getue der Erwachsenen ab, und als ihnen die Argumente ausgingen, runzelte Onkel Herbert missbilligend die Stirn und lenkte das Gespräch auf eine höhere, sozusagen ideologischere Ebene: „Und überhaupt – so was hats noch nie und nirgends gegeben. So was Neuartiges is immer bedenklich, da is meistens irgendwo ein Hund drin. Höchstwahrscheinlich ist sie auch polizeiwidrig ..." Es entging ihm nicht, wie mich ein Schreck durchzuckte, und er legte noch ein Schäuferl nach. „Glaubst nicht", fragte er, ohne meine Meinung wirklich hören zu wollen, „dass die zu raufen anfangen werdn, die Armen, und wenns gar zu einer Messerstecherei kommt ..." Auch Mutters Einwand „Aber, aber! Aus was Gutem soll was Schlechtes werden?", wischte Onkel Leo mir nichts, dir nichts vom Tisch: „So was ist leicht möglich! Stell dir nur vor ..." – „Sag ich ja: polizeiwidrig", mischte sich nun wieder Onkel Herbert, dem die Nerven für längeres Zuhören gänzlich fehlten, in die Debatte. Nun wagte auch Tante Resi einen zaghaften Vorstoß: „Ein wahres Wunder wär's, wenn das alles gut ausgeht", sagte sie düster wie ein Orakel. Was die scheue, sanfte Tante Agnes dazu bewog, erschrocken auszurufen: „Dann kommt lieber gleich mit nach Haus, Kinder, weg von da, bevor ..." Da sagte meine Mutter: „Manchmal geschehen aber Wunder, besonders zu Weihnachten." Ein schöner Satz, der allerdings weitgehend ignoriert wurde. „Und was sagst du eigentlich zu der ganzn Sach? Du mit deinem obskuren Besenbaum hast sie ja ins Rollen bracht", wandte sich Onkel Leo nun an meinen Vater, der bisher schweigend zugehört hatte. „Was soll ich schon sagen? Der ‚zerlegbare ewige Weihnachtsbaum' ist doch komplett irrelevant", sprach er bedächtig, räusperte sich und fuhr fort: „Aber die Kinder, die sind wirklich originell: Dass sie ihn im Freien aufstellen, dass sie alte Sachen sammeln – die Spender werden das für sie belanglose Klumpert los und die anderen können es noch verwenden –, dass die Buben auf unübliche Weise was Nützliches machen, indem sie anderen eine Freude bereiten wollen, das find ich einfach gut. Sie rackern sich ab für ihre Idee!"

Onkel Leo und Onkel Herbert nickten, nur Tante Resi konnte sich einen letzten Einwand nicht verkneifen: „Alles kann ich verstehn, was ihr bis jetzt gesagt habt, das leuchtet mir schon ein. Aber warum habt ihr nicht einfach einen gewöhnlichen, normalen Baum kauft?" Wie aus einem Mund riefen wir fünf Kinder: „Ohne die Stelzen wär uns das alles nicht eingefallen."

Pünktlich um zwei Uhr strömten die Menschen herbei, schleppten Taschen und Koffer, zogen kleine Wägelchen hinter sich her, pfropfenvoll beladen mit den unterschiedlichsten Dingen, brachten Tabletts und Schachteln mit Weihnachtsbäckerei, Krapfen und Christbaumstückeln, in Seidenpapier eingewickelte Zuckerl. Unsere Mutter lieferte Brotschnitten, bestrichen mit herrlich duftendem Schweinsbratenfett. Herr Huber übergab uns eine große Schachtel, gefüllt mit Semmeln, Käse und Wurst, eine weitere Spende aus den Warenbeständen der Greißlerei Dobrowolny. Wir Kinder kamen kaum nach, alles zu ordnen, teilten die Rasenfläche rund um den Baum in unterschiedliche Zonen ein, Onkel Kurti kam mit meiner Geige.

Auf der einen Stützschnur unseres Christbaums befestigte ich ein Stück Karton mit dem Text: „Bescheidenheit ist eine Zier und weiter kommt man ohne Gier", um die Kunden zu motivieren, nicht zu unersättlich und hemmungslos zuzugreifen, auf Vaters etwas fleckigem Filzhut befestigte ich an der Krempe mittels zweier Kerzenhalter eine Karte mit dem Vers: „Edel sei der Mensch, hilfreich und gut! Edler Spender, wirf Geld in den Hut!" und eine weitere, diesmal mit roter Tinte geschriebene Inschrift trug: „Jeder soll bitte nur höchstens dreißig Groschen entnehmen."

Es dämmerte. Rund um den merkwürdigen Weihnachtsbaum lagen Haufen mit Geschenken. Erwartungsvoll standen dutzende Menschen in einem großen Respektabstand. Alles war still. Ich hörte nicht einmal ein Räuspern oder Flüstern. Nur das leise Klirren der Geldstücke, die in den Hut fielen. Onkel Kurti reichte mir meine Geige. Ich spielte – fast fehlerfrei – „Oh Tannenbaum", sang dazu eine von mir verbesserte Version des Textes, schämte mich aber wegen meiner Stimme, die blechern klang. Als ich „Stille Nacht“ spielte, sang meine Mutter laut mit. Onkel Karli übernahm meine Geige, setzte fort mit „A, a, a, der Winter, der ist da“. Die Kleinen freuten sich, einige Mutige sangen fröhlich mit.

Die Versammelten wurden allmählich aber ungeduldig, sodass Tante Resi meinem Onkel mit einer unmissverständlichen Geste bedeutete, den kulturellen Teil der Veranstaltung zu beschließen.

Die anschließende Bescherung verlief reibungslos. Eine scheue Verwunderung lag auf den Gesichtern der vielen Anwesenden. Der gelbe Schein der Petroleumlampe und der zahlreichen brennenden Kerzen tauchte alles in ein sanftes, ja zärtliches Licht. In einer langen Reihe waren die Beschenkten angestellt, bückten sich über den Haufen Münzen, dessen Höhe zeitweise sank, dann aber wieder stieg durch neue Zufuhr. „Wie Ebbe und Flut“, flüsterte mir Paul zu, der auf unseren Geldhut aufpasste wie ein Haftelmacher. Doch anscheinend nicht genug, denn als die Bescherung gegen halb sechs Uhr vorbei war, war nichts übrig geblieben – auch der Hut selbst, den uns Vater nur widerstrebend geliehen hatte, war weg. Wir sammelten das Zeitungspapier und die leeren Schachteln ein und machten uns mit der Mutter auf den Heimweg. Die anderen Verwandten und Bekannten folgten, nur Onkel Leo blieb mutterseelenallein zurück. Aus der Ferne winkten wir ihm noch einmal. Im windstillen Abend glänzten die Kerzen, und oben strahlte der blecherne Stern, als wäre er aus purem Gold.

Wiens Bevölkerung ist im Laufe des Krieges von ungefähr 2,12 auf 1,8 Millionen Einwohner gesunken. Die Wohnungsdichte, also die Anzahl der in einer Wohnung lebenden Personen, bleibt dennoch hoch. 83 % aller Wiener Wohnungen bestehen lediglich aus Zimmer, Küche, Kabinett, Klo am Gang – Kleinstwohnungen also, in denen sich noch immer bis zu zehn Leute drängen. Die fünfköpfige Familie Kauders lebt nach damaligen Verhältnissen relativ komfortabel und modern in der kleinen Zimmer-Küche-Kabinettwohnung, aber die Familien einiger Freunde und Bekannten wohnen mit Untermietern und Bettgehern in überfüllten, ungesunden Unterkünften voller Ungeziefer und ohne jede Privatsphäre – und manche haben gar keine Wohnung.

DER LETZTE SCHUSS

Für uns Kinder war es leicht, auf den waagrechten untersten Stahlträgern der Nordwestbahn-Brücke das Überschwemmungsgebiet und die Donau zu überqueren. Manchmal kletterten wir auf einen der steinernen Brückenpfeiler hinunter und köpfelten von dort ins Wasser. Wenn wir verhindern konnten, von der starken Strömung abgetrieben zu werden, schwammen wir zurück zum Brückenpfeiler, kletterten wieder auf diesen hinauf und sonnten uns auf dessen vorspringender flacher Oberfläche. Eines Tages beschlossen wir, die Überquerung durch ein großes, vorne offenes Rohr unten im Gestänge zu versuchen. Sein Durchmesser betrug etwas mehr als einen Meter.

Es kostete mich einige Überwindung, in diese runde Höhle zu steigen, in der es bereits einige Meter vom Einstieg entfernt stockfinster war. Schon etwa fünf Minuten später kehrten wir ziemlich entmutigt um, beschlossen aber diese Rohrbegehung mit einer Taschenlampe noch einmal zu versuchen. Am nächsten Tag wollten wir noch nicht so recht, am übernächsten aber kehrten wir zu dieser gruseligen Röhre zurück.

„Der Älteste ist vorn, der Jüngste kommt zum Schluss", klärte mein Cousin Hermann die Rangfolge, doch Humschi protestierte: „Ich trau mich nicht ganz hinten zu bleiben." Also tauschte ich meine Position mit ihm und bildete die Nachhut, während Hermann, der Größte, uns anführte. Nach einer kurzen Lagebesprechung darüber, ob wir in diesem langen Rohr einen Schatz entdecken würden und wie der nachher redlich zu teilen sei – schließlich erschien es uns als die gerechteste Lösung, dass nicht jeder von uns, sondern jede Familie den gleichen Anteil bekommen sollte – vergatterten wir uns, insgesamt fünf Knaben, am Hubertusdamm beim Ende der Nordwestbahnbrücke. Hermann war der einzige, der eine funktionierende Taschenlampe besaß. In der von Humschi und Kurti waren die Lämpchen zerbrochen, die von Paul hatte einen gravierenden Wackelkontakt und bei meiner war die Batterie einfach zu schwach.

Schweigend krochen wir nacheinander in die schwarze Öffnung. Schon nach wenigen Minuten drehten wir uns immer häufiger nach dem nur noch als kleines diffuses Fleckchen Helligkeit erkennbaren Eingang um. Humschi wimmerte und stieß mit seinem Kopf ständig gegen Hermanns Hinterteil, so sehr drängte er nach dem Lichtschein der Taschenlampe vor ihm. Hermann wollte sie ihm gerade überlassen, da erzitterte die Röhre und ein Höllenlärm drang von allen Seiten auf uns ein. Ein Lastzug donnerte knapp über unseren Köpfen über die Brücke. In diesem Augenblick wurde es noch dazu ganz finster, denn Humschi hatte vor Schreck bei der Übergabe unsere einzige taugliche Lichtquelle fallen lassen! Hermann schüttelte sie. Vergeblich! Um uns war Nacht. Humschi und Kurti drehten sich um und krochen verkehrt weiter, um wenigstens das tröstende Lichtpünktchen des Rohranfanges im Auge zu behalten. Auf einmal flüsterte Hermann: „Pst! Halt! Da ist was!" Er war mit dem Fuß in etwas Weiches, Großes gestoßen. Kurti kroch auf Händen und Füßen wimmernd Richtung Ausgang zurück. Ich hörte das schabende Geräusch seines Körpers. Humschi prallte auf seiner Flucht mit seinem Kopf gegen Pauls Nase. Nun weinten die beiden. Paul floh zuerst verkehrt zum rettenden Ausgang, dann drehte er sich um und folgte seinem jüngeren Bruder, was einen neuerlichen Zusammenstoß zur Folge hatte. Die drei Buben blieben in der Röhre stecken. Alles spielte sich vor meinen Augen ab, die allerdings in der Finsternis das Geschehen nur vage wahrnahmen. Ich versuchte tastend, das Knäuel zu entwirren, stumm und atemlos vor Schreck und Angst zog ich an Armen und Beinen und erwischte auch ein Ohr. Endlich lockerte sich die Verstopfung, eine heisere Stimme ertönte hinter uns. Meine Hände und Beine waren plötzlich wie gelähmt. Ich blickte nach hinten, ein Zündholz flackerte auf und eine Petroleumlampe erhellte die Röhre. „Was ist denn da los?", brummte eine tiefe Stimme. Im Rohr tönte es wie aus einer Posaune. Keiner von uns war in der Lage, etwas zu antworten, nur Cousin Hermann stotterte schließlich vor sich hin: „Wir ... wir woin ... wir woin über die Donau, auf die andere Seite, zum Handelskai." – „Is oben gsperrt?", dröhnte die Bassstimme gallig scharf. Als keine Antwort kam, polterte die Stimme weiter: „Hinaus mit euch! Weg da! Da unten drin hat niemand was verloren, verstanden? Und merkt euch das: Nicht reden! Kein Wort! Zu keinem Menschen! Sonst ..." Die letzten Worte verschlang die Dunkelheit, als ich verstört aus dem Rohr purzelte. In einiger Entfernung saßen eng umschlungen die anderen Buben, die schon vor mir ins Freie getaumelt waren. Roststaub vermischt mit Schweiß und Tränen verlieh ihren Gesichtern einen erschreckenden Ausdruck. Zu schwach und müde, um sofort davonzulaufen, packten wir unseren Proviant aus, den wir völlig geistesabwesend verzehrten. Schließlich hielten wir es nicht länger aus und zogen Richtung Hannovermarkt, wo wir glücklicherweise unseren geliebten Onkel Kurti antrafen.

Onkel Kurti, noch keine zwanzig Jahre alt, war auch unser Sportlehrer. Er übte mit uns Hand- und Kopfstand, Liegestütze, akrobatische Kunststücke, führte uns das Jonglieren mit dem Ball vor, trainierte mit uns Elferschießen und Köpfeln, brachte uns elegante Sprünge ins Wasser im Angelibad an der Alten Donau bei und unterrichtete uns auf irgendeiner verfügbaren Teppichklopfstange, wie sie überall in den Höfen vorzufinden war, auch im Bauchaufschwung. Ihm erzählten wir aufgeregt unser gespenstisches Abenteuer. Von unserer schauerlichen Geschichte weder ernoch abgeschreckt sollten wir ihn sogleich zu der geheimnisvollen, gefahrenumwitterten Röhre führen. Ohne zu zögern und forsch wie immer schrie er hinein: „Komm heraus da, aber schnell!" – „Was ist los?", tönte es dumpf aus dem Tunnel heraus, bevor ein zerlumpter Mann mit einem grauen Vollbart und einer Brille mit nur einem Bügel am Rohreingang erschien. Auf Onkel Kurtis fragenden Blick entgegnete der nun gar nicht mehr angsteinflößend wirkende Mann, dessen resignierter, herumirrender Blick mich an den Ausdruck mancher Bewohner von Brettldorf und an die Miene vieler „Eckenpolierer", den Arbeitslosen, die alle Hoffnung längst aufgegeben hatten, erinnerte: „Ich wohn da."

„Da drin? Bei dem Krach, wenn ein Zug kommt? Und erfrierst nicht im Winter in der kalten Blechröhre?" – „An den Lärm hab ich mich schon halbwegs gwöhnt und ich hab ja meine zwei Strohsäck", murmelte verlegen der Obdachlose. „Die brauchst nimmer. Ab jetzt wohnst bei mir. In der Nacht bin ich eh nicht daheim!" Onkel Kurti hatte vor Kurzem durch die Protektion von Onkel Leo eine Stellung als Nachtportier in der Eisfabrik erhalten.

Aus Heinrich, dem Sandler war auf diese Weise Heinrich, der Bettgeher geworden. Wenn Onkel Kurti am Abend zur Arbeit ging, erschien Heinrich gepflegt und sauber – er besuchte zwei Mal in der Woche das „Tröpferlbad" – bei ihm vor der Wohnungstür. Einmal erzählte er mir von seiner Vergangenheit, dass er Matrose gewesen sei, dann beim Zirkus als lebende Kanonenkugel ein Engagement gehabt habe, aber eigentlich Uhrmacher von Beruf sei. „Jetzt kann ich Uhren nicht mehr in Schuss bringen, ich zitter zu arg", hatte er damals gesagt. Aber sein Leben wurde sicherer – und seine Hände wurden es auch. Bald reparierte er wieder, im Pfusch, meist Wecker und Pendeluhren, anfangs nur bei unseren drei Familien, aber die Geschäfte entwickelten sich. Heinrich, der Bettgeher wurde Heinrich, der Untermieter. Und als Onkel Kurti zum Helfer des Hilfsmaschinisten aufstieg, bekam Heinrich die Stelle als Nachtportier, was die Rollen vertauschte: Heinrich wurde zum Tagschläfer und Onkel Kurti ruhte des Nachts in seinem Bett.

Jahre später, als ich gerade die Matura hinter mich gebracht hatte, kam der Onkel Kurti eines Tages hinauf in Onkel Leos Schrebergarten. „Heut sins kommen", erzählte er mit gedämpfter Stimme, „nach dem Heinrich habens gefragt. Der war zum Glück nicht zhaus. Jetzt ist er halt wieder in der Röhrn. Eh schon wissen – nichts drüber reden."

Jeden Abend, mehrere Jahre lang, trug von nun an einer aus der Verwandtschaft Essen zum Gestänge der Nordwestbahnbrücke. Während des Zweiten Weltkrieges teilten sich die Frauen diese Pflicht. Auch meine Großmutter, die mit ihren täglichen Ziegenmilch-Beschaffungsaktionen auch mein Leben als Säugling gerettet hatte, half bei der Versorgung von Heinrich in der Röhre mit.

Als das Ende des Krieges schon in Sicht war, schlug eine Bombe in die Nordwestbahnbrücke ein. Tante Resi war zu diesem Zeitpunkt mit dem Nahrungsmittelpaket fast bei unserem armen Heinrich angelangt, da ließ sie Sirenengeheul und Flugzeuglärm sich zu Boden werfen. Geschockt musste sie – völlig allein auf der Donauwiese, über ihr die Flieger – mit ansehen, wie aus der Röhre eine Riesenrauchwolke zischte. „Ich hab den Luftstoß gspürt. Wies schon wegfliegen, die Bomber, renn ich die paar Schritt ... Jesus na, bei der Röhrn – Fetzen, Klumpert, Federn, Stroh ... überall Staub in der Luft. Den Heinrich schleuderts durch die Luft, sein Kopf – ganz verdreht. Meine Knie habn zittert!", erzählte sie uns später den Hergang von seinem Tod. „Wie eine lebende Kanonenkugel", sagte ich, aber niemand verstand, was ich meinte. Einsam, wie er die letzte Zeit wieder gelebt hatte, war er auch gestorben. Wir Kinder, unsere Familie und die Verwandten waren die wenigen Menschen, die um ihn trauerten.

DER GEHEIMNISVOLLE HERR HUBER

„Ein Fremder steht oben im letzten Stock", meldete Humschi leise. Seine Stimme zitterte vor Aufregung. Wir waren allein in unserer Wohnung. „Vielleicht ein Bettler oder Hausierer? Aber warum rührt er sich nicht von der Stelle, sitzt nur da und lehnt gegen den Türstock?", fragte ich. „Ein Kinderverzahrer!", wimmerte Paul ängstlich und kroch unter den Küchentisch. „Schaut ziemlich verschreckt drein", ignorierte Humschi Paulis Furchtsamkeit, worauf dieser sein Versteck wieder verließ. „Dann könnt es ein Verfolgter sein – ein Dieb oder vielleicht sogar ein Mörder, den die Polizei jagt", packte aber nun mich selbst die Angst. Und nicht nur mich. Ich hatte den Gedanken noch gar nicht zu Ende gedacht, da schnellten meine beiden Brüder schon an mir vorbei in die Toilette, der Riegel knackte hörbar. Mich, ihren eigenen Bruder, ließen sie draußen in der Gefahr, diese lieblosen Egoisten! „Ich geh nachschaun!", flüsterte ich trotzig durch die verschlossene Tür des Klosetts und ergänzte im strengen Tonfall meiner Mutter: „Niemanden hereinlassen!"

Der Mann, der vor Herrn Hubers Tür kauerte, wirkte besorgt und schüchtern. „Warten Sie auf jemanden?", fragte ich freundlich, aber zur Flucht bereit. Der Angesprochene blickte scheu um sich, sagte nur: „Ich hör ihn schon kommen." Da eilte Herr Huber keuchend die Stufen herauf, begrüßte ihn mit „Servus, Franzl! Entschuldige, ich bin aufghalten worden!" und sperrte rasch seine Wohnungstür auf. Neugierig blickte ich ins Zimmer, in das Herr Huber seinen Besucher führte. Es gab nur ein Bett in seinem Zimmerchen, ein hohes Stahlrohrbett.

Sogleich erschien er – ohne seinen Gast – wieder am Gang und sagte: „Na, jetzt weißt dus: das is mein Bettgeher. Wenn ich als Aushilfsportier, weißt schon bei Siemens-Schuckert, Nachtdienst hab und mein Haberer Tagschicht, dann schläft er in der Nacht bei mir. Und wenn ich Tagschicht hab und er Nachtschicht, dann halt umgekehrt. Aber das ist unser großes Geheimnis, ja? Niemandem verraten!", flüsterte Herr Huber und zwinkerte dabei schelmisch. Auch meine inzwischen neugierig anrückenden beiden Brüder schworen aufgeregt-bewegt ewiges Stillschweigen, bevor wir uns zurückzogen, um uns in unsere eigenen drei Betten zum Schlafen niederzulegen.

Kurze Zeit später sahen wir Herrn Huber im Gemischtwarenladen der Frau Dobrowolny. „Wollen S' vielleicht einmal auch was kaufen?", fragte sie ihn mit sarkastischer Betonung. „Freilich! Gleich jetzt: drei Honigfliegenfänger, bittschön! Und drei Sackerl Malzzuckerl für die drei jungen Männer da."

Wir bedankten uns, er blickte uns freundlich an, zwinkerte vielsagend und befestigte zu unserer Überraschung die drei aufgerollten klebrigen Bänder mittels eines Reißnagels an der Decke des Ladens. Wir hielten die Stehleiter fest, die bedrohlich wackelte, während er hier anscheinend einem Nebenjob nachging. Sein nächster Auftrag bestand darin, den schwarzen Bretterboden der Greißlerei aufzukehren. Er tat dies so genau und sorgfältig, dass er den Besen sogar zwischen die Füße der Frau Storch schob, um ja kein Staubkörnchen liegen zu lassen. „Fahren S' mir nicht so deppert zwischen die Haxen, wenn der Dreck dort rechts im Winkel haufenweis herumliegt! Kehrn S' gfälligst dort!", schalt die resolute Kundin ihn. „Entschuldigen Sie schon, aber ich hab mein System. Ich fang immer da links an und arbeit mich Schritt für Schritt nach rechts durch. Systematisch nämlich", entgegnete ihr Herr Huber tapfer. Widerspruch hatte Frau Storch aber gar nicht gern und aufbrausend fuhr sie ihn an: „Aber bittschön, nicht mitten durch mich hindurch", wobei sie mit ihrem kräftigen Bein zornig auf den Besen trat, sodass dieser Herrn Huber aus der Hand fiel. „Die Frau könnt ja einen Fuß heben und auf einem Bein stehen, wenn sie schon Storch heißt", stellte sich Paul auf die Seite unseres neuen Bekannten, der sicherheitshalber mit uns die Greißlerei verließ. Als er vor den Laden trat, um Säcke mit Hülsenfrüchten hinauszuzerren, folgten wir ihm nach.

„Herr Huber, jetzt, wo wir schon zwei riesige Geheimnisse von Ihnen kennen, gibt es vielleicht noch weitere?", fragte ich neckisch und spürte, wie nicht er, sondern ich vor Verlegenheit rot wurde. Doch meine Vermutung traf voll ins Schwarze. „Erwischt! Aller guten Dinge sind drei", begann Herr Huber lächelnd sein Geständnis: „Im Wurstelprater, neben dem Toboggan, weißt schon, die Varietébühne mit der Mitzl, der dicksten Frau der Welt, auf der Bühne, neben der Kassa, da tret ich auf, als Clown, jeden Tag ab halb vier. Pst! Geheimnis Nummer drei! Ihr könnts kommen, aber keinem Menschen was verraten!" Diese wunderbare Mitteilung flüsterte er uns stoßweise zu – jedes Mal ein Satzglied, wenn er sich zu einem Sack niederbückte. Vor Aufregung stockte uns der Atem.

Schon am nächsten Nachmittag warteten wir voll Ungeduld auf Herrn Hubers Auftritt. Vom schrägen Gurt-Förderband des Toboggan, wie auf Indianisch Rodel heißt, hörten wir das – manchmal vom schadenfrohen Lachen der zuschauenden Männer übertönte – Kreischen der Frauen, die sich in ihrer Angst am Geländer festhielten, dadurch unweigerlich auf dem Rücken zu liegen kamen und herumpurzelten und -kollerten, wenn sie verzweifelt versuchten, wieder aufzustehen. Wir fünf Buben standen beim Ende der Rutsche, die mit ihren trogförmig in Längsrichtung angeordneten, bunt lackierten Holzlatten tatsächlich wie eine Miniatur-Rodelbahn aussah. Eine junge Frau rutschte zu langsam herunter. Hüften und Gesäß waren anscheinend zu breit, vielleicht bremste sie aber auch aus Angst. Schon aber kam eine schlanke Dame heruntergesaust und stieß mit ihren ausgestreckten Beinen in den Hintern der fülligen vor ihr, die dadurch ein beachtliches Stück nach vorn hopste und dabei wie ein Ferkelchen quiekte. Schließlich rutschten beide langsam weiter, allerding nur, bis eine dritte Dame heran kurvte, es einen neuerlichen Zusammenstoß gab und nun die in der Mitte eingekeilte Rutschbahnkundin aufjohlte, als sie ihrerseits einen doppelten Fußtritt erhielt. Erst beim fünften Aufprall konnte der Aufseher weitere Rutschpartien aufhalten.

Die Zuschauer tobten vor Lachen, während sich die in die Massenkarambolage verwickelten Frauen mühsam erhoben. Einige blickten ernst drein, manche verärgert, eine fast weinerlich – nur die erste, die eigentlich die meisten Stöße abgekriegt hatte, lächelte und rief: „War das eine Gaudi, so eine Mordshetz!" Die zweite Dame hingegen ging schnurstracks auf ihren spöttelnden Mann zu und knallte ihm eine Ohrfeige auf die dicke Wange. Sein Lachen gefror in seinem Gesicht, was den Umstehenden nicht entging. „Hahaha, einen lebendigen Watschenmann haben wir jetzt auch im Wurstelprater", rief ein offensichtlich noch unverheirateter Bursche heiter, „der ist noch lustiger als der ausgstopfte!"

Endlich begann auf der Varietébühne die „Zubizahrerei", das Anlocken der Kundschaft. Ein kluger, überlegener Clown und sein dummer Kollege erschienen. Als der eine lautstark die Dame ohne Unterleib ankündigte, fragte unser kaum als dieser zu erkennende Herr Huber: „Zu was braucht man die? Der fehlt ja das Wichtigste!" In das schallende Lachen der Zuschauer ließ sein Gegenspieler die nächste Frage platzen: „Sag einmal, kennst du ein Lied, in dem das Wort ‚Imperator' vorkommt?" – „Na, das soll schwierig sein?", bremste der Dumme die Überheblichkeit des Oberschlauen und sang: „Im Prater blühn wieder die Bäume ..." Die Leute, die sich vor der Bühne angesammelt hatten, applaudierten begeistert und viele marschierten ins Innere der Bude weiter.

Wir hörten uns die Auftritte immer und immer wieder an und auch beim zwölften Mal lachten wir noch über Herrn Hubers stets gleichbleibende Witze – wir fanden ihn endgültig und einstimmig sogar noch lustiger als unsere beiden bisherigen Lieblingsstars, Pat und Patachon, zusammen.

Ab März 1933 errichtet Engelbert „Millimetternich" Dollfuß auf Grundlage des gegen Kriegsende 1917 erlassenen „Kriegswirtschaftlichen Ermächtigungsgesetzes" ein undemokratisches Regime, was einerseits das Parlament, andererseits vor allem aber auch die außerparlamentarische sozialistische Bewegung aufs Abstellgleis stellt. Die Folgen: die Versammlungs- und Pressefreiheit eingeschränkt, der Maiaufmarsch verboten, erste Anhaltelager für politisch Andersdenkende errichtet, Wiedereinführung der Todesstrafe, Kürzung des Budgets der Stadt Wien , teilweise Zurücknahme des Achtstundentags und 600.000 Arbeitslose in Wien sowie Lohnkürzungen. Der Druck der Heimwehr beizutreten steigt. Polizeischikanen, Hausdurchsuchungen und Verhaftungen werden Alltag für jene, die sich dem austrofaschistischen System nicht anpassen. Unzufrieden mit der Partei- und Gewerkschaftsführung, die trotz der Entwicklung in Deutschland noch immer an die Möglichkeit von Verhandlungen glauben und sich von der Regierung hinhalten lassen, formiert sich eine linke Opposition, die bereit ist Widerstand zu leisten und hofft, so die sozialistische Bewegung aus ihrer Lethargie zu reißen.
Am Morgen des 12.2.1934 streikt die Belegschaft der Elektrizitäts- und Gaswerke in Simmering. Die an diesem Tag gegründete SDAP ruft den Generalstreik aus, der mit der Abschaltung des Stromes beziehungsweise der Einstellung des Straßenbahnverkehrs um 11.46 beginnen soll. Ab Mittag wird geschossen. Die Eisenbahner warten jedoch auf die Zustimmung der Gewerkschaften und schließen sich dem Streik nicht an. Sie transportieren die Regierungstruppen und ihr Gerät. Lediglich 15.000 spärlich bewaffneten Aufständischen ohne echte „Kampfleitung" stehen in voneinander isolierten Aktionen in Ober- und Niederösterreich, in der Steiermark und in Wien, hier vor allem in Meidling, Simmering, Ottakring und Floridsdorf, zirka 60.000 Berufssoldaten gegenüber. Zahlreiche Schutzbundhauptleute, die ihre Waffendepots vor den „Zivilisten" der sozialdemokratischen Basis geheim gehalten haben, sitzen im Gefängnis. Heimwehrchef Frey setzt rücksichtslos Artillerie und Granatwerfer gegen Wohnhäuser ein, so auch gegen das Zentrum des Floridsdorfer Widerstandes, den Schlingerhof. Als dieser von den Aufständischen aufgegeben werden muss, treiben die Heimwehrler mit ihren Gewehren einige Frauen gegen die hart umkämpfte Straßenbahnremise, die Arbeitsstätte von Rudolfs Vater. Die Widerstandskämpfer kapitulieren. Die Verhafteten – unter ihnen viele uniformierte „Kondukteure", oft noch mit umgehängter Zahltasche – müssen

durch den Kordon der Soldaten marschieren, wobei sie von der Heimwehr verprügelt oder auch willkürlich niedergeschossen werden. Einundzwanzig Menschen, darunter der Floridsdorfer Schutzbundführer Georg Weissel, werden zum Tod verurteilt, neun werden, trotz internationaler Gnadengesuche, standrechtlich erschossen. Die Sozialdemokratische Arbeiter-Partei wird verboten, ihre Führer landen im „AnhaltelagerWöllersdorf", viele fliehen aus Österreich. Manchen gelingt es, nach einem fünfzehnstündigen Marsch, die tschechische Grenze zu erreichen, andere werden auf der Flucht erschlagen oder erschossen. Etwa 10.000 Männer und Frauen werden inhaftiert. Auch die Gemeindebauten im Grätzl vom Friedrich-Engelsplatz bis zur Vorgartenstraße werden durchkämmt: nach „kommunistischen Rädelsführern" und 1918 hier angeblich vergrabenen Waffen.
Die Straßenbahn fährt wieder. In der Schule müssen die Kinder um 40 Groschen ein Abzeichen mit Eichenblatt kaufen, das Abzeichen der einzig erlaubten Partei, der „Vaterländischen Front". Das Ausmaß und die Hintergründe dieses dreitägigen Verzweiflungskampfes, der den Untergang der Ersten Republik maßgeblich vorbereitet, erfährt Rudi erst viel später, als er aus der Emigration zurückkehrt. Was er an diesem 12. Februar erlebt, wie harmlos nimmt es sich angesichts der Tragik doch in seinen Erinnerungen aus.

WIE WIR DEN BÜRGERKRIEG ERLEBTEN

Eines Morgens blickte ich aus dem Fenster und sah zu meiner Verblüffung vor den Alleebäumen aufgestellt und gegen den „Milchblock", in dem wir wohnten, gerichtet, eine Reihe kleiner grüngrauer Kanonen am Straßenrand längs der ganzen gegenüberliegenden Häuserfront postiert. Soldaten mit grüngrauen Helmen standen ernst und steif hinten den Feldhaubitzen. In der Straßenmitte befand sich eine lange auseinandergezogene Rolle silbrigen Stacheldrahtes.

Vor Herrn Laufers Laden – sein Geschirr war hinter dem geschlossenen Haustor verstaut – patrouillierten Soldaten, in Frau Dobrowolnys Geschäft konnte man nur über lange seitliche Umwege gelangen.

Wir hatten schulfrei. Wie Schakale schlichen wir um den Stacheldrahtverhau und schlüpften via Greißlerei hinter die Front. Die Soldaten konnten uns mit ihrem „Weg da!“ oder „Verschwindets da, Lausbuben, elendige!“ oder „Schleichts euch, Rotzbuben, verfluchte!“ nicht auf Dauer vertreiben und ließen uns mit der Zeit etwas mehr heran. Einer winkte plötzlich meinem Bruder Humschi zu: „Komm her, Kleiner! Na, komm schon!“ Ich sagte: „Geh hin“, und nach anfänglichem Zögern näherte er sich behutsam dem angsteinflößenden Soldaten. Dieser blickte nach beiden Seiten, murmelte: „Hol mir drei ‚Sport‘ aus der Trafik“, und drückte ihm einige Münzen in die Hand. Im Tabakladen, wo wir für unseren Vater oft Pfeifentabak kauften und die Titelblätter der Zeitungen studierten und wo auf dem braunen hölzernen Pult einige runde Aluminiumbehälter ohne Deckel standen, Dosen von „Graf Suppenwürfel“, die nun als Behälter für die damals auch einzeln erhältlichen Zigaretten dienten, erledigte man unsere Bestellung prompt.

Der Soldat nahm die drei „Sport“ hastig entgegen, gab dem Humschi zwar nicht die erhofften fünf oder vielleicht sogar zehn Groschen als Belohnung, ließ ihn aber stattdessen durch das Visier der Kanone blicken. Interessiert pirschten wir uns näher heran. Als seine Brüder hatten wir das moralische Recht dazu. „Können Sie die Kanone nicht ein bisschen nach rechts drehen?“, fragte Paul plötzlich den rauchenden Soldaten. „Nein, nicht nach rechts, dort wohnt doch die liebe Nachbarin, die Frau Breindl“, wandte Humschi besorgt ein. „Also dann nach links“, schlug ich vor. „Nein, auf keinen Fall! Dort wohnt doch die liebe Frau Stagler“, rief Humschi noch entsetzter. „Dann halt nach oben“, seufzte Paul. „Bist narrisch? Zum lieben Herr Minixte!“ Der alleinstehende alte Mann zählte zu unseren besten Freunden, und Humschi war nun vollends empört. Auch mein nächster Vorschlag: „Wie wärs mit ganz ebenerdig?“, stieß bei ihm auf keinerlei Zustimmung. „Geht nicht, dort ist doch der Konsum, wo sollen wir denn dann was zum Essen einkaufen?“, argumentierte mein jüngerer Bruder, der viel und gerne aß, und schüttelte dabei energisch den kleinen Kopf. „Könnten Sie nicht vielleicht ein bisschen übers Dach zielen?“ Auf diesen Vorschlag Pauls hin meldete sich der sichtlich genervte, aber doch auch ein wenig schmunzelnde Soldat zu Wort: „Geschossen wird eh nur, wenn die anderen zu schießen anfangen. Dann müssen wir zurückschießen. Befehl ist Befehl!“ – „Die Leut da drin im Gemeindebau, die habn doch keine Waffen! Bei uns wird nicht geschossen!“, erklärte ich bestimmt. „No ja, mit Kapselrevolvern schon, ich kenn da ein paar so schlimme Buben …“, präzisierte der wahrheitsliebende Humschi.

„Sie werden doch nicht schießen auf die guten Leut! Jesus Maria!", mischte sich nun Frau Dobrowolny ins Gespräch, die entsetzt und beschwörend aus dem Türspalt ihres Ladens blickte. „So liebe Leut!", rief nun auch Herr Laufer, ebenfalls aus dem Spalt seines Tores herausschauend, und es war nicht wirklich klar, wen er meinte – die Bewohner des Gemeindeblocks oder die Soldaten oder beide.

Ein paar Tage später zog das Militär ab, ohne dass ein Schuss gefallen wäre. Als die letzte Stacheldrahtrolle weggeräumt war, sagte Humschi in der Küche, mitten in unser Schweigen hinein: „Ich hab mirs überlegt. Ich möchte lieber doch kein Soldat werden."

DEM GRAB ENTSTIEGEN

Herr Minixte ist dann wenige Tage später von selbst gestorben. Wir hatten ihn – und er uns – sehr gern gehabt, und nun gab es ihn auf einmal nicht mehr.

„Du musst unbedingt zum Begräbnis von Herrn Wischnijewski gehen", sagte meine Mutter, die mit ihrem sechsten Sinn meine Ängste ahnte: Ich fürchtete entweder aus lauter Kummer und Rührung am Friedhof hemmungslos schluchzen zu müssen oder aber, was mir in traurigen Momenten immer wieder passierte, beim geringsten irgendwie komischen Ereignis von einem unkontrollierbaren Lachanfall gepackt zu werden und dann vielleicht gar gleichzeitig weinen und lachen zu müssen.

Der Vater kam mir zu Hilfe und sagte: „Ich kann den armen Rudi gut verstehen; auch ich kann Begräbnisse nicht ausstehen. Freiwillig betret ich keinen Friedhof, keine zehn Rösser bringen mich da hinein. Aber wenn du schon musst, Rudi, dann rat ich dir: Lenk dich ab! Multiplizier im Kopf zwei zweistellige Zahlen oder denk dir Reime aus auf die Namen auf den Grabsteinen, zum Beispiel, wart ein bisserl, ich hab schon einen: „Hier ruht Arnold Friedrich Magerl,/ er zog ein schweres Leiterwagerl,/ dabei traf ihn glatt ein Schlagerl." Mein Vater kam gerade so richtig in Fahrt, da unterbrach ihn meine Mutter: „So ein dummer Vorschlag!", worauf er zustimmend nickte und sagte: „Na gut, also mach ernstere Reime, aber nicht zu traurige, sonst musst du weinen. So eine geistige Beschäftigung ist so anstrengend, dass dich die Trauer oder die Heiterkeit gar nicht packen kann.

Wenn ich nichts hören und sehen will, probier ich sogar, mit mir selber im Kopf Schach zu spielen." – „Bring den Buben um Gottes Willen nicht auf solche Ideen! Rudi, lass lieber tief den Kopf hängen oder schau hinauf zum Himmel! Lies ja nicht die Inschriften auf den Grabsteinen! Du kriegst vielleicht gleich so einen blöden Lachanfall, nur wenn du einen komischen Namen siehst."

„Wenn mir in der Schule fad ist, dann lenk ich mich so ab: Ich lese die Wörter von hinten", brachte uns Paul auf die nächste Idee. „Otto und Anna sind von vorn und hinten gleich", protze ich sogleich mit meiner wortspielerischen Begabung. Auch mein Vater zeigte sich von seiner gebildeten Seite: „So was heißt Palindrom. Goethe hat das längste Wort dieser Art gefunden – Reliefpfeiler." – „Von Palindrom die letzte Silbe heißt verkehrt Mord!", wollte auch unser Kleinster sich in diese Debatte mischen. „Womit wir wieder bei Tod und Friedhof wären und ich noch immer nicht weiß, wie ich meine Gefühle dort im Zaum halten kann!" Pauls nächstem Vorschlag: „Denk an nichts Trauriges und an nichts Lustiges, nur an was ganz Gewöhnliches!", folgte der von Humschi: „Noch besser: Stell dir was Angenehmes vor, zum Beispiel Reisauflauf oder Quargelbrot." Beide überzeugten mich nicht wirklich, aber trotz aller Zweifel zweifelte ich schließlich nicht, dass es mit Willenskraft und Ablenkung doch hoffentlich gut gehen würde.

Vor dem Friedhofstor fragte ich einen vertrauenerweckenden Mann: „Wo ist denn hier die Aufbewahrungshalle?" – „Kleiner, du verwechselst den Friedhof mit einem Bahnhof und den Sarg mit einem Koffer!", brachte mich der Mann vor meiner Mutter ziemlich in Verlegenheit, was meine Nervosität noch erhöhte, als ich endlich mit glasigem Blick und schwierigen Multiplikationen im Kopf in der Aufbahrungshalle stand. Bald bekam ich aber Kopfschmerzen und Ohrensausen von dem anstrengenden Rechnen. Ich verlegte mich daher auf die zweite Methode und suchte weitere Wörter zu finden, die von hinten nach vorn einen Sinn ergaben oder die dabei gleich blieben. „Nun" erschien mir etwas simpel, da fiel mir „Gras" ein – oh Schreck! Und von „Sarg" dauerte es nicht lange, bis ich bei „Grab" landete. „Merkwürdig", dachte ich, „‚Sarg' reimt sich sogar mit ‚barg'!" Wie unter einem unwiderstehlichen Zwang setzte ich einen Reim aus lauter solchen verdrehbaren Wörtern zusammen: „HIER ruhst du, NETTER OTTO,/ NUN spielst du nicht mehr Toto./ In dem GRAB, bedeckt mit GRAS,/ wurde alles STAUB und GAS,/ auch der SARG, der dich BARG./ Es herrschte NEBEL bei deinem Begräbnis./ DEIN Abschied vom LEBEN war DEIN letztes Erlebnis./ SAG, kannst du uns in unsren Träumen NEN-

NEN,/ was wir dürfen, sollen, müssen, können?/ Hier ruhst du, OTTO, und du bist NUN TOT."

Befriedigt stellte ich fest, dass es mir gelungen war, an nichts anderes zu denken als an diesen Nachruf und dabei in elf Verszeilen nicht weniger als sechzehn dieser besonderen Wörter unterzubringen. So entrückt, dass ich gar nicht wahrnahm, wie sich die Trauernden aus der Aufbahrungshalle hinausbewegten, musste mich Paul mit seinem Ellbogen in die Rippen – und damit wieder in die traurige Szenerie des Begräbnisses – stoßen. Als ich bereits ein gurgelndes Gefühl in der Kehle spürte, was bedeutete, dass ich gleich wie ein Schlosshund losheulen würde, trat ich aus der Reihe des Trauerzuges und bückte mich, um mein Schuhband zu schnüren. Meine Eltern und Brüder gingen an mir vorbei. In gebückter Stellung wartete ich, bis sich die letzte Person im Zug vorbeibewegte. Es war die Tochter der Hausmeisterin. Absichtlich versperrte ich ihr mit meinem Hintern den Weg. Meine Erzfeindin stieß mich aber nicht erzürnt zur Seite, sondern machte einen großen Bogen um mich – sie wusste, was sich gehörte. Als sie sich mehrere Schritte entfernt hatte, folgte ich in einigem Abstand als Letzter. Bei einer Biegung des Weges verschwand ich nach links und eilte mit laut klopfendem Herzen, aber möglichst leisen Schritten davon. Nun würde ich in Ruhe heulen und schluchzen können, wenn es mich plötzlich überkommen sollte.

Um dennoch den Rat meiner Mutter zu befolgen und keine Totennamen zu lesen, blickte ich verkrampft zu Boden. Erst als mein Nacken schmerzte, schaute ich auf. Weit und breit war kein Mensch zu sehen.

Etwas verstört stand ich vor einem offenen Grab. Zwei Bretter lagen lose über der Grube. Da fiel mein Blick auf den schwarzen Grabstein aus poliertem Granit, auf dem in goldenen Lettern mein eigener Zuname stand. Kein Vorname, keine Jahreszahl, nur mein Name. Ich schloss kurz die Augen. Als ich sie wieder öffnete, stand er noch immer da. Also keine Halluzination, keine Fata Morgana, kein Spuk, keine Einbildung. Ich verspürte den Zwang, den Stein zu berühren, ihn zu spüren. Unser Name ist wirklich außerordentlich selten. Wie ein Hochseilakrobat stieg ich auf die Bretter, streckte den Zeigefinger der rechten Hand aus, das eine Brett wackelte. Bevor ich noch den Stein berühren konnte, kippte die vordere Längskante der Latte nach unten. Ich rutschte mit dem einen Fuß ab, verlor das Gleichgewicht und stürzte hinunter in das gähnende Loch. Unwillkürlich fing ich mit leicht abgebogenen Beinen den Aufprall federnd ab. Der rechte Knöchel schmerzte dennoch stechend. Zögerlich blickte ich nach oben, wo ich das Tageslicht in drei hellen Streifen sehen konnte.

Laut um Hilfe zu schreien, so mein erster Gedanke, würde die Andacht am Grab stören und mich außerdem lächerlich vor allen Nachbarn machen. So erschien es mir besser, zu warten, bis ich oben Schritte hörte. Dann hatte ich eine Idee: Ich stemmte die Füße der gegrätschten Beine in die beiden Seitenwände – und scheiterte. Früher oder später rutschte ich immer wieder ab. Da entdeckte ich einen spitzigen, faustgroßen Stein, mit dem ich Vertiefungen in die Wände hackte und so eine Grube über der anderen bildete, so hoch meine ausgestreckten Arme reichten. Den Steinbrocken steckte ich dann in die Tasche und wagte erneut den Aufstieg. Die obersten Stufen grub ich ganz vorsichtig in Grätschstellung, erreichte endlich die Kanten der Grube, umklammerte schweißbedeckt mit beiden Armen das eine Brett und sammelte neue Kräfte, um schließlich meine Knie hinaufzuziehen. „Hurra!", jubelte ich gerade, als ich eine magere Frau sich nähern sah. Ich konnte mich nicht tief genug ducken. Sie hielt mich wohl für den bösen Geist eines physisch längst Verwesten, blieb vor dem Grabstein stehen, schloss kurz die Augen, öffnete sie wieder, ihr Mund stand ebenfalls offen, als sie sich ans Herz griff und mit zitternder Hand bekreuzigte. Offensichtlich setzte sie zu einem Schrei an, dem ich allerdings rasch zuvorkam, indem ich leise „Pst!" zischte. „Wer bist du?", flüsterte die Frau verdattert. „So wies auf dem Grabstein steht", antwortete ich, worauf sie einen langgezogenen, heiseren Schrei von sich gab, der eher wie das Muhen einer Kuh klang, und humpelnd davonrannte, während die Trauergäste herbeieilten, um zu sehen, was der Schrei bedeutete. Meine Mutter, Frau Storch und auch Frau Dobrowolny jammerten, bis der Herr Huber mich endlich aus dem Grab barg. Nur weil ich einen verstauchten Fuß hatte, entkam ich einer Bestrafung. „Wie, um Himmels willen, bist da wieder reingfallen?", fragte Mutter. Wortlos zeigte ich auf die Inschrift. „Unser Name!", hauchte sie. Entgeistert ergriff sie meine Hand und führte mich zum Ausgang. Dort murmelte sie: „Das schwör ich dir, das war das letzte Mal, dass du auf einem Friedhof warst!" – „Danke", sagte ich erleichtert und hörte lieber meinem Vater zu, der mein Erlebnis wie folgt kommentierte: „Von links nach rechts und zurück von rechts nach links und von oben nach unten und wieder zurück von unten nach oben", was wohl eine Vermischung meiner Palindrome mit meinem Sturz ausdrücken sollte. Doch ich konnte nicht lachen und zuhause verkroch ich mich den ganzen restlichen Tag unter meiner Tuchent.

Rudolfs Eltern sind liebevolle Begleiter im Leben ihrer Söhne, jede Einengung und Gängelung der Selbstständigkeit und des Unternehmensgeistes der drei Buben liegt ihnen aber fern. Die Kinder sind großräumig unterwegs, ihr Leben spielt sich nur zu einem ganz geringen Teil in den Wohnungen, vielmehr weitgehend unbewacht auf Plätzen, in den Gemeindebauhöfen, auf der Straße, jedenfalls zumeist außer Haus ab. Dort macht man beim „Kugerlscheiben" und anderen Freizeitaktivitäten interessante Bekanntschaften, nicht nur mit anderen Kindern, sondern auch mit mehr oder weniger erfolgreichen Geschäftsleuten, verzweifelten Säufern, betrügerischen Standlern, teils rabiaten Polizisten und sonstigen fadenscheinigen Persönlichkeiten.

WERBUNG IST ALLES

Nur einige Meter entfernt von Frau Dobrowolnys gemütlichem Laden gab es eine Art Geschirrgeschäft, das uns jahrelang mit magischer Kraft anzog, anfangs sehr zum Missfallen seines Besitzers. Der Laden befand sich in einem Hausflur. Das große hellbraune Haustor stand während der Verkaufszeiten ganz offen, nach Geschäftsschluss, wenn die großen Flügel geschlossen wurden, benutzte man die eingelassene kleine Tür. Dieser Bazar strahlte einen exotischen Reiz, eine Mischung aus Tausendundeiner Nacht und einem Flohmarkt aus. Töpfe aus Steingut und Blech, Teller, Schalen, Tassen, Becher, Pfannen, emailliertes Kochgeschirr, Waschschüsseln und – in der Luxusabteilung links hinten – ein paar Keramikfiguren standen dicht gedrängt auf dem mit dottergelben Fliesen gekachelten Boden. An sonnigen Tagen saß der Geschäftsinhaber auf einem Fußschemel vor seinem Laden. Bei Schlechtwetter weilte er im Hausflur ganz hinten, von wo aus er das Warenlager überblickte. Wenn wir zu dritt oder gar zu fünft erschienen, sprang er auf und stellte sich schützend, mit ausgebreiteten Armen, vor seine Schätze. Instinkt und Erfahrung lehrten uns, dass von diesem sanften Mann nichts zu befürchten war, weder Fußtritte noch Ohrfeigen.

Wenn wir mit ihm sprachen, drückten wir uns etwas gewählter aus, weil er auch irgendwie „nach der Schrift" redete. Außerdem war unser Vater Fixangestellter, was damals in der sozialen Abstufung viel wert war. In den Kreisen der Facharbeiter, die ein wenig unter der Schicht der Fixangestellten angesiedelt waren, sprach man zum Beispiel von Tachteln, Tetschn oder Watschen. Arbeiter und Arbeitslose bevorzugten hingegen die Formulierung: „Ich schmier dir eine." Und die an den Hausecken lehnenden „Ausgesteuerten", die „Eckenpolierer" oder „Fetzenkerle" mit ihren hervorstehenden Backenknochen, dem flackernden Blick, den tief ins Gesicht gezogenen verbeulten Schildkappen und geflickten Jacken, Hosen und Schuhen, diese trostlosen Gestalten versuchten uns manchmal mit Fodzn und Floschn Angst einzujagen. Die Obdachlosen und „Fassltippler" wiederum, die zur alleruntersten Schicht gehörten, schimpften mehr als ein Mal: „Ich hau dir in die Pappn!" Manchmal benutzten sie das Wort „Goschn". Wir aber beschlossen innerlich, uns vornehm auszudrücken und deshalb stets nur das uns äußerst nobel erscheinende Wort „Ohrfeige" zu verwenden. Dass unser Geschirrhändler, der mild war wie ein Mesner und allem Anschein nach zwar etwas ärmer als ein Hilfsarbeiter, aber doch besser gestellt als ein Arbeitsloser, dass dieser sanfte Mensch mit seinem faltenlosen Vollmondgesicht, das dem eines Säuglings ähnelte – ein Eindruck, der durch seine Glatze, die seitlich und hinten von einem kurzen Flaum gekräuselter rötlicher Haare umsäumt war, bestärkt wurde – dass dieser magere, o-beinige und plattfüßige Mann nie und nimmer versucht hätte, uns mit einer solchen aus seinem Reich zu vertreiben, das spürten wir.

„Nichts zerbrechen, liebe Kinder, bitteschön", flehte er uns mit ängstlichem Lächeln an. So höflich waren nur wenige fremde Erwachsene zu uns. Gehorsam wichen wir einen halben Schritt zurück. „Was wollt ihr denn? Wollt ihr vielleicht was kaufen?", fragte er ohne Hoffnung. „Ja, sehr gerne", rief ich erfreut, „was kostet dieses Häferl dort rechts?" – „Steht angeschrieben: neunundzwanzig Groschen." – „Was? So teuer? Dafür kriegt man ja zwei Knackwürste ums Eck beim Pferdefleischhauer. Gibts nicht was Billigeres?" – „Sollst es haben billiger, um nur zwanzig Groschen." – „Danke, sehr nett von Ihnen. Aber was heißt die Aufschrift da drauf?" Auf dem Becher stand: „ICH BLEIB DIR 3, 4 + 4." Die Neugierde, des Rätsels Lösung zu erfahren, hatte mich bewogen, als potentieller Käufer aufzutreten.

„‚Trei' heißt, wenn ein Mann nicht lasst sei Frau im Stich. Manche Leit sind ‚trei'. Ich bin trei. Ich tät mei Frau nie verlassen, niemals!" – „Warum ist sie nie im Geschäft?", fragte ich verwundert. Noch verwunderter fragte er zurück: „Wer?" – „Na, Ihre Frau!" Seine Antwort „Mei Frau? Ich hab doch gar keine Frau! Leider", ließ mich zu unserem ursprünglichen Gesprächsstoff zurückkehren: „Und was bedeutet 4 + 4?" – „Vier und vier ist acht, man soll immer geben Acht!"

Hier mischte sich eine Frauenstimme, die der dicken Frau Beckerl vom „Kakaoblock“, unvermittelt ins Gespräch: „Lernen S' doch den Kindern nix Falsches nicht! Dass ‚fia und fia‘ fia immer und ewig heißt, das weiß doch jeder!“ – „Danke!“, rief Humschi, unser Jüngster, und es war nicht ganz klar, ob sich das auf ihre Ausführungen bezog oder auf das neuerliche Angebot, dass der Geschirrhändler, der sich vor Verlegenheit und Schuldbewusstsein die Hände rieb, machte: „Also, sollst es haben um achtzehn Groschen.“ Nun rückte ich mit der Wahrheit heraus: „Wir haben aber nur fünfzehn und dafür haben wir uns eigentlich ein Eis kaufen wollen!“ Den zweiten Teil meiner Rede völlig ignorierend, wies der Geschirrhändler sogleich auf ein anderes Regal. „Was is mit dem da? Kannst haben das da für fünfzehn Groschen. Hat nur ein ganz kleinen Sprung.“ Beim Betrachten der etwa acht Zentimeter langen Bruchstelle auf dem ansonsten wirklich schönen Krug kam mir eine Idee, die beiden Verhandlungspartnern nützen würde: Er wollte gern etwas verkaufen, ich brauchte dringend ein Geschenk für den Muttertag.

„Was krieg ich, wenn ich Ihren Reklame-Vers verbessere?“ Verdutzt blickte der Händler auf die Schuhschachtel, auf deren äußerem Boden in dicken Lettern folgender Vers prangte: WILLST DU GUT UND BILLIG GESCHIRR KAUFEN, MUSST DU NUR ZU ISIDOR LAUFER LAUFEN!

„Reimt sich doch schön! Warum tuts dir nicht gefallen?“, gab sich Herr Laufer enttäuscht. „Entschuldigen Sie, aber der Rhythmus ist doch fürchterlich!“ – „Der was?“ – „Das Versmaß – so holprig wie die Engerthstraße“, mischte sich mein Bruder Paul in die Poetikdebatte. Doch der Geschirrhändler war nicht so leicht zu überzeugen. „No, was is an dem Reim schlecht?“, versuchte er ein letztes Mal sein Schild zu verteidigen. Nach meinem „Alles! Die einzige Ausnahme: Laufen passt gut zu Laufer“, gab er sich allerdings geschlagen. „Dafür kann ich nix, so heiß ich“, antwortete er kümmerlich. Und als er dann fragte: „Kannst du denn reimen überhaupt?“, wusste ich, dass ich gewonnen hatte. „Selbstverständlich, natürlich, freilich, eierklar! Ich bin doch ein Dichter“, jubilierte ich. „Ah, ein Dichter bist also! Und das Häferl mit den Ziffern willst umsonst dafür?“, ging's nun in die Lohnverhandlung. „Nein, den großen Topf da!“, sagte ich kühn und bestimmt. „Oje, der kostet einen Schilling und neunundneunzig Groschen, gehört zu meinen teuersten Stücken! Du ruinierst mich, Buberl!“ Sein Lamentieren ignorierend, sagte ich: „Also, abgemacht! Handschlag! Aber zuerst das Gedicht!“ Mit einem Buntstift, den ich aus meiner Hosentasche zog, malte ich auf den inneren Boden seiner Schuhschachtel:

WILLST DU GUT UND BILLIG KAUFEN, MUSST DU GLEICH ZU LAUFER LAUFEN! Dann folgte der Vermerk „Geschirr“ und seine Adresse. „Das soll sein verbessert? Hast ja nur weglassen Isidor!“, meinte Herr Laufer zweifelnd. „Es klingt jetzt aber viel besser. Zum Beispiel fast so gut wie: BESSER SEHEN, BESSER HÖREN TUNGSRAM LAMPEN, TUNGSRAMRÖHREN. Gute Reklame! Weltfirma. Oder: Soll das Werk den Meister loben, doch der Segen kommt von oben!“ Herr Laufer blickte unwillkürlich Richtung Himmel, dann übergab er mir seufzend den etwa zwei Liter fassenden, wie ein Bierfass gewölbten, außen rotbraunen, innen weiß emaillierten Blechtopf mit zwei silbernen kleine Henkeln.

Die Mutter freute sich enorm über das Geschenk, das fortan als Gulaschtopf Verwendung fand. Oft stand er im Winter zur Kühlung des Inhaltes außen auf dem Fensterbrett, wo ihn Herr Laufer von unten gut betrachten konnte. Aus Dankbarkeit fertigte ich für ihn insgesamt rund zweihundert Plakate mit meinem verkaufsfördernden Reim an. Das Papier stammte von alten Zeitungen, die rostigen Reißnägel lösten wir von alten, vergilbten Zetteln ab, die verjährte Mitteilungen und Anzeigen enthielten. Wir befestigten sie auf den Bäumen im Allerheiligen- und Mortarapark und auf den Planken in der Engerth-, Passetti-, Wehli-, Ley-, Inn-, Hellwag- und Dresdnerstraße, sogar auf dem Nußdorfer Platz und bei der Stadlauer Brücke. Gab's weder Planken noch Bäume, benutzte ich meinen übel riechenden Kleister aus eigener Erzeugung und klebte die Zettel auf Fabrikmauern. Ein großes Plakat durfte ich sogar außen am Geschäftsportal der Greißlerei Dobrowolny anbringen, natürlich nur „vorübergehend“, wie die stattliche Frau nicht zu bemerken vergaß.

Ab und zu kontrollierten wir die Werbewirkung mit den Worten: „Gun Tag, Herr Laufer. Wie gehts Geschäft?“ – „Danke, liebe Kinder. Die Schuhsohlen hab ich mir schon doppeln lassen. Wenns so gut weiterlauft, kann ich mir vielleicht sogar leisten ein neuen Mantel aus dem Dorotheum. Ich wills nicht verschreien, aber die Kundschaft kommt jetzt laufend“, lächelte Herr Laufer, und obwohl wir ahnten, dass er uns nur eine Freude machen wollte, freuten wir uns und blickten stolz auf den Werbereim auf der alten Schuhschachtel.

ERLEBNISSE AUF DER FLORIDSDORFER BRÜCKE

Wir drei Brüder überquerten auf der Nordbahnbrücke die Donau, gelangten am anderen Ufer über den Stiegenabgang zum Überschwemmungsgebiet, eilten entlang dem Donauufer nordwärts und über das gemauerte Stiegenhaus hinauf auf die Floridsdorfer Brücke, wo wir uns ein günstiges Platzerl suchten, von dem aus wir unserem Vater zuwinken würden, wenn er als Schaffner der Straßenbahnlinie 31 vorbeifuhr.

Während der ziemlich langen Wartezeit spähten wir nicht nur in jeden vorbeifahrenden Straßenbahnzug, sondern suchten auch nach beiden Richtungen den Strom ab, ob sich nicht ein Schiff, ein Dampfer oder Schlepper näherte. Dann liefen wir zum Geländer, spuckten hinunter, sobald die Spitze des Buges unter uns zum Vorschein kam, wobei wir Augen und Mund schlossen und den Atem anhielten, so lang es ging, während der Qualm aus dem Stumpf des hinunter geklappten Schlotes bis zu uns heraufstieg und uns einhüllte. Mit etwas Glück hatte sich der Rauch wieder verzogen, wenn wir Atem schöpfen mussten. Dann spuckten wir den Speichel, den wir in der Zwischenzeit im Mund angesammelt hatten, in einem zweiten Versuch auf die Kommandobrücke. Unten herrschte in der Strömungsrichtung meist ein leichter Zug, der die Spucke etwas verwehte. Es ist uns nie gelungen, unser Ziel zu erreichen. Der von uns meistgeschätzte Volltreffer landete im nach oben gerichteten Gesicht eines Matrosen, der einen Wutanfall bekam und eine Ausreibbürste in unsere Richtung heraufschleuderte, die uns aber verfehlte, worauf wir ins Wasser sprangen und ihr nachschwammen. Triumphierend versteckten wir dann die Trophäe in einer geheimen abgedeckten Grube beim Donauufer, unserem „Schatzvergrab". Paul, der Meisterspucker, dem das Kunststück gelungen war, wurde damals als der Held des Tages gefeiert und wir nannten ihn eine Zeit lang „Wilhelm Tell".

„Schau, Rudi, da liegt ein kleines Stück Tramwayschiene!" Paul deutete auf eine Spalte an der Basis zweier Brückenbogen, in der sich ein ungefähr fußgroßes Stück einer Gleisschiene mit einem kreisrunden Loch in der Mitte, durch das man zwei Finger hindurchstecken konnte, verhängt hatte. Wir erkannten sofort, dass man es perfekt als Hantel verwenden könnte – also ein klasses Geschenk für den Vater, der damit seine Stemmübungen machen könnte. „Das lassen wir nachher mitgehn", sprach ich unser aller Gedanken als Erster aus. „Es gehört ja niemand und keiner braucht so was“, legitimierte Paul unser Vorhaben. Also holten wir uns das ziemlich schwere Trumm, setzten uns in ungefähr ein Meter Höhe auf den breiten Brückenbogen und schauten wieder in jeden Straßenbahnzug hinein, wobei wir jedes Mal wetteten, ob der Vater drin sein würde.

Auf dieser Linie – 31, 131, 231 und 331 – zog ein Triebwagen bis zu drei kleine, nicht wie üblich rote, sondern mit einer grünlich beigen Farbe lackierte putzige Wägelchen, die während der Fahrt wie Kinderwagen schaukelten. Sie stammten noch aus der Zeit der Dampf-Tramway. Ganz vertieft in den Meinungsaustausch bezüglich unserer unterschiedlichen Ansichten über den Stand unserer Wetten, hörten wir plötzlich das laute, abwechselnd klagende, zornige, grölende und dann wieder unverständlich lallende Schimpfen eines Mannes. Dazwischen mischte sich das Schreien und Schluchzen eines kleinen Buben.

Langsam näherte sich das Paar. „I wü ned! I wü zur Mami!“, wimmerte das spindeldürre Kind, das der Mann fest an der Hand hielt und mit sich zog. „Hör auf mit der Mami! I kann das nimmer hörn! Dein ‚Mami, Mami‘! Verstehst? Alleweil raunzt sie und keppelt an mir herum! Nix als Jammern kannst von ihr ham! I kann ihre ewige Lamentiererei nimmer aushaltn. Kapierst? Und wenn i sie hau, statt dass sie dann endlich ruhig is, dann winselt sie nur noch mehr herum. Mir reichts endgültig! I mach Schluss. Und du kommst mit!“ Er redete vor sich hin, als führte er ein Selbstgespräch. „I kann do ned schwimmen!“, schrie der Bub verzweifelt, aber der Mann schien ihn nicht zu hören. „Da, das kann i brauchn! Grad das Richtige!“, murmelte er und hob unsere Hantel auf. Abwägend hielt er sie in der Hand, legte sie schließlich zum Brückengeländer, zog seinen Hosenriemen aus der Hose und steckte ihn durch das Loch des Schienenstücks. Es glückte ihm nicht sogleich, ich nützte den günstigen Moment, sprang geistesgegenwärtig vom unteren Ende des Brückenbogens hinab, lief zu dem leise schluchzenden Kind und hob es hinauf zu meinen beiden Brüdern. Während ich ein Stück auf den Brückenbogen hinaufkletterte, schob Paul den Kleinen weiter, bis wir uns ungefähr drei Meter hoch über dem Gehsteig befanden. Der Mann torkelte in unsere Richtung und schrie: „Her mit dem Franzi! Der ghört mir! Er is mein Bubi! Lassts ihn runter, aber gleich, sonst ...“ – „Sonst was?“, hörte ich Humschi in eigenartig ruhigem und überraschend unschuldigem Tonfall fragen. „Sonst schmeiß i euch auch in die Donau!“, rief der offensichtlich hoffnungslose Herr drohend. „Wir können aber gut schwimmen“, informierte Paul den Bedauernswerten sachlich, während wir weiterkrochen, bis wir ungefähr sechs

Meter hoch über dem Trottoir kauerten. „I aber ned“, seufzte der verängstigte Kleine leise. Er zitterte am ganzen Körper, dunkle Ringe ließen seine großen Augen noch größer wirken, das spitze Kinn und die abstehenden Ohren betonten seine Magerkeit. Sein rotblondes Haar war zu lang, zu ungekämmt, zu struppig. „Hier oben kann dir nichts passieren. Hab keine Angst!“, flüsterte Humschi zutraulich, der den Kleinen mit dem linken Arm fest umklammerte und mit der anderen Hand die Wange des Buben streichelte.

Einige Fußgeher näherten sich rasch, als der Betrunkene sich den Gürtel mit dem aufgefädelten Ballast um die Taille schnürte, ihn an sein Kreuz schob und umständlich über das Brückengeländer kletterte. Da liefen einige beherzte Passanten zu ihm hin und hielten ihn fest. Er kickte mit einem Fuß zwischen den Stäben gegen ihre Schienbeine. Zwei der Lebensretter bückten sich daraufhin und packten durch das Geländer hindurch seine Füße. Nun boxte der Selbstmörder mit der Rechten gegen die Männer, die ihn an seinem Rockkragen zu fassen bekamen. Mit der Linken klammerte er sich mit erstaunlicher Kraft ans Geländer. Ich höre ihn noch heute schreien: „Lassts mi los, ihr Hunde! I hab gnug, i mach jetzt Schluss! I halt mein Leben nimmer aus, und meine Alte auch ned! Franzi, komm her, du hupfst jetzt mit mir hinunter!“

Das schrille Kreischen der Räder des nahenden Straßenbahnzuges zog alle Aufmerksamkeit auf sich. Unser Vater, der im letzten Beiwagen seinen Dienst als Schaffner versah, hatte zuerst uns Kinder in schwindelnder Höhe, dann die Menschenmenge am Brückengeländer bemerkt. Da hatte er die Notbremse gezogen. Ganz blass im Gesicht rief er heiser „Was ist los?“, zu uns hinauf. „Dort will sich einer umbringen, dem sein Vater. Sie raufen!“, brüllte Paul runter, worauf Vater in seine Trillerpfeife blies. Der Fahrer erschien mit seinen beiden riesigen Metallkurbeln, die als Waffen schrecklicher wirkten als Morgensterne. Auch der Schaffner vom Triebwagen kam dahergelaufen, mit der Weichenstellstange, der Schaffner vom zweiten Beiwagen trug die lange Stange zum Herunterziehen und Umschwenken des Bügels des Stromabnehmers auf dem Dach des Triebwagens wie eine Lanze. Nur unser Vater war unbewaffnet. Als er rief: „Wo ist denn der Kerl?“, machte die Menschentraube ihm Platz. Zwei gebückte Männer umfassten den Lebensüberdrüssigen an den Knöcheln, der bereits mit dem Kopf nach unten hing. Vater ergriff mit beiden Händen die Fußgelenke des hinabbaumelnden Mannes, richtete sich auf und zog ihn dabei hinauf, bis seine Füße fast die Oberkante des Geländers berührten. Nun packten die umstehenden Männer zu und gemeinsam mit meinem Vater hoben und zogen sie den verhinderten Selbstmörder auf den Gehsteig. Er schwankte gefährlich hin und her, also setzten sie ihn auf den Boden und lösten das Stahlstück vom Gürtel des von mehr und mehr Zuschauern umringten Betrunkenen, der sich das alles nun ganz zahm und kleinlaut gefallen ließ.

Als die Straßenbahner und deren Fahrgäste zu ihrem leeren, verlassenen Zug zurückkehrten, murmelte der Kleine in unsere Richtung: „Wer seid ihr?" Humschi antwortete schlagfertig: „Deine Schutzengel." Ein Fußgänger blieb stehen, schmunzelte und sagte: „Eher Schmutzbengel. Kommt herunter!" Wir aber warteten noch eine Weile auf dem Brückenbogen, erst als wir den „Grünen Heinrich", der einem fensterlosen, gedrungenen Autobus ähnelte, herankommen sahen, rutschten wir auf dem Hosenboden hinunter. Dabei lächelte sogar der Kleine.

Zwei Polizisten entstiegen dem Gefährt, einer der beiden begrüßte den Betrunkenen mit: „Jetzt hättest beinah Wasser gsoffen", der andere stieß ihn in den Arrestantenwagen. „Komm schön mit deinen Rausch ausschlafen", sagte er, fast ein wenig liebevoll. Der Mann war ein polizeibekannter Säufer.

Die Polizisten hatten Vertrauen zu uns, weil wir die Söhne eines Straßenbahnschaffners, also eines „Uniformierten" waren, wie wir ihnen erklärten. Deshalb gaben sie uns die Adresse des Kleinen. „Wir gehn mit dir zu deiner Mami", sagte Humschi ganz lieb zu ihm.

Als das staatliche Sammeltaxi aus unserem Gesichtsfeld verschwunden war, hob ich Vaters Hantel und warf sie in die Donau. Als sie ins Wasser klatschte, zuckten wir alle vier zusammen.

EIN BOMBENERFOLG

Wenn ich an meine Kindheit zurückdenke, so sehe ich ein Bild vor mir, leicht verschwommen, das etwa wie die Karte eines dicht besiedelten Landes aussieht. Und alle verschieden großen Punkte und Kreise, die die Orte darstellen, sind sozusagen die Ohrfeigen, die ich bekommen habe. Nicht alle Watschen sind aber gleich.

Die am häufigsten angewandte Art, die zornige Ohrfeige, hatte ich noch am liebsten, also jene, die von einem Watschenverteiler stammte, dessen aufflammender Zorn nur ganz kurz andauerte und bereits während der Flugbahn der Hand einhergehend mit einer Verringerung der Geschwindigkeit des abgewinkelten Armes etwas abflaute. Wenn es mir gelang, mich zu ducken oder einen Schritt nach rückwärts zu springen, ging der Schlag an mir vorbei, wurde, weil dabei der Zorn des Verteilers in der Regel faktisch zur Gänze verflog, äußerst selten wiederholt und ich entrann auf diese Weise so mancher Bestrafung. Die Ohrfeigen meiner Mutter – stets leicht, beinahe liebevoll – waren diesem Typ zuzuordnen. Sie verursachten mir kaum physische Schmerzen, wohl auch keine seelischen.

Es gab aber noch eine andere Art, die gehässigen Ohrfeigen. Diese empfand ich wie Fußtritte ins Gesicht. Der Arm meist ganz ausgestreckt und die Geschwindigkeit der Hand zunehmend, klatschte diese brutale Sorte am lautesten und schmerzte am stärksten. Eine von ihnen werde ich nie vergessen: Am nahen Mortaraplatz, zu ihm gelangten wir durch die Traisengasse oder Leystraße, stand eines Tages eine Art kleines Ringelspiel. Ein Mann mit Doppelkinn drehte sich in der Mitte eines kreisförmigen, in zwölf Abschnitte geteilten Pults, auf dem in einer roten Scheibe von der Größe einer Münze die Namen je einer ausländischen Stadt zu lesen waren: Paris, London, Prag, Warschau, Moskau, Amsterdam, Brüssel, Belgrad und noch vier Städte. Sein Bauch füllte den freien Raum in dessen Mitte fast gänzlich aus. Darüber drehte sich ein Ständer, an dem einige, etwa faustgroße Flugzeuge hingen, an deren unterer Seite eine Bombe aus Messing mit einer nadelscharfen Spitze befestigt war. Gegen Bezahlung von zehn Groschen wies der dicke Mann dem Spieler ein bestimmtes Feld zu, auf dem sich ein Knopf befand, der, wenn man ihn drückte, die Bombe aus ihrer Verankerung löste. Für einen Treffer winkten sensationelle Preise: zum Beispiel ein Windrad aus Zelluloid, an einem Holzstab befestigt; auch eine Röhre aus Pergamentpapier konnte man einheimsen, die wie ein

Schneckenhaus spiralig eingerollt war, aber beim Aufblasen etwa dreißig Zentimeter lang wurde und einen krächzenden Pfiff ertönen ließ, der fast wie das Kikeriki eines Hahnes klang; und auch ein bunter, an einem langen Gummiband befestigter Ball aus Papier – man konnte ihn jemandem an den Kopf werfen, doch der Ball kehrte sofort wieder zum Ballwerfer zurück – stand zur Auswahl.

Ich drängte mich durch die Reihen der Kinder, zahlte zehn Groschen, erhielt dafür „London“ und wartete gespannt auf das Erscheinen eines Bombers.

Da erinnerte ich mich an den Vortrag unseres Professors über das Beharrungsvermögen bewegter Körper und wusste, dass ich die Bombe nicht erst dann abwerfen sollte, wenn sich das Flugzeug bereits genau über der Hauptstadt befand, sondern etwas früher. Und meine Überlegung war richtig. „Volltreffer!“, rief ich und verlange den bunten Ball am Gummiband; damit wollte ich meine Brüder hänseln. „Das erste Mal gilt nicht“, brummte der Dicke und verweigerte mir die Aushändigung des Gewinnes. Bitter enttäuscht blieb ich wie angewurzelt stehen. Ein Flugzeug näherte sich wieder meinem Feld. Unwillkürlich drückte ich den Knopf. Meine Freude über meinen zweiten Bombentreffer währte nicht lange. „Hast zahlt?“, gab der Standler statt des erhofften Gewinns von sich. „Nein. Ich hab kein Geld mehr“, stotterte ich. „Dann verschwind, aber flott!“, rief der Mann. Irgendwie aber konnte ich der Versuchung nicht widerstehen, schlich auf die andere Seite, zur Stadt Warschau, und drückte, auch diesmal ohne wirkliche Absicht. Eigentlich bewegte sich meine Hand fast selbstständig. Es war wieder ein Treffer! Der Besitzer des Bombenkarussells drehte sich rasch herum, sah mich lächelnd an und reimte: „Du bist der kleine Dagobert, dem jede Stund a Watschen ghört.“ Erleichtert, dass der Dicke plötzlich so zum Spaßen aufgelegt war, wollte ich ihm eben mit einem noch besseren Vers antworten, mit dem Inhalt, dass ich zwar nicht Dagobert hieß, aber im Tagesdurchschnitt tatsächlich etwa zehn Ohrfeigen erhielt, da hängte der Budenbesitzer die Bombe flink wieder am Flugzeug ein und sagte ganz gesellig: „Komm einmal her da.“ Arglos näherte ich mich ihm, doch statt des erwarteten Preises – oder doch zumindest Trostpreises – erhielt ich, diesmal völlig überrumpelt, eine gewaltige gehässige Ohrfeige, wobei sich im Verlauf der Armbewegung sein Lächeln zu einer wirklich bösartig grinsenden Fratze wandelte. Vor Schock vergaß ich zu weinen, schrie nach einigen Schritten aus sicherer Entfernung: „Das Ganze ist doch eh ein Blödsinn! Bomben töten Menschen und zerstören alles. So ein grausames Bomber-Ringelspiel gehört verboten!“ Ich hatte Glück: Ein Erwachsener fand meine Kritik angebracht und sagte: „Der Gsteaml hat recht. Kommt, Kinder, gemma! Das is nix!“ Und auch einige andere Eltern nahmen Stellung gegen den Karussellinhaber. Ein langer, dünner junger Mann mit schief aufgesetzter, abgewetzter Schirmkappe sagte drohend: „Drah di ham, gfüllta Kalafati!“

Der Dicke hielt seine Bombenflugzeuge an, zerlegte das Gestell, verlud es auf sein Handwagerl und zog eilends von dannen. Der Lange schlenderte an mir vorbei, seine Hosen waren verschlissen, die Ärmel an den Ellbogen fadenscheinig. „Da hast deine zehn Groschen“, sagte er wohlwollend, um, schon im Gehen, sich noch einmal umzudrehen und hinzuzufügen: „Alle Achtung, du hast gut gezielt. Aber was mir noch mehr gefallen hat: dass du gegen die Bomben bist!“ Ich war ganz überrascht, angenehm natürlich, denn Lob hab ich immer schon viel besser gefunden als jede Art von Ohrfeigen.

DIE MONARCHISTIN

Die Sonne schien wieder zwischen den Wolken, spiegelte sich in einer tiefen Wasserlache auf dem Gehsteig, und ich sagte zum kleinen Kurti Rebensteckl: „Willst du was ganz Dummes sehen?“ – „Ja!“, strahlte er. „Dann schau da hinein!“ Er bückte sich und sah sein Spiegelbild in der Pfütze. Ich lachte laut über meinen schwachen Witz und beugte mich dabei nach rückwärts. Wenn man lacht, ist man ziemlich wehrlos. Das wusste der kleine Kurti und stieß mich mit all seiner Kraft in die Pfütze. Nun lachte er. Mit solchen heiteren Spielen vertrieben wir uns oft die Zeit, und an diesem Tag hatte Humschi, mein jüngster Bruder, eine ganz besonders gute Idee: Grimassen schneiden. Sieger bei dem Wettspiel war, wer das Lachen am längsten zurückhalten konnte. Er wollte unbedingt beginnen.

Unsere Nachbarin, die Frau Storch, die eben daherkam, blickte missbilligend auf sein Gesicht und rief: „Was schneidst du da für blöde Gesichter? Wart nur, dir wern gleich die Augen stecken bleiben!“ Als sie auf ihn zueilte – wahrscheinlich, um ihm die Hände aus den Mundwinkeln zu ziehen –, versank sie bis zu den Knöcheln in der Pfütze, die sie in ihrem erzieherischen Eifer anscheinend übersehen hatte. Paul kicherte schadenfroh hinter seiner vorgehaltenen Hand. „Ihr Lauser seid schuld!“, schrie die Frau erbost und leerte das Wasser aus ihrem Schuh, während sie auf einem Bein in der Wasserlache herumwackelte. Humschi zitierte sogleich einen – seiner Meinung nach – passenden Reim: „Storch, Storch, Schniebel, Schnabel mit der langen Ofengabel ..." Die Nachbarin bekam einen Wutanfall, warf ihren Schuh in Richtung Humschi, das feuchte Geschoss verfehlte ihn allerdings knapp. Er hatte sich rechtzeitig geduckt. Sie aber lag ausgestreckt in der Pfütze, weil sie nach dem misslungenen Wurf das Gleichgewicht verloren hatte. Sie tat mir ein wenig leid, obwohl sie sich bei jeder Gelegenheit in unsere privaten Belange einmischte. Die gute Seele glaubte, bei unserer Erziehung behilflich sein zu müssen. Mein Besänftigungsversuch: „Wir sind wirklich nicht schuld daran, dass hier eine Wasserlache ist. Ich weiß eigentlich nicht, wer verantwortlich ist – vielleicht die Gemeinde Wien oder gar ein Minister, ein zuständiger ..." aber prallte an ihr ab. „Du halt ganz den Mund!", zischte die zornige Frau und rappelte sich mühsam auf. Und als ich ihr versöhnlich meine helfende Hand reichte, stieß sie sie noch zorniger weg. „Gehen wir!", unterbrach Paul schließlich die düstere Stimmung. Ein Ring von neugierigen Fußgängern hatte sich rund um uns gebildet. „Dageblieben!", verhinderte ein großer, dicker Mann mit Glatze allerdings unseren geordneten Rückzug. „Wer von euch Fratzen hat dieser Frau ein Haxl gestellt?", verstieg er sich zu einer völlig haltlosen Anschuldigung. „Niemand! Sie ist ganz allein hineingeplumpst", sagte der noch fest an Wahrheit und Gerechtigkeit glaubende Humschi. „Was können wir dafür, dass hier eine Lache ist? Früher unter dem Kaiser, da hätts das nicht gegeben!", spekulierte ich auf die unverbrüchliche Kaiserliebe vieler älterer Menschen. Das Thema griff. „Geregnet hat es aber auch unter den Habsburgern", bemerkte Kurti schüchtern. „Ja, aber Wien war damals schließlich die Reichshaupt- und Residenzstadt von einem riesigen Land und hat besonders schön und ordentlich sein müssen! Und sie haben damals die Donau reguliert, die Hochquellenwasserleitung und die Eisenbahnen gebaut und ...", schrie ich in die Menge, wie ein Redner. Mehrere Leute applaudierten, nur ein junger unrasierter Mann frotzelte „Ja, da hätt der Kaiser sicher Löcher in Zwischenbrücken zugschütt", und eine furchterregend große Frau spottete ebenfalls: „Herr Professor Gugelhupf, eine Drecklache ist nicht ganz so wichtig wie die Donau." – „Das schon, aber das Trottoir hättens sicher reparieren lassen!", ließ ich mich von der Riesin nicht zur Schnecke machen. „Du Tschapperl, der Kaiser hat andere Sorgen ghabt. Warum hätt er ausgrechnet das Loch da zuschüttn lassen solln?" – „Zum Beispiel deswegen, damit die Frau Storch nicht in die Lache fällt", kam Kurti mir tapfer zu Hilfe. Die geriet auch sogleich ins Schwärmen: „Damals war ich zehn, wie mir der gottselige Herr Kaiser, Ihre Majestät, die rechte Wange da gstreichelt hat. Vor Schönbrunn wars, zu seinem fünfzigsten Regierungsjubiläum, im Achtundneunziger Jahr", bemerkte die sich dabei ihr derangiertes Kleid glattstreifende Frau. Ein schwärmerischer Ausdruck erhellte ihr bekümmertes Gesicht. Humschi reichte ihr untertänigst den fehlenden Schuh. Sie vergaß in ihrer verklärten Anwandlung, ihm dafür zu danken. „In der ersten Reihe bin ich gestanden ...", seufzte sie nun ganz hochdeutsch, als eine Stimme aus dem Hintergrund pietätloserweise „Der Kaiser war schuld am Weltkrieg" rief. „Hörn Sie, ein Serbe hat seinen Thronfolger umgebracht ...", empörte sich die gute Frau, doch der Störenfried ließ nicht locker: „Na, und deswegen müssen gleich ein paar Millionen Menschen umkommen?" – „Ja, der Krieg war schrecklich", fand Frau Storch wieder ein wenig in die Realität zurück, drückte den Stoff ihres Kleides unten am Saum, so dass ein kleiner Wasserstrahl in die Lache zurücktröpfelte. „Mein Mann ist auch nicht mehr zurückkommen aus dem Feld und ich steh da, allein mit dem Kind. Aber er ist ein lieber braver Sohn gworden. Zwanzig is er jetzt und leider ohne Arbeit." Doch die Umstehenden interessierten sich kaum für ihre persönliche Misere, stritten sich lieber darum, ob nun ein Serbe oder der deutsche Kaiser Wilhelm unseren Kaiser, also seinen Cousin zum Kriegführen gezwungen habe.

„Was ist hier los?", unterbrach plötzlich einer von zwei Polizisten, die sich von mir völlig unbemerkt einen Weg durch die Menge der Schaulustigen gebahnt hatten, die sich zu meinen Gunsten entwickelnde Stimmung. Von ganz außen rief jemand: „Eine verhinderte Selbstmörderin! Die Leute haben sie grad aus der Donau rausgezogen!" – „Aber gar ka Spur, eine Rauferei hats gebn, zwischen Monarchisten und Roten", ertönte es aus einer anderen Richtung. „Was geht hier vor?", variierte der andere Wachmann die Frage seines Kollegen. „Nichts, rein gar nichts", erklärte nun die Frau Storch, „der Kleine da hat halt dumme Gsichter geschnitten." – „Gegen den Kaiser oder gegen unsere Regierung?", fragte der Polizist. „Aber wo, nur so zum Spaß!", erklärte ich; und Paul ergänzte: „Den Kaiser gibts ja nicht mehr. Der ist nämlich schon lange tot." – „Wieso sind Sie so nass?", wollte der Hüter des Gesetzes nun von Frau Storch wissen. „Na, weil ich gstolpert und in die Wasserlache gfallen bin." – „In welche Wasserlache?", fragte der Wachmann misstrauisch. „In die da, wo Sie drin stehn!" Lautes Gelächter ertönte. Der Polizist machte zwei große steife Schritte aufs Trockene und fluchte. „Man darf nicht fluchen, hat die Mutter gesagt. Auch nicht die Polizei. Die sonst lauter Ausnahmen hat", flüsterte Humschi hörbar. Wieder lachten die Leute, die in der vordersten Reihe standen. „Ich seh nichts! Papa, heb mich!“, hörte man ein Kind von ganz weit hinten rufen. „Das ist hier kein Kasperltheater!“, versuchte der Wachmann mit den feuchten Füßen vergeblich wieder Respekt zu erlangen. „Weitergehn, nicht stehnbleiben! Menschenansammlungen und Volksaufläufe sind verboten!“, kommandierte er betont streng. Auf Humschis „Aber Reisauflauf ist wenigstens erlaubt“, lachten die Leute ein letztes Mal, dann aber zerstreute sich das Volk, die Sonne kam hervor und spiegelte sich wieder in der Wasserlache.

STRASSENTEERER UND STRASSENQUERER

Straßenkehrer war für uns Brüder ein wahrer Traumberuf. Wir marschierten manchmal, nach einem Regen, knapp hinter einem her, wenn er das schlammige Wasser mit all den Zigarettenstummeln, Rossknödeln, dem Hundedreck, dem nassen Sand, den Blättern und abgebrochenen Zweigen entlang der Gehsteigkante im Rinnsal mit seinem gelben Strohbesen bis zum Kanalgitter beförderte. Dienstbeflissen drehten wir einen unserer nackten Füße quer zum Randstein und schoben so die schlammige Flut weiter, die hinter dem Besen noch zurückblieb. Wir schleiften mit einem Gefühl des Genusses und Wohlbehagens den dunkelbraunen Brei über den gepflasterten Streifen des Gerinnes. Hinter Humschi, dem letzten Nachkehrer, war die Gosse trockengewischt und sauber. Doch auf Dank warteten wir lange umsonst. „Was schleichts ihr mir hinter mein Hintern alleweil nach, ihr lästigen Lauser? Verschwindts, ihr blöden Bengel!“, rief uns der Straßenfeger stattdessen über seine Schulter hinweg zu. Erst als wir einmal mit unserem „Aber wir helfen Ihnen so gern! Bitte, bitte! Es ist eine so schöne Arbeit! Wir wollen nämlich auch Straßenkehrer werden, wenn wir einmal groß sind“, sein Herz erweichten, schüttelte er gerührt seinen Kopf und verhielt sich uns gegenüber nur noch mild und freundlich. Er ließ uns sogar kurz mit seinem Besen kehren! Stolz schob ich den Schlammhaufen über das Kanalgitter, der Brei platschte durch die quadratische Öffnung hinunter ins Wasser – nur ein paar lange Zweige, eine größere aufgeweichte Schachtel und eine leere Blechdose blieben oben liegen. Diese groben Abfälle kehrte der Mann auf seine große Schaufel und leerte sie in seinen zweirädrigen Karren, wo sich bereits eine Flasche – die fanden wir nur selten, Glasbehälter wurden meist wieder verwendet, außer sie waren zerbrochen – befand. Auch ein wenig Zeitungspapier – ebenfalls eine Seltenheit, denn es wurde von den Leuten emsig zu handgroßen Blättern zerschnitten, durchlocht und mittels eines Drahtes am Klo als Toilettenpapier benutzt oder auch in Schuhe gestopft, um deren Form zu bewahren – lag darin. Wir hätten meiner Mutter gern welches mitgebracht, das sie als Füllung für ihre selbstgemachten Fensterpolster benutzen hätte können. Doch unser neuer Freund schenkte es lieber einem der zahlreichen Obdachlosen, die es als wärmende Schicht unter der Baumwolldecke, die manchmal eine alte Pferdedecke war, brauchten.

Nur bei Schnee oder Regen staubte es nicht in der Engerthstraße. Der Spritzwagen, gefüllt mit Brackwasser aus dem aufgestauten Wienfluss, fuhr zwar manchmal über die aus Schotter und Sand bestehende Fahrbahndecke, doch die Feuchtigkeit hielt nicht lange an. Erst wenn die Staubentwicklung schon nicht mehr auszuhalten war, kamen endlich die Straßenteerer.

Diese Schwärzesten der Schwarzen kündigten sich bereits lange vorher an, ehe sie noch mit ihren zwei stämmigen Zugpferden in Sicht waren. Kilometerweit wehte dann ein höllischer Gestank durch die Straßen. Wir standen trotzdem immer Spalier, wenn der von Kopf bis Fuß kohlrabenschwarze Kutscher, der die richtige Geschwindigkeit – besser gesagt: die exakte Langsamkeit – seines Gefährtes genauestens regelte, in unser Grätzl einfuhr. Auf seinem schwarzen Leiterwagen befand sich ein großer schwarzer Tank mit einer Einfüllöffnung auf der Oberseite, der hinten ein Stück über das Wagenheck hinausragte. Aus einem Verteilerrohr flossen aus mehreren Öffnungen schwarze Strahlen des öligen Teeres nach rechts, in die Mitte und nach links. Etwa drei Schritte hinter dem Wagen stapfte gut ein halbes Dutzend Teerer – auch sie schwärzer als schwarz – mit ihren steifen Schürzen bis unter die Knie und schoben ihre zirka eineinhalb Meter breiten Besen, deren Borsten im rechten Winkel zum Stiel wegstanden, vor sich her, die eine geschlossene Barriere bildeten, die den dickflüssigen Teer über die ganze Fahrbahnbreite regelmäßig verteilte. Ihre Geschicklichkeit und perfekte Zusammenarbeit beeindruckte uns enorm, fast niemals geschah es, dass ein unbedeckter sandiger Fleck, sozusagen eine Insel im „Teermeer", überlebte. Sie marschierten wie bestens gedrillte Soldaten eines Garderegiments, aber zugleich langsam und feierlich wie Sargträger. Der Gesichtsausdruck jedes Einzelnen war ernst, fast grimmig. Wir Kinder bewunderten die Teerer maßlos, verglichen sie mit Hagen von Tronje oder Kara Mustafa, mit Dschingis-Khan oder Attila, dem Hunnenkönig. „Der frisst so viel und kackt so wenig", gab Humschi bezüglich Letzterem, ohne Achtung vor dramatischen geschichtlichen Ereignissen vorlaut zum Besten.

Wenn die Fahrbahn hinter den Teerern dann glatt und eben glänzte, die oft tiefen Schlaglöcher, die stellenweise die Größe einer Waschschüssel erreichten, alle randvoll angefüllt mit Teer waren, folgten wir unseren Teerhelden bis zur nächsten gepflasterten Querstraße, wo der Hebel des Ausflusshahnes durch einen Stoß mit dem Besen immer geschlossen wurde.

Solche teerfreien Übergänge benützte man, um trockenen Fußes auf die andere Straßenseite zu gelangen. Wer ungefähr in der Mitte zwischen den beiden Querstraßen wohnte, musste sehr große Umwege in Kauf nehmen. Vor allem die Hausfrauen jammerten sehr über die langen Einkaufswege aufgrund dieser „Klagen-Furten", wie sie sie nannten. Der Übergang Hellwagstraße hieß bei uns „Schwein-Furt", weil dort einmal ein kleiner Bub am helllichten Tag seine Notdurft verrichtet hatte, was die Tramway zu einer Notbremsung zwang.

Einmal zog eine sichtlich gehetzte Hausfrau, die keine Strümpfe oder Socken trug, ihre Schuhe aus, stellte sie auf der Gehsteigkante ab und überquerte die Fahrbahn in der Direttissima, um sich den Umweg zu ersparen. Als sie kurz darauf mit der vollen Einkaufstasche und geteerten Füßen – sie sah aus, als ob sie sich neue Schuhe gekauft hätte – zurückkam, waren ihre geparkten Stiefeletten weg. Uns entging nicht, dass sie den Tränen nahe war, dennoch hörten wir sie in unsere Richtung sagen: „Macht nichts, die warn sowieso schon zehn Jahr alt und an drei Stellen gflickt."

Wenn das Teerkommando im wahrsten Sinne des Wortes verduftet war, spielten wir häufig „Die schönsten Berufe", wobei sich alles reimen sollte. Humschi begann wie immer mit „Straßenkehrer", Paul rief auch nicht weniger simpel „Straßenteerer" und einmal verblüffte ich sie mit meiner extravaganten Antwort „Straßenscherer". Ich wartete geradezu auf ihre protestierende Frage, was das sein solle, um zu antworten: „Ein Mann, der einen Sessel auf die Straße stellt und den Leuten nach der Reihe den Kopf schert. Der Onkel Leo macht das ja, wenn er arbeitslos ist." Cousin Hermann, der eben erst ums Eck gebogen kam, machte gleich den Einwand, das wäre – wohl auch im wahrsten Sinne des Wortes – bei den Haaren herbeigezogen, doch seine Bemerkung ging mehr oder weniger unter, als unser Cousin Kurti Rebensteckl wie in der Schule schüchtern die Hand hob und „Straßenlehrer" anbot. Obergscheit, wie ich damals schon war, fragte ich: „Mit Doppel-E oder mit stummem H?" Kurti sagte: „Ich kenn mich mit der Rechtschreibung nicht so gut aus, aber ich mein so einen wie unseren Herrn Professor." Mit nur zwei Stimmen wurde sein Vorschlag angenommen. Die Ablehner argumentierten, dass uns der zwar tatsächlich alles auf der Straße beibrachte, aber gratis. Doch gegen Hermanns „Und kein Beruf ist umsonst!", führte Kurti ins Treffen, dass der Professor ja beabsichtigte, ein Buch zu veröffentlichen, und damit könnte er sicher viel Geld verdienen. Hermann aber blieb skeptisch: „Wer liest schon ein Buch, wenn er nicht muss – noch dazu ein gelehriges?" Dann aber beendete er die Diskussion ziemlich abrupt und sagte: „Straßenquerer." – „Gilt nicht! Gibts nicht!", rief Paul sofort. „Wieso? Das ist so eine Art Führer, ein Lotse, der Leute über die frischgeteerte Straße führt, genau dort, wo keine Teerlöcher sind." Diese Berufsdefinition lehnten wir einstimmig und kommentarlos ab und erklärten Hermann zum Verlierer des Spiels. Da griff er in seine Hosentasche und zeigte uns einen ansehnlichen Haufen Münzen. „Selber verdient", meinte er zufrieden grinsend und erzählte uns nicht ohne Stolz, dass er zwischen den beiden Furten hin- und hergelaufen war und Leute sicher über die frisch geteerte Straße geleitet habe, für tour-retour nur fünf Groschen. Wenn der Teer schon etwas in den Sand eingesickert war, wurden nur die Schuhsohlen schwarz, vorausgesetzt, man trat eben nicht in eine tiefe Stelle. „Nur, wo es ganz seicht ist, bin ich rüber! Und Bezahlung nur bei Erfolg und Zufriedenheit", schloss er seine – für ihn ungewöhnlich lange – Rede. „Warum erzählst du uns das erst jetzt?", fragten wir ihn vorwurfsvoll. „Na, wegen der Konkurrenz! Ihr hättet mir ja viele Kunden weggefischt!", erklärte er lachend. Kurti Rebensteckl sagte voll Bewunderung: „Also gut, du hast gar nicht verspielt! ‚Straßenquerer' ist ein viel besserer Beruf als ‚Straßenlehrer'."

EIN SCHÖNER TAG

„Sie streiten", rief Humschi atemlos, „dabei sind sie gar nicht verheiratet!" Zu ungeduldig, um auf Pauls „Wer?" zu warten, vervollständigte er die Auskunft von sich aus: „Na, die Frau Dobrowolny und der Herr Huber", warf dabei den Laib Brot auf den Küchentisch und machte sofort kehrt. Ohne wie üblich zu kontrollieren, ob und wieviel aufgesprungene Brotkruste Humschi bereits weggeknabbert hatte, folgten wir ihm erwartungsvoll ins Greißlereigeschäft.

Schon in der Straßenmitte hörten wir Herrn Huber mit seiner besänftigend tiefen Stimme seufzen: „Aber gehn S', ich mach mich ja eh immer nützlich im Gschäft! Ich helf Ihnen …", unterbrochen von der zänkischen Frau Dobrowolny: „Herr Huber, tun S' uns nichts erzählen! Sie hocken herum den halben Tag aufm Bramburi-Sack und rutschen nicht einmal runter, wenn Kundschaft danach fragt! Und immer tun S' lachen so blöd, wir sind ja schließlich kein Varieté?! Und nie ziehen S' Ihre langen Haxn ein, auch wenn das Geschäft noch so gerammelt voll is!" Nun mischte sich Frau Storch ein: „Ja, stimmt! Ich bin schon ein paar Mal über seine Treter gstolpert. Einmal ist mir dabei die volle Milchkann aus der Hand gfalln! Zwei Liter Milch verschüttet, wegen dem da!" Da wollte Frau Maier nicht nachstehen: „Mir hat er auch schon einmal so ein Haxl gstellt!", schob sie nach, doch ihr Vorwurf ging unter. „Aber nicht absichtlich. Und die Milch hab ich doch bezahlt, Frau Storch. Ich weiß nicht, was heut überhaupt los is!", verstand Herr Huber die Welt nicht mehr. „Vielleicht ist es das Wetter? Ich glaub, es könnt ein Gewitter kommen", lautete nun mein erster Beitrag zu dieser Szene, der prompt aufgenommen wurde.

„Jesus Marie, die drei und ein Gewitter! Das hat mir grad noch gfehlt", stöhnte Frau Dobrowolny, die nun erst mich und meine zwei Brüder bemerkte und sich auf die Stirn griff, unter das graue Kopftuch, ohne das wir sie noch nie gesehen hatten. Und wie um meine Worte zu bestätigen, klopften auch schon die ersten Regentropfen sachte gegen die Scheiben der kleinen Auslagen, die eigentlich gewöhnliche Fenster der vor vielen Jahren zum Lebensmittelgeschäft umgebauten ehemaligen Wohnung waren.

„So, Herr Huber, jetzt können S' nützlich sein! Bringen S' bitte, aber schnell, die Säcke mit Erbsen, Linsen, Bohnen rein und die Obst- und Gemüsesteigen, damit nicht alles waschelnass wird. Das Fass mit Salzgurken kann draußen bleiben", befahl die Greißlerin in nun völlig verändertem Tonfall, eilte blitzschnell hinaus und kurbelte keuchend an einem Vierkantstück an der Wand. Die alte Markise entrollte sich nur widerwillig, obwohl Frau Dobrowolny eifrig werkte. Es quietschte fürchterlich. „Lasst sich Zeit – das Dachl. Genau wie der Herr Huber! Wo is er denn? Seit wie viel Jahren ist es her, dass er mir versprochen hat, er schmiert die Zahnrad mit Staufferfett?", schnaufte sie verärgert.

„Bin schon da", meldete sich Herr Huber unverzüglich, rutschte vom Kartoffelsack herunter, stellte ihn ordentlich auf, klopfte mit beiden Händen auf seinen Hosenboden, krempelte sich umständlich die Ärmel auf, spuckte in die Hände, trat vor den Laden bis zur Gehsteigkante, blickte zum Himmel empor, streckte einen Arm waagrecht aus und sagte bedächtig: „Es tröpfelt ja nur, das geht gleich wieder vorüber."

Inzwischen hatte Frau Dobrowolny das Textildach aufgespannt, eilte in ihren Laden zurück, woraus Humschi sie jedoch sogleich wieder herausholte. „Ich seh eine Kuh!", rief er. Auf ihr ungläubiges „Wo?" deutete mein kleiner Bruder Richtung Himmel: „Die weiße Wolke da." Doch kein Blick folgte Humschis nach oben gestrecktem Finger und Frau Dobrowolnys Gleichgültigkeit gegenüber diesem Naturphänomen war nicht zu übersehen. „Und ich seh ein Pferd", sagte nun ich, ihr ins Geschäft folgend. „So? Was intressiern mich eure Wolken?", antwortete nun Frau Storch ebenso teilnahmslos. Ihr Desinteresse schwand jedoch schlagartig, als ich sie auf einen wirklichen Berittenen hinwies: vier Pferdebeine, ein Polizistenstiefel und ein silberner Säbel, der untere Teil des Pferdebauches samt Pferdeschwanz blockierten die Ladentür. Und dann hörten wir eine tiefe Stimme: „Da, Kleiner, halt die Zügel einen Moment!", und sahen Humschi, wie er sie mit strahlenden Augen in die Hand nahm. Der Polizist salutierte beim Betreten des Ladens flüchtig. „Entschuldigen S' schon, aber hier hat niemand was mit Kriminal zu tun – lauter ehrliche, anständige Leut!", wisperte Frau Dobrowolny mit zittriger Stimme. Vor Schreck vergaß sie ganz, den erhobenen Arm mit dem langen Wurstmesser in der Hand zu senken. Der Polizist lächelte, ließ kurz seinen bohrenden Blick auf mir ruhen, dann schaute er routinemäßig überall im Laden umher und zeigte auf eine Wurst: „Fünfzehn Deka Dürre, zwei Semmeln und zwei Salzgurken bitte." Die Spannung löste sich. Herr Huber fischte mit der hölzernen Gurkenzange zwei große Znaimer Salzgurken aus dem Fass, wickelte sie in ein Stück wasserdichtes Pergamentpapier und legte das Paket auf die Budel. Die restliche Bestellung erledigte die Chefin persönlich.

Sämtliche sich im Laden aufhaltende Personen folgten dem Uniformierten schließlich vor die Ladentür, wo Humschi – sein Gesicht glühte vor Stolz, Freude und Tierliebe – die Zügel so locker hielt, dass das Pferd genüsslich Obst, Gemüse und Salat aus den Steigen – Herr Huber hatte nichts weggeräumt – kosten und sich auch an den Hülsenfrüchten in den Säcken gütlich tun konnte. Dieser unbeschreibliche Anblick erreichte seinen Höhepunkt, als das Pferd den blonden Schwanz hob und mindestens ein halbes Dutzend riesige Rossknödel fallen ließ, genau vor die Stufe, vor die Türschwelle des Ladens. „Wer wird das wegräumen?", fragte Frau Dobrowolny, ihren mehr als vorwurfsvollen Blick auf Herrn Huber heftend. „Aber …!" Weiter kam er nicht. „Die Straßenkehrer, wenn sie dann vorbeikommen", entgegnete der Polizist streng, aber mit einem Unterton von Verlegenheit. Er zahlte, ließ das Retourgeld auf dem Ladenpult liegen, reichte mir stumm sein Esspaket, schwang sich auf das Pferd, bückte sich zu mir herunter, nahm mir die braune Tüte mit seinem Proviant wieder ab, salutierte andeutungsweise und ritt eilig davon.

Herr Huber vergaß jede Zurückhaltung und kicherte. „Was muss man sich alles gefallen lassen?“, klagte Frau Dobrowolny und starrte zuerst auf den Haufen Rossmist und dann auf Herrn Huber. „Mich graust so! Bitte!“, stammelte sie.

„Glauben S‘ leicht, mir graust nicht?“, begann Herr Huber, um dann aber zu sagen: „Also, in Gotts Nam!“

Kaum aber war er auf der Suche nach Mistschaufel und Bartwisch im Laden verschwunden, kam unser Cousin angelaufen. „Ah, da seids“, begrüßte er uns, worauf sein Blick auf die Rossknödel fiel. „Jö, fein! Ganz frische!“, frohlockte er. „Die bringen wir gleich in den Schrebergarten, für die Rosen!“

Im Laden erhielt er einen kleinen leeren Zwiebelsack, in den er mit bloßen Händen den Naturdünger schaufelte. Als Herr Huber – ohne Besen und Mistschaufel – erschien, war der Platz vor der Türschwelle bereits gründlich gesäubert. Er lachte verschmitzt und vor lauter Freude über diesen unerwarteten Arbeitsentfall schenkte er uns Kindern ein Sackerl Zuckerl, das wir in der Straßenbahn, die wir ausnahmsweise benutzten, weil uns der Sack voll – nun auf einmal so wertvollem – Mist doch ziemlich schwer vorkam, sofort vertilgten. Als der Schaffner unser kleines Unternehmen störte, indem er unsere Fahrkarten sehen wollte, kramte ich zuerst umständlich in den Hosentaschen und sagte dann voll gut gespielter Verzweiflung: „Hermann, schau du nach, hast du vielleicht die Fahrscheine eingsteckt?“ Scheinheilig jammernd stiegen wir schließlich bei der nächsten Station aus, liefen eine Haltestelle weiter, von wo aus wir mit dem 39er nach Grinzing gelangten. Von der Endstelle ging es zu Fuß weiter, im Gänsemarsch am Straßenrand entlang und dann den steilen Weg hinauf zum Schrebergarten.

Schon vom Gartentor aus riefen wir dem Onkel der Reihe nach zu: „Wir ham dir frischen Rossmist bracht! Einen ganzen Sack voll! Noch dazu einen von einem Polizeipferd!“ – „Sehr brav! Sehr lieb von euch! Kann ich gut brauchen. Zeigts her!“, sagte er gerührt. Verblüfft starrten wir uns an. „Ich bin ja vorn gangen“, murmelte Hermann, „ich hab glaubt, einer von euch hinter mir hat ihn. Humschi …“ Schon während des „Ich hab dacht, einer von euch …“ liefen wir los. Die Tramwayzüge bleiben in dieser Endstelle ziemlich lange stehen und so hatten wir Glück: Im zweiten

Straßenbahnzug fanden wir unseren vergessenen Sack. „Aha, deswegen hats im Beiwagen so scheußlich gstunken", schimpfte der Schaffner und öffnete demonstrativ alle Waggonfenster. Er war aber auch sichtlich erleichtert, die Ursache der Geruchsbelästigung losgeworden zu sein.

Als wir spät abends nach Hause kamen, sagte Paul vergnügt: „Das war heute wieder ein schöner Tag! So voller Abenteuer!" Und nach meinem „Ja, und spannend und lustig" hatte Humschi wie so oft das letzte Wort: „Und alle waren zufrieden: wir Kinder sowieso, das Pferd von dem Berittenen, der Herr Huber, der Onkel mit dem Dünger und zum Schluss auch der Schaffner! Ja, wirklich ein schöner Tag!"

Sehr schöne Tage verbringen die Kauders-Buben auch in den nahen Donauauen. Und nicht nur sie. Bei der alljährlichen großen Maikundgebung singt man enthusiastisch „Brüder zur Sonne" und das nehmen viele Wiener mehr als wörtlich. In Scharen strömen sie zu den Altarmen der Donau, wo die sozialistische Stadtregierung riesige Badeanstalten errichtet hat, das Arbeiterstrandbad, das für 30.000 Besucher angelegte Gänsehäufl, wo sich auch die Nacktbadekultur etabliert, sowie das Angelibad. Wer sich auch die wenigen Groschen, die der Eintritt in die Bäder kostet, nicht leisten kann oder will, badet an frei zugänglichen Uferstellen oder einfach in der Donau, vorzugsweise am kilometerlangen Ufer des Überschwemmungsgebietes. Auf die jährliche Überflutung dieser breiten Wiesen, die in Nichtüberschwemmungsperioden als Erholungsgebiet, aber auch als Weideland dienen, wartet man jedes Jahr zur Schneeschmelze mit Spannung, und wenn das Wasser dann beginnt, sich mit großer Geschwindigkeit seinen Weg durch die niedrig gelegenen Teile der Donauwiese zu bahnen, stehen die Menschen in Gruppen am gegenüberliegenden Handelskai und auf den Brücken, um das spannende und gefährliche Schauspiel zu verfolgen, bis nur mehr wenige kleine Grasinseln aus der nun doppelt breit erscheinenden Donau ragen. Im Sommer aber verbringen zehntausende Wiener Familien hier ihre Sonntage und ihre Ferien, jede von ihnen auf ihrem eigenen, angestammten Platz, der gegen Neuankömmlinge eisern verteidigt wird. Berittene Polizisten patrouillieren zwischen den dicht an dicht ausgebreiteten Decken, achten auf Ordnung und kassieren alle Bälle, derer sie habhaft werden können: Ballspielen verboten.

WASSERSCHI

Paul war eine Zeit lang ganz versessen auf Wasserkäfer, die er bei einem Schulausflug in den Zoo auf einer Lacke beim Eingang gesehen hatte. Auf seinen Aufsatz über den Tiergartenbesuch „Welches Tier mich am meisten beindruckte" hatte er sogar einen Einser bekommen, denn er hatte außer den Wasserkäfern, die mühelos über die Wasseroberfläche dahingleiten konnten, auch einige echte Zootiere erwähnt. Ein so langer Aufsatz war für ihn ganz ungewöhnlich, denn üblicherweise fertigte Paul ganz breite, bunte, wunderschöne, künstlerische Zierleisten an, die auf der Heftseite nur ein kleines Rechteck in der Mitte übrig ließen, in dem seine drei bis vier Sätze langen Aufsätze Platz fanden. Die Wasserkäfer hatten es ihm wirklich angetan und so wandte er sich eines Tages herausfordernd an den Vater: „Du kannst wirklich alles basteln, aber eines sicher nicht: Etwas, womit man am Wasser gehen kann, nicht einfach ein Boot, wie du es uns das letzte Mal gebaut hast."

Wir stimmten ein: „Das ist zu schwer, das ist unmöglich", mit der winzigen Hoffnung, dass diese Zweifel unseren Vater zu einer Höchstleistung anspornen würden. Tatsächlich machte sich der Vater ans Werk. Nach einigem Nachdenken – er saß dabei im Nachthemd auf dem Bett, rieb mit beiden Händen seine Füße und starrte in die Ferne – rief er schließlich, wie von uns Buben nicht anders erwartet: „Ich habs!"

Onkel Herbert beschaffte ihm zwei dünne, breite, nicht ganz zwei Meter lange Bretter, an deren Unterseite er drei leere Kanister befestigte, die uns die Greißlerin seufzend mit den Worten „Wiedersehn macht Freude!" geliehen hatte. In der Mitte war auch noch ein flaches Kistchen für die Füße angenagelt und – um ein Umkippen zu verhindern – montierte er unten auf jedes Brett zwei Metallringe, in die man eine Eisenstange als Kiel schieben konnte.

Glücklich rannten wir zum „Zinkerbacherl", das Zusammensetzen der Einzelteile gelang uns im Nu, doch unsere ersten Versuche scheiterten kläglich. Cousin Hermann kenterte gleich, bei mir bewegten sich die beiden Teile voneinander weg, meine Grätsche wurde flacher und flacher, und schließlich fiel auch ich – mit gespreizten Beinen – rücklings ins Wasser. Wir banden daraufhin die beiden Bretter mit Schnüren aneinander und nach etwa einer halben Stunde beherrschten wir zumindest das Stehen auf dem Wasser. Auch fanden wir heraus, dass die Sache etwas leichter war, wenn wir in die Kanister ein wenig Wasser füllten und die Skier dadurch knapp unter die Wasseroberfläche sanken. Vom Ufer aus hatte man dann den Eindruck, dass man tatsächlich frei auf dem Wasser stand. Ein weiterer Trick bestand darin, den hinten angebrachten Kanister mit mehr Ballastwasser anzufüllen als den vorderen. Dadurch hoben sich die Skispitzen. Das würde ungeheure Geschwindigkeiten beim Wasserlaufen ermöglichen, wenn … ja, wenn das Wörtchen wenn nicht wär! Ohne Schlepper konnten wir uns lediglich an ein und derselben Stelle aufrechthalten.

Wieder landeten wir bei unserem Vater. Er lachte wissend über unsere Klagen und antwortete unverzüglich: „Weil die Bretter praktisch keine Reibung haben, keinen Widerstand. Der Fußboden da hält die Schuhsohlen fest. Du kannst mich nicht wegziehen, wenn ich da steh, weil ich nicht rutsche. Beim Gehen stoß ich mich ab, der eine Fuß bleibt ja fest stehn …" Erklärungen allein waren uns wie immer zu wenig, wir verlangten nach Lösungen und als er uns da gar einen Besen als Ruder andrehen wollte, riefen wir wie aus einem Mund: „Nein!" Schließlich montierte er an der Unterseite jedes Wasserskibrettes eine Klappe auf Scharnieren, ein mit Metall beschwertes Brettchen hing senkrecht hinunter und konnte nur nach hinten geklappt werden, nicht aber nach vorn, weil eine Haltevorrichtung in Form eines Holzblockes dies verhinderte. Bevor wir mit dem solcherart verbesserten Modell davonstürmten, rief uns unsere Mutter eindringlich nach: „Aber ja nicht in die große Donau!"

Die Klappen funktionierten einwandfrei. Hermann, der seine Augen unter Wasser offen halten konnte, tauchte unter um zu sehen, wie sie wirkten. „Leiwand! Bei jedem Schritt nach vorn legt sich die Klappe ganz flach an das Brett und die andere hängt nach unten und bremst. Jetzt versteh ich das Ganze. So kann man sich daran abstoßen, das Bremsbrett bleibt stehen, aber das andere schießt nach vorn", erklärte er zu Hause unserem Vater, was der ohnehin wusste. Aber er freute sich über den Erfolg und bestückte die Wasserskier freiwillig mit weiteren kleinen Klappen, die er unten und seitlich anbrachte. Er war eben ein wahrer Perfektionist. Mit diesem verfeinerten Modell konnten wir schließlich sogar ziemlich schnell laufen. Das ließ uns übermütig werden.

Nach einigen kleineren Experimenten holte Cousin Hermann tief Luft, streckte beide Arme in die Höhe und verkündete: „Jetzt marschier ich über die Donau, hin und zurück!" Dass unsere Mutter uns das ausdrücklich verboten hatte, sagte niemand, auch wenn wohl jeder daran dachte, auch Hermann, dessen eigene Mutter ja nichts von all diesen Aktivitäten wusste. Er band ein Stuck Schnur locker um jeden Knöchel, verknüpfte sie mit den Wasserskiern, rief fröhlich: „Ahoi! Auf gehts ans ferne Ufer!“, und wurde rasch abgetrieben.

Wir liefen am Ufer stromabwärts, um mit ihm auf gleicher Höhe zu bleiben. Auf der Floridsdorfer Brücke standen außergewöhnlich viele Leute, neugierig beugten sie sich übers Geländer und riefen: „Hopp, hopp, hopp auf, bravo!“ Ein Raddampfer kam langsam näher, kämpfte zwischen der Nordbahn und der Floridsdorfer Brücke gegen die Strömung. Die Passanten versammelten sich vorn am Bug, um Hermann zu bestaunen. Der Rauchfang des Schiffes wurde heruntergezogen, bis er waagrecht auf dem Schiffsdeck lag. Nur so konnte der

Dampfer unter der Brücke durchfahren. Aus dem Stumpf des Schornsteins qualmte schwarzbrauner Rauch. Von der anderen Seite, von Norden her, dampfte ein Schlepper rasch daher. Auf dem Deck liefen Matrosen umher. Auch auf diesem Schiff wurde der Schornstein gesenkt. Paul erkannte die Gefahr als Erster: „Hui, der Hermann, wenn der zwischen die beiden Schiffe kommt!“ – „Dem wird schon nichts passieren“, sagte ich beklommener, als ich gewollt hatte, „er ist ja schon öfter unter Schleppschiffen durchtaucht“, als der Schlepper plötzlich seine Fahrt verlangsamte. Die Schiffsschraube wirbelte im Retourgang weißen Schaum auf. Eine Sirene heulte dumpf, warnend und zornig. Hermann befand sich nun so ziemlich genau in der Mitte des Stromes, neben dem Rumpf des Schleppschiffes. Ein Matrose warf einen Rettungsring herunter, der an einem Seil hing. Unser Cousin versuchte, mit ausgestreckten Armen das Gleichgewicht zu halten. Vergeblich – die hohen Wellen, die das Schleppschiff erzeugte, warfen ihn um. Er lockerte rasch die beiden Leinen, die die Wasserskier mit seinen Knöcheln verbanden, und schwamm mit kräftigen Stößen zum Ufer zurück, wo wir ihn erleichtert empfingen. Erschöpft kletterte er über die großen Steinbrocken, die das Ufer unweit der Nordbahnbrücke säumten, und kam über die Böschung zu uns herauf. „Schau, dort schwimmen unsere Wasserski“, rief Humschi und zeigte mit seinem ausgestreckten Arm auf einige kleine Teile, die im Wasser zu tanzen schienen: Da schwammen die Bremsbrettchen und Frau Dobrowolnys sechs Kanister, das eine Wasserskibrett war geknickt, das andere entzweigebrochen. Anscheinend waren unsere wunderbaren Wasserskier von der Bugwelle des Schleppers gegen den Raddampfer getrieben und von dem einen Schaufelrad erfasst worden. Humschi, den Tränen nahe, beeindruckten Hermanns Worte kaum: „Sei doch froh, dass nicht ich in die Schaufeln hineingezogen worden bin!“

Die Familien auf ihren angestammten Platzerln, im Vordergrund eine Sandgrube ohne Grasbewuchs, die sich durch Fußballspielen bildet, im Hintergrund das Zinkerbacherl im Überschwemmungsgebiet mit der Nordwestbahnbrücke. Die Donau ist nur oben links hinter der Erfrischungshütte zu sehen. (Aus dem Bildarchiv des Bezirksmuseums Floridsdorf)

DIE UNGERECHTE OHRFEIGE

Wir waren völlig erschöpft. Unter unserer grauen, durchnässten Baumwolldecke versteckt lag ein Haufen Pfandflaschen. Stundenlang hatten wir sie eingesammelt, in einem Umkreis von schätzungsweise zwei Quadratkilometern. Da brach das Gewitter herein, hunderte Familien verließen fluchtartig die Donauwiese, auch die Besitzer des Getränkekiosks klappten das hölzerne Sonnendach über dem Verkaufspult runter, sperrten das Vorhängeschloss auf der nach außen aufgehenden Eingangstür ab und eilten – ihre Jacken über den Kopf gehängt – hastig davon. Wir blieben. In unseren noch nassen Badehosen ein wenig fröstelnd verglichen wir interessiert, wer die ärgste Gänsehaut hatte, wer am lautesten mit den Zähnen klapperte und wessen Oberkörper am heftigsten zitterte. Doch sogleich widmeten wir uns wieder unserem wertvollen Gut, überlegten angestrengt, wie und wo wir die rund hundert Leerflaschen kurzfristig deponieren könnten. Unser „Schatzvergrab" war dafür viel zu klein.

„Für die Flaschen da kriegen wir mindestens zwei Schilling", schwärmte Cousin Hermann. „Dafür können wir uns zwanzig große Rippen Bensdorp kaufen", frohlockte ich. Bei dem Gedanken an diesen delikaten Schokogenuss wurde mir kurzzeitig warm. „Aber was, wenn sie uns wer stiehlt?", plagten Paul hingegen trübe Grübeleien, aus denen ihn erst Kurti riss: „Hurra, das Gewitter ist vorbei! Die Sonne kommt!" Vor Freude hüpfte er von einem Fuß auf den anderen und ausgelassen sprangen wir über unseren Schatz aus Pfandflaschen, bis die Menschen wieder auf das Überschwemmungsgebiet strömten. Auch im Kiosk kehrte wieder Leben ein, das Verkaufspult wurde geöffnet. Unser Lagerproblem hatte sich erübrigt.

Kaum war das Glas mit Salzgurken am Rand der Budel aufgestellt, eilten wir, beladen mit einem unverdächtig kleinen Anteil unseres Leerguts hin, stellten uns auf die Zehen und hievten ihn hinauf. Auf mein „Da sind Flaschen retour, bitte um das Geld", antwortete der Besitzer freundlich: „Sehr brav! Habt ihr noch welche? Na, dann bringt sie nur alle her!"

Drei Mal liefen wir von unserem Haufen zur Bude. „Wie viele sinds?", fragte Hermann schließlich gespannt. „Hundertzwölf, alle zusammen", antwortete der junge Mann. „Hundertvierzehn genau", verbesserte seine Frau ihn. Ich strahlte vor Glück. „Fein, da kriegen wir ja einen Batzen Geld!" Doch Pauls Hoffnung prallte ab an der Antwort des Budenbesitzers: „Nix kriegts. Dank recht schön, aber jetzt schleichts euch!" – „Wie? Was? Aber wir haben doch stundenlang ..." – „Eben deswegen", fiel er mir ins Wort, „ihr habt ja die Getränke nicht kauft! Für zamgsammelte Flaschen gibts ka Pfand, basta!" Wir fünf Buben standen da wie begossene Pudel. Völlig vor den Kopf gestoßen rührten wir uns nicht vom Fleck. „Weg da mit euch, ihr Lausbuben! Ihr Gfraster stehts da herum und seid den Kunden im Weg!", vertrieb uns die Frau aber schließlich mit ihrem groben Gerede.

„Was, so zeitig seids schon auf?", wunderte sich unsere Mutter, als wir kurz nach Sonnenaufgang schlaftrunken in die Küche taumelten. Schweigend würgten wir das Frühstück hinunter, dann – unten auf der Straße warteten schon Cousin Hermann und Kurti – eilten wir hinaus zur Donauwiese.

Ernst waren unsere Mienen, als wir aus dem „Schatzvergrab" nahe dem Donauufer das Taschenmesser mit der vorne abgebrochenen Klinge hervorholten. Abwechselnd schliffen wir die Bruchstelle auf einem der das Ufer säumenden Steinblöcke, auf die wir etwas feuchten Quarzsand aus einer der zahlreichen seichten Gruben streuten. Als uns die Bruchkante geradlinig genug erschien, um als Schraubenzieher zu dienen, hasteten wir zu der Bude. Rasch entfernten wir ein paar der ohnehin lockeren Schrauben, mit denen die Metallleiste auf der Tür befestigt war, nahmen sie samt dem Vorhängeschloss herunter und betraten das dunkle Innere des Raums. Als sich meine Augen an die Finsternis gewöhnt hatten, bemerkte ich mehrere bandförmige Fliegenfänger von der Holzdecke hängen. Sofort gab ich unseren ursprünglichen Plan auf, unsere hundertvierzehn Leerflaschen zu schnappen und wieder im Umkreis von schätzungsweise zwei Kilometern zu verteilen –, denn eine bessere Idee schoss mir ins Gehirn.

Vorsichtig montierten wir die klebrigen Streifen ab, während Kurti und Humschi mit heruntergezogenen Hosen auf dem Verkaufspult hockerlten und fest drückten. Als es zumindest Kurti gelungen war, erstaunlich „groß" zu machen, vervollständigten wir unser Werk, indem wir alle noch ein ordentliches „Lulu" auf der Budel machten. Anschließend befestigten wir die ekeligen Fliegenfänger kreuz und quer innen vor der Tür, machten diese zu, schraubten die Lasche samt Vorhängeschloss wieder an, versteckten uns in zwei nahen Sandgruben und starrten – gebannt wie Soldaten vor dem feindlichen Angriff – auf den Eingang.

Endlich näherten sich der Hüttenbesitzer und seine Frau, ein voll beladenes Handwagerl hinter sich herziehend. Die Frau griff nach dem Schlüssel in ihrer Schürzentasche, sperrte auf, öffnete, trat ein und verfing sich fluchend in der Fliegenfalle.

Der Kampf des Don Quijote de la Mancha mit den Windmühlflügeln wird uns bekanntlich als kurz und schmerzhaft geschildert. Das Gefecht dieser Frau mit den beinah ein Dutzend Fliegenfängern hingegen war schmerzlos, dauerte aber gewaltig lange. Als ihr Mann der wütend Schimpfenden und Kreischenden zu Hilfe eilte, sich dabei selbst verfing und nun ebenfalls wild herumfuchtelte, bogen wir uns bereits vor Lachen. Zugegeben, vom moralischen Standpunkt aus betrachtet, kein gutes Lachen, denn seine Grundlagen waren böse Motive: Rache und Schadenfreude. Und es machte uns unvorsichtig. Jedenfalls bemerkten wir viel zu spät, wie sich ein Feind von hinten an uns heranschlich. Bestürzt, um nicht zu sagen, völlig überrumpelt, sprangen wir auf, als wir ihn erblickten: Er gehörte irgendwie zur Familie der Budenbesitzer, wir hatten ihn schon oft hinter dem Verkaufspult gesehen. Wir vier rannten davon. Nur der kleine Humschi lag noch in der Sandgrube auf dem Bauch, schnitt drollige Grimassen, quietschte und kicherte vor Vergnügen und ahnte nichts von der drohenden Gefahr. „Humschi, renn!", versuchten wir ihn aus ziemlich sicherer Entfernung zu warnen – umsonst. Schon packte der Grobian den erst Fünfjährigen und ließ den fuchtig Zappelnden nicht mehr los, bis die zwei sich endlich befreit hatten. Die Frau, auf ihrem Hinterkopf klebte ein Fliegenfänger, der wie ein langer Zopf aussah, knallte ihm eine fürchterliche Ohrfeige auf seine linke Wange, eine Watsche, die, der Lautstärke nach zu urteilen, wohl die Wucht von fünf gewöhnlichen „Flaschen" in sich vereinigte. Dann stießen sie den mitleiderregend Taumelnden mit einem groben Tritt in unsere Richtung.

Jeder von uns älteren Buben hätte sich damit abgefunden, aber einen Kleinen zu schlagen? Empört beschlossen wir, eine Anzeige zu erstatten, und zwar in der mehrere Kilometer entfernten Wachstube in Floridsdorf.

Schon beim Hubertusdamm verblassten die roten Flecken auf Humschis Wange allerdings bedenklich. „Wenn die nichts mehr sehen, glauben sie uns das Ganze nicht", befürchtete Cousin Hermann nicht zu Unrecht. „Wir müssen uns beeilen, und die Watschen, die müssen wir eben öfters ein bisserl auffrischen", schlug ich vor. Humschi zögerte. „Willst du dir diese ungerechte Watschen einfach so gefallen lassen? Du verzichtest auf Rache?", brachte ihn Hermann allerdings sogleich wieder auf Linie. Bis zur Wachstube mussten wir – nicht nur zwecks Spurensicherung, sondern auch, um unser Seitenstechen abzuschwächen – gezählte dreiundzwanzigmal Halt machen. Immer hielt Humschi tapfer die Tränen zurück, nur einmal – irrtümlich hatte ich die falsche Seite erwischt – weinte er fast noch kläglicher als nach der Tetschen der Standlerin, was mich ziemlich zerknirschte.

Die beiden Polizisten verhielten sich sehr nett, schenkten dem weinenden Humschi sogar eine Füllfeder, mussten uns dann aber erklären, dass der Tatort nicht in ihrem Revier liege, und verwiesen uns auf die zuständige Wachstube in Brigittenau, jenseits der Donau.

Wir hielten einen Pferdewagen an und schilderten dem Kutscher, der schon die Peitsche gegen uns erhoben hatte, den bedauernswerten Zustand unseres Kleinen. „Nicht, dass Sie vielleicht glauben, es handelt sich um eine Vergnügungsfahrt! Es ist eher ein Krankentransport – schauen Sie sich nur seine geschwollene Backe an!", endete ich schließlich, nur Hermann fügte noch hochtrabend hinzu: „Ein Opfer der Gewalt sozusagen."

Wenig später erreichten und erweichten wir mit unserer Geschichte schließlich auch die Brigittenauer Ordnungshüter, die Budenbesitzerin wurde tatsächlich zu einer Geldstrafe verurteilt, und all das kam sogar in die Zeitung, was unserer Mutter – für uns völlig unverständlich – peinlich war. Aber sie freute sich zumindest, dass Humschis Antlitz trotz der vielen Ohrfeigen noch ganz symmetrisch war. „Sein Gesicht ist ganz in Ordnung, gar nicht schief", meinte sie. „Dank meiner Gegenwatschn!", ätzte ich, worauf Humschi aufsprang und mich zornig bei den Haaren riss.

Rudi hat in der Schule gute Noten, nicht nur in den naturwissenschaftlichen Fächern, die er schließlich auch für sein Studium wählt, auch in Deutsch. Schon als Bub hat er sehr gern gelesen. Sein Vater kommt einmal in der Woche mit einem Rucksack voller Bücher aus der kleinen Leihbibliothek der Straßenbahner in Floridsdorf nach Hause, bis die Familie schließlich den gesamten Bestand der Bücherei ausgelesen hat. Am liebsten liest Rudi allerdings Schundhefte, wie „Tom Shark" und später Abenteuerbücher über Expeditionsreisen, vorzugsweise die damals überaus populären Reiseberichte von Stanley und Livingstone. Er will auch selbst gern Dichter sein. Stolz präsentiert er jedem, egal ob der es will oder nicht, seine neusten Werke. Nicht ganz so begabt wie zum Dichten ist er zum Geigenspiel, das ihm allerdings ebenfalls jede Menge lustige Abenteuer beschert, seit er auch diese Tätigkeit – notgedrungen – auf die Straße verlegt.

MEINE KARRIERE ALS HOFSÄNGER

Was mich anbelangt, so war ich absolut unmusikalisch. Auch nach unzähligen gescheiterten Bemühungen, mir bei „A, a, a, der Winter, der ist da" die richtige Tonhöhe der drei A beizubringen, gab meine Mutter nicht auf. Sie beschloss, mein schlechtes Gehör durch ein Musikinstrument zu verbessern, welches sie im Dorotheum erstand: eine alte Geige in einem hellen Holzbehälter, der mich sofort an einen Sarg erinnerte. Onkel Kurti, wie mein Vater auf seiner Mandoline Autodidakt, im Unterschied zu diesem aber arbeitslos, wurde zu meinem Geigenlehrer auserwählt. Ich übte mit fanatischer Hingabe und unglaublichem Eifer.

Einmal erschien Onkel Kurti, noch magerer und bleicher als sonst, zum Unterricht, begrüßte mich nur so nebenbei, nahm meine Mutter beiseite, ich hörte sie tuscheln, bis sie die Tür öffnete und sagte: „Leih ihm deine Geige. Es muss sein. Es ist ernst."

Wenn sie so kategorisch und feierlich sprach, wusste ich, dass jeder Widerspruch zwecklos war. „Was will er damit?", fragte ich lediglich mit düsterem Gemüt. „Straßenmusik", antwortete meine Mutter nicht weniger düster. „Also gut", sagte ich, „ich geb sie ihm, aber nur unter einer Bedingung: Ich muss immer dabei sein, damit er sie nicht beschädigt." – „Wieso beschädigt?", fragte Onkel Kurti leicht beleidigt und nahm die Geige an sich.

Statt unserer Geigenstunden gingen wir von nun an mehrmals die Woche auf Tournee. Meistens in die Höfe der umliegenden Gemeindebauten – im eigenen zu spielen, hatte uns meine Mutter strikt verboten, und da hätten wir uns auch selbst zu sehr geniert –, wo man von der Polizei bei dieser gesetzwidrigen Handlung nicht so leicht geschnappt werden konnte. Denn die Polizisten jagten uns wie die Hasen. Wenn sie uns verfolgten, blockierte meistens einer das Tor, das in den Hof führte. Manchmal konnten wir uns in eine fremde Wohnung retten, denn die Solidarität gegen die Kieberei, vor allem gegen die berittene, war damals noch groß.

Die erste Nummer, die mir mein Onkel beibrachte und die ich fortan mit einer Schwingungszahl von etwa fünf Hertz munter drauflostrillerte, nämlich „Oh wie trügerisch sind Weiberherzen", kam gleich ziemlich gut an. Durch den Erfolg ermutigt, lernte ich weitere Operettenhits, steigerte allmählich Lautstärke und Frequenz und verglich mich bei zehn Schwingungen pro Sekunde innerlich bereits mit Caruso. Mehr und mehr Fenster öffneten sich, mehr und mehr, oft in Zeitungspapier eingewickelte Münzen fielen auf uns herab. Die Frauen nickten wohlwollend, ich fühlte mich anerkannt. Nie kam ich auf den Gedanken, dass sie lediglich Mitleid mit uns, mit mir haben könnten. Und auch als eine mitten unter „O sole mio" einmal aus einem ebenerdig gelegenen Fenster herausrief: „Wennst weiter singst, kriegst fünf Groschen, wennst stantapede aufhörst, kriegst zehn", hielt ich sie lediglich für eine Kunstbanausin. Trotz gewisser Bedenken, was den Verrat an der Kunst anbelangte, nahmen wir die zehn.

Rückblickend wundert es mich, dass der Onkel Kurti und ich nicht viel öfter bei unseren musikalischen Darbietungen in den Höfen der Gemeindebauten erwischt wurden. Wenn Gefahr drohte, entriss ich ihm meist einfach blitzschnell meine Geige und flüchtete samt ihr und dem schweren Geigenkasten. Manchmal lief ich in ein Stiegenhaus, läutete an einigen Wohnungstüren Sturm und bat keuchend um Asyl, das mir meist gewährt wurde. Wenn mir ausnahmsweise niemand öffnete, kauerte ich mich ganz oben vor die Dachbodentür und hoffte, dass der Polizist zu faul war, um vom Pferd zu steigen und mich bis hier oben zu verfolgen. Ähnlich verhielt sich mein Onkel.

Eines Tages wählte er einen ganz ungewöhnlichen Fluchtweg. Als sich zwei Berittene näherten, kam ein Bub angelaufen und flüsterte keuchend: „Eine Razzia! In jedem Ausgang steht ein Polizist." Ich suchte wie gewohnt, die Geige unter den Arm geklemmt, das Weite, drehte mich noch kurz nach meinem Onkel um, der es sich als geübter Sportler bereits auf einem Baum beeindruckend weit oben bequem machte, wobei er passende Lieder zur Erheiterung seines größer und größer werdenden Publikums trällerte, wie zum Beispiel „Wenn ich ein Vöglein wär', flög' übers weite Meer", auch „Üb immer Treu und Redlichkeit"...

Nach einer ziemlich langen Belagerungsdauer, die ich – mich wohler als im Zirkus fühlend – vom letzten Stock des Stiegenhauses durchs Fenster beobachtet hatte, verloren die Polizisten die Geduld und zogen endlich ab. Aber erst als die Kinder im Hof, die dem Onkel als Spione dienten, meldeten, dass alle sich aus unserem Einflussgebiet entfernt hatten, kraxelte er herunter, wischte sich die Handflächen auf seinem Hosenboden ab, strich sich mit gespreizten Fingern durch das Haar, grinste fröhlich zu den Häuserfassaden hinauf und machte Verbeugungen in alle vier Himmelsrichtungen. Großer Applaus, wohlwollendes Gelächter und ein Platzregen von Münzen belohnten sein Bravourstück.

Einmal aber wäre es ihm fast an den Kragen gegangen. Jeder Fluchtweg war ihm damals versperrt. Und das kam so:

„Da, iss!", sagte meine Mutter freundlich und schob ihrem jüngeren Bruder eine große Portion Spinat mit Spiegelei zu. Es war eigentlich ihre eigene. Anscheinend noch ausgehungerter als sonst verschlang er alles im Nu. Kaum hatte er den Teller mit einer Scheibe Brot leergewischt, hob er den gelben hölzernen Geigenkasten von der Kredenz, reichte ihn mir schweigend, räusperte sich und sagte: „Jetzt, wo ich schon da bin, könnten wir eigentlich gleich da im Milchblock anfangen." Mein frostiger Blick trübte seine ausgezeichnete Stimmung nicht. „Nicht in eurem Hof, sondern in dem daneben." – „Von mir aus – aber mitsingen tu ich da nicht! Ich genier mich, wo mich die Leut kennen." Das Ganze freute mich nicht so recht.

Trotzig stand ich wenige Minuten später in einem Winkel im Nebenhof. Der Geigenkasten und ich lehnten bewegungslos an der Hauswand. Der Onkel spielte eifrig und sang leidenschaftlich „Moch mas den Schwojben noch, bau ma uns a Nest", aber die Münzen fielen nur spärlich aus den Fenstern.

Abgelenkt durch meine Freude darüber, dass es ohne meine Begleitung nicht so gut ging, bemerkte ich das Erscheinen von zwei Polizisten, die sich zu Fuß näherten, zu spät! Ich hatte nach Berittenen Ausschau gehalten und daher die gewöhnlichen Wachleute übersehen. Die beiden Gesetzeshüter umzingelten in ihrem Eifer den bedauernswerten Hofmusikanten, einer von ihnen witzelte: „Dein Nest ist der Arrest!" Nur die beiden lachten laut, die Leute, die aus den offenen Fenstern blickten, ließen sich nicht mitreißen. Ich überlegte nur kurz, bevor ich zum Onkel rannte und ihm meine Geige abnahm. „Aha, also Beihilfe!", fuhr mich einer der Uniformierten an. Nun sprudelten die Wörter nur so aus mir heraus. Als ich spürte, dass sie mir schon beinah glaubten, setzte ich etwas gelassener, ja fast würdevoll hinzu: „Das ist meine Geige, sie stammt aus dem Jahr 1819. Bitte, schaun Sie da hinein, der vergilbte Zettel innen am Geigenboden, ‚Bauart nach Amati', 1819." Ein Polizist blickte tatsächlich in den geschwungenen Schlitz der Geige und nickte billigend. Diese zustimmende Geste nahm ich zum Anlass, samt meiner Geige das Feld zu räumen. Als ich die Violine bei der Hausmeisterin in Sicherheit gebracht hatte, schlich ich neugierig an den Tatort zurück. Von den Abfallkübeln aus, verdeckt durch ein Gebüsch, beobachtete ich gespannt, wie der in meine Richtung deutende, ganz elend und verlegen dreinschauende Onkel sagte: „Entschuldigen S', ich muss ganz dringend! Darf ich schnell?" Er stieß bei den Polizisten allerdings auf keinerlei Erbarmen. „Was glauben S' denn, wo wir sind? Bei den Hottentotten? So was Unsittliches ist bei uns verboten, verstehn S': Nur speiben ist erlaubt."

Auch einen Mann im Parterre, der laut auflachte und rief: „Schaut, der macht vor lauter Angst gleich in die Hose", wiesen sie herb zurecht: „Er will uns ja nur davonrennen. Die Schmäh kenn ma schon!" Der Gesichtsausdruck meines Onkels aber wurde immer erbärmlicher und schließlich wandte sich einer der beiden doch an die Zuhörer, die interessiert aus den offenen Fenstern schauten, und rief hinauf: „Der Herr Musik da muss ganz schnell aufs Klo. Wer von den Herrschaften tät ihn hineinlassen?" Niemand meldete sich. „Schon zu spät", murmelte der Onkel. Ungläubig starrten ihn die beiden Polizisten an, nickten, sagten: „Der hat doch die Wahrheit gesagt! So ein Schwein!" und kopfschüttelnd marschierten sie davon.

Das Stück Freiheit, das die Arbeiterbewegung in zähen Kämpfen um Arbeitszeitverkürzung und gesetzlichen Urlaubsanspruch erringt, hat zur Folge, dass es erstmals auch Freizeit für Nichtprivilegierte gibt, die man sinnvoll nutzen muss. Unter anderem entstehen Kleingartenvereine, die auf parzellierten Gründen am Stadtrand winzige Gärtchen verwalten, die für die Obst- und Gemüseversorgung der Familien wichtig sind und in denen man eine kleine, nicht winterfeste Hütte errichten darf.

IM SCHREBERGARTEN

Nie hätte sich der Arzt Daniel Gottlob Schreber träumen lassen, dass in einem der nach ihm benannten Gärtchen so viel Schreckliches passieren könnte. Dabei sollten ja die Schreber-Gärten Ruhe und Erholung inmitten der hektischen Großstädte ermöglichen. Der oft arbeitslose Onkel Leo jedenfalls hatte einen solchen, und zwar im Wienerwald, auf dem Steilhang eines Hügels, genannt Cobenzl, und verbrachte auf diesem zu beiden Seiten von Schluchten begrenzten schmalen Abhang fast seine gesamte – unfreiwillig – ausgedehnte Freizeit. Die Parzellen waren terrassenartig angelegt und Onkel Leos Garten lag ganz oben, direkt am Waldrand. Ein Maschenzaun umgab ihn an drei Seiten, unten bildete eine dichte Hecke aus Gebüsch den Abschluss.

Der Hunger war groß, die Anbaufläche für Kartoffeln und Gemüse knapp. Onkel Leo sträubte sich daher lange dagegen, den kostbaren Boden mit einem Klosett zu verbauen. Wer „musste", den schickte er mit immer den gleichen Worten: „Is eh nicht weit!", in den Wald, reichte ihm zusammen mit dem Schlüssel fürs obere Gartentor ein wenig zurechtgeschnittenes Zeitungspapier und sagte: „Ja nicht verlieren!"

Onkel Leo folgte in abgewandelter Form dem Beispiel der Holländer, die ihr Land dem Meer so erfolgreich entrissen haben. Er hatte schon seit längerem damit begonnen, größere Äste, kleinere Zweige und mühsam herbeigeschleppte Steinbrocken in den Abgrund neben seinem Grund zu werfen und auf diese Weise allmählich eine Unterlage geschaffen, die sich zwischen den Baumstämmen und Büschen verkeilt hatte. Tagelang grub und hackte und schaufelte er nun Erdreich von der schrägen Böschung zum Waldesrand. Das derart gewonnene Aushubmaterial schüttete er auf diesen lockeren Wall und gewann so einen etwa zwei Meter breiten Grund, so lang wie sein Garten. Jeder von uns, der auf Besuch kam, musste von einem bestimmten Lagerplatz einen ausgedienten Pflasterstein als Gastgeschenk mitbringen, womit die beiden Onkel eine Stützmauer entlang der Längsseite des Gartens bauten, wo sie das Erdreich der schrägen Böschung abgegraben hatten. Ich glaube, die beiden Onkel hätten in ihrem zähen Eifer im Laufe der Zeit den halben Cobenzl abgetragen, wenn ihnen ein Drahtzaun nicht Einhalt geboten hätte. Auf dem neugewonnenen Areal direkt am Rande des Abgrundes wurde mit Hilfe eines anderen Onkels ein Plumpsklo errichtet, das nur drei Wände hatte und unter dessen kreisrundem Loch in der Sitzfläche sich ein altes Bierfass ohne Deckel befand. Gegen die Schlucht hin war es offen, nur ein Querbalken bot Schutz vor dem Hinabstürzen in die grausige Tiefe. „Von dort aus kann dir eh keiner was wegschaun", sagte der Onkel zu seiner Frau.

Gut gelaunt fuhren wir also eines schönen Tages von der Endstation der Straßenbahn in Grinzing – mit Rücksicht auf die uns begleitende Tante Gretel – mit dem Taxi, dicht gedrängt, drei Erwachsene und drei Kinder, bis zum unteren Gittertor der Schrebergartensiedlung. Der Vater schleppte die obligaten sechs Pflastersteine ohne zu murren alleine – zwei im Rucksack, je zwei in den beiden Koffern und erklärte uns ständig mit uns allen absolut schleierhafter Begeisterung, wie bewundernswert diese Granitwürfel doch eigentlich seien: „Wenn jede der sechs Flächen hundert Jahre hält, hat jeder Stein eine Lebensdauer von 600 Jahren und man kann ihn dann immer noch für eine Stützmauer verwenden, die vielleicht weitere 5000 Jahre überdauert!", wandte er sich lebhaft an Gretel, seine jüngere Schwester, die aber stieg aus, erblickte den steilen Weg zwischen den Kleingärten und stöhnte leise: „Ich bin die frische, würzige Luft nicht so gewohnt." Wir mussten sie hinten anschieben, denn Tante Grete trug Stöckelschuhe und Seidenstrümpfe.

Sie roch besser als alle Pflanzen und Blumen in Onkel Leos Garten zusammen. Wir witterten sie bereits, wenn sie noch im Stiegenhaus war, und riefen jauchzend: „Juhu, die Tante Grete kommt!", auch wenn wir an Mutters frostigen Blicken und ihren zusammengepressten Lippen merkten, dass sie dieser vornehmen Dame auch nicht annähernd so viel Achtung und Sympathie entgegenbringen konnte wie mein Vater, dessen flehende Blicke uns ahnen ließen, was er unserer Mutter damit sagen wollte: „Schau, liebe Fini, sie ist meine einzige Schwester! Andere Geschwister hab ich nicht. Sie ist ein Waisenkind gewesen, so wie ich. Und nun ist sie eben eine Tänzerin geworden. Sei doch nett zu ihr! Ich bitte dich!" Am Abend vor unserem Ausflug belauschten wir durch die geschlossene Kabinetttür einige Sätze aus einem Ehestreit, hörten Mutter zischen: „Tänzerin? Dass ich nicht lach! Im Opernballett ist sie jedenfalls nicht!“, worauf Vater ruhig erwiderte: „In einem vornehmen Varieté …“, aber sogleich wieder unterbrochen wurde: „In einem Tingeltangel. Wahrscheinlich um die Hüfte nur mit einem Schleier, oder nicht einmal das!“ Auch Vaters: „Pst! Nicht so laut! Die Kinder …“, konnte unsere Mutter nicht bremsen, die nun zwar etwas leiser, aber für uns Lauscher nicht zu leise, sagte: „Wundern täts mich nicht, wenn sie auch als Animierdame herumtanzt!“ Vater flüsterte nun inständig: „Hör doch endlich auf damit! Bitte, reiß dich morgen zamm! Schau, sie bringt uns auch immer so gute Sachen mit! Sie hats schwer ghabt in ihrem Leben, geschieden …“ Dieses Wort ließ meine Mutter zu einem letzten Lamento ansetzen: „Und unsere Kinder? Was ist, wenn sie, Gott behüte, was hat und die Buben ansteckt!“ Doch nun stoppte Vater leider ihren für uns so interessanten Redefluss, indem er sagte, sie solle nicht schon wieder diesen Blödsinn reden, weil durch ein Bussi gar nichts passieren könne, das habe er wo gelesen. Unsere Mutter seufzte nur noch: „Also gut, ich werd mich bemühen – dir zuliebe“, dann war nichts mehr zu hören.

Diese aufschlussreiche Auseinandersetzung bestärkte unsere bisher nur vage Vermutung, dass unsere Tante zwar keine weltberühmte, aber doch beliebte Künstlerin sein musste, die wegen ihrer Grazie und Eleganz von allen – außer von unserer Mutter, die uns immer erklärte, dass Neid eine Sünde ist – bewundert wurde. Unsere Vermutung hatte ihren Ursprung in einem Foto der Tante in Postkartengröße, das sie uns eines Tages zeigte. Darauf war in zartem Sepiaton eine Schönheit in einem eng anliegenden Kleid dargestellt. Darunter stand in schwungvollen Buchstaben: Marga Margitta. Ein Name, der uns begeisterte.

Gerade erst in Onkel Leos Garten angekommen, geschah es jedenfalls, dass die Tante Gretel dringend „musste“. Als ihr Onkel Leo selbstzufrieden die Tür zu seiner Toilette öffnete, wich sie zurück. Summende Fliegenschwärme empfingen sie. Aber in den Wald wollte sie noch weniger. „Natur ist ja sehr schön, aber nichts als Natur ist auch zu viel“, hatte sie sich bei ihrem letzten Besuch von Onkel Leo verabschiedet, der sich auch nun, von ihrer offen zur Schau getragenen Geringschätzung nicht sonderlich begeistert, wieder dem Rest der Familie zuwandte.

Wir hatten Tante Gretel vor lauter Freude ehrlich gesagt ganz vergessen, als wir plötzlich einen schrillen Aufschrei, gefolgt von einem röchelnden Wimmern vernahmen. „Um Gottes Willen, die Gretel!“, rief Onkel Leo, als er gefolgt von uns allen zu seinem stillen Örtchen rannte.

Tante Gretel war mit den hohen Stöckeln in einer Spalte der Bodenbretter hängen geblieben, gestolpert und mit aller Wucht gegen den Geländerbalken an der offenen Seite des Klosetts gedonnert. Dieser brach unter dem Aufprall ab, sie stürzte in den Abgrund! Glücklicherweise hielt sie sich instinktiv an etwas Festem an, am Rand des Bierfasses, das kippte, aber ihren Sturz bremste, sodass sie auf einem Vorsprung aus Ästen und Fichtenreisig zwischen zwei Baumstämmen landete, von wo wir sie mit Hilfe eines Seils hochhievten, an dessen Ende eine Schlinge geknüpft worden war.

In Onkel Leos „Tröpferlbad“ – einem mit klarem Wasser gefüllten Petroleumfass, auf das er die Rosette einer Gießkanne montiert hatte – spülte sie sich gründlich ab, während ihr vorher ebenso gründlich gewaschenes Sommerkleidchen in der Sonne trocknete. Dann schüttete sie sich den gesamten Inhalt ihres Parfumfläschchens über den Kopf, das Gesicht und die Arme und fuhr, ohne sich zu verabschieden mit meinem Vater nach Hause.

Natürlich ist das Leben der Kinder nicht immer nur eine Gaudi. Und da Rudi – trotz all des Muskelaufbautrainings – nicht wirklich überzeugt ist, aus harten Kämpfen mit anderen Kindern als Sieger, oder doch zumindest weitgehend unbeschadet, hervorzugehen, kann er sich diesbezüglich nur auf seinen Verstand und den Aufbau guter Beziehungen verlassen.
Dafür, dass er einem ewigen Sitzenbleiber dank Gratisnachhilfe den Jahresabschluss ermöglicht, revanchiert sich der als sein – zunehmend nötiger werdender – Leibwächter. Denn dass der – auch im Jugendmilieu – aufkommende Nationalsozialismus die – trotz ökonomischer Misere doch in den vorigen Geschichten spürbare – Idylle bröckeln lässt, das zeigt auch die folgende Begebenheit.

EINER GEGEN SIEBEN

Zu zweit schlenderten wir auf der Engerthstraße nordwärts. Ein Knabe, etwas größer und kräftiger als ich, überholte uns, drehte sich um, zuckte zusammen und wollte das Weite suchen. „Stehenbleiben!“, rief Karl Kratochwil, mein Leibwächter, Freund und Nachhilfeschüler. Der Bub gehorchte, Karli packte ihn am Oberarm und fragte mich: „Sollen wir ihn verhauen?“ Meine Antwort: „Nein, er hat mich schon lange in Ruhe gelassen!“, schien ihm nicht sonderlich zu gefallen, denn er machte einen zweiten Versuch: „Aber vorbeugend vielleicht ein paar Watschen?“ – „Lass ihn laufen!“, befahl ich. Der Bub rief zu mir gewandt: „Dank schön!“, und huschte eiligen Schrittes davon.

Wir hatten die Hellwagstraße überquert, befanden uns kurz vor der Brücke, auf der soeben ein Lastzug der Nordbahn die Straße überquerte, als wir zwei, uns ebenfalls bekannte stämmige Burschen erblickten. Als sie uns, besser gesagt, meinen muskulösen Freund bemerkten, der mich um zwei Kopflängen überragte, wollten auch sie gleich davonlaufen. „Da bleiben, Burscherl!“, vereitelte Karli allerdings ihren Plan, indem er jeden der beiden bei einem Arm fasste. „Die zwei da, was machen wir mit ihnen?“, fragte er, zu allem bereit. Auf die letzte Deutschschularbeit hatte er dank meiner Hilfe einen Einser bekommen, den ersten in seinem Leben. „Die kenn ich! Die haben mir vorgestern einen Rempler gegeben, dann haben sie mir jeder eine Tetschn gschmiert und zwei Fußtritte habe ich auch von ihnen kriegt." Ihr Schicksal war besiegelt: „Also dasselbe zurück oder lieber gleich das Doppelte zur Abschreckung?", fragte Karli – „Gute Idee", stimmte ich zu, als Karli mir mit einer Hand den einen Burschen auch schon hinschob, während er den anderen gegen die schwarzgraue Bretterwand presste. Mit vollem Genuss gab ich ihm zwei Ohrfeigen und vier Fußtritte. Dann kam der zweite Bub an die Reihe. „Noch was?", fragte Karli ungerührt vom Heulen und den gestammelten Entschuldigungen der beiden Knaben. „Genug", bremste ich seinen Übereifer und wandte mich, so herablassend, dass es herablassender nicht geht, an die beiden zerknirschten Gestalten: „Rache ist süß! Und wenn ihr euch untersteht, mich noch einmal zu verhauen, dann kriegt ihrs dreifach zurück, verstanden?" Bußfertig blickten die beiden Raufbolde zu Boden und nickten demütig. „Die wern mich so schnell wohl nicht mehr belästigen", fühlte ich mich unangreifbar, ja unbezwingbar. Dass ich dieses befreiende Gefühl nur meinem Freund, dem Riesen Kratochwil, zu verdanken hatte, war vorübergehend aus meinem Bewusstsein entschwunden. Vorübergehend, wie gesagt, denn nun, gerade am Höhepunkt meines Triumphes holte mich Karli mit seinen völlig emotionslos hergesagten zwei Sätzen „Leider muss ich morgen auf eine Woche ins Waldviertel fahren, zu einer Leich. Meine Tante Agnes is gstorbn", wieder in die Realität zurück. Das Wort „leider" benutzte mein guter Freund nicht vor „gstorbn", sondern vor der Fahrt ins Waldviertel, obwohl er seine Tante, wie ich aus vielen lustigen Erzählungen wusste, sehr gern gehabt hatte. Er war eben ein sehr guter Freund. Das baute mich zwar ein wenig auf, aber der Schock saß tief. Ich erbleichte und schluckte mehrmals, bevor ich die Worte „Eine ganze Woche?", halbwegs flüssig zu äußern vermochte. Und er, mein so wichtiger Freund, hatte seine schuldbewusste Antwort: „Ja, ganze sieben Tage", noch nicht ganz zu Ende gestammelt, da stiegen schon die fiesesten, trotzigsten Hassgefühle auf ihn in mir hoch. „Dann brauch ich unbedingt meinen Stinkkübel", stieß ich tonlos hervor. „Das hat ja morgen noch Zeit", wehrte Karli unwillig ab. „Nein, jetzt", rief ich, „komm mit!"

Er folgte mir nur ungern. Ihm graute und ekelte vor meiner biologischen Chemiewaffe. Vor einem Gebüsch blieb ich stehen, bückte mich, schob die dornigen Äste und Zweige weg, rollte den flachen Stein zur Seite, der das Loch in der morschen Planke teilweise verdeckte, griff durch die Öffnung und zog die Blechkanne an ihrem Henkel durch das Loch und durch das Gebüsch vorsichtig zu mir heran. Ich öffnete den Klappdeckel. Sogar auf mich, seinen Schöpfer, wirkte der Gestank wie ein Schlag ins Gesicht.

„Zu dickflüssig! Ausgetrocknet. Musst du? Kannst du?" Karli zog den Kopf zwischen den Schultern ein und jammerte mich aus mindestens zehn Schritt Entfernung an: „Alles kannst von mir haben, das weißt, nur das nicht! Mir wird jetzt schon übel!" – „Du kannst dir ja mit der einen Hand die Nase zuhalten und dabei wegschaun." Meine aufmunternden Worte hatten Erfolg, der gute Karli fügte sich ins Unvermeidliche und urinierte in die Kanne, in der sich etwa drei Liter Brei befanden. Dann tat ich – auch mit zugehaltener Nase – das gleiche, rührte kurz mit dem Anstreicherpinsel um und klappte den Deckel wieder zu. „Wenn was is, ruf mich nur! Bis zum Abend lass ich das Fenster offen", verabschiedete sich Karli und marschierte nach Hause, in den vierten Stock eines Zinshauses in der Engerthstraße, gegenüber dem „Kakaoblock".

Kurz darauf kam Kurti Rebensteckl dahergelaufen. Ich bewunderte stets seinen typischen Laufstil: Seine Fersen klopften beim Rennen fast gegen seinen Po. Das war etwas, was er konnte – und ich nicht. „Wohin rennst?", fragte ich ihn. Er verlangsamte sein Tempo. „Schnell nach Haus, ich muss dringend!" Als ich den Deckel der Stinkkanne öffnete und ihn um den Gefallen bat, das Gebräu etwas zu verdünnen, wollte er erschrocken davonrennen. Schließlich blieb er stehen und stöhnte: „Du bist … grauslich!" Da er aber neugierig war, Kurtis unangenehmste Eigenschaft, kam er meinem Ansinnen mit zugehaltener Nase dennoch nach. „Sag einmal", fragte er einschmeichelnd, „aus was allem besteht eigentlich dein Stinkzeug?"

Er musste doch wissen, dass es sich um ein Geheimrezept handelte. Weil er aber soeben aktiv dazu beigetragen hatte, die Rezeptur zu ergänzen, sagte ich gönnerhaft: „Du bist der Erste und Einzige, dem ichs verrat. Nicht einmal der Karli kennt die Zusammensetzung." In Wahrheit wollte Kratochwil nichts darüber wissen, aber Kurti quittierte diese Ehre mit einem Hauch von dankbarem Lächeln auf seinem bleichen Gesicht. Selbstverständlich hätte ich ihm nie alles verraten, aber auch das Wenige, das ich ihm sagte, beeindruckte ihn.
„Is es giftig?", fragte er atemlos. „Nur wenn mans schluckt. Vom Einatmen wird man höchstens ohnmächtig." Da verdrehte er die Augen, ein seltsames Gurgeln, Grunzen und Krächzen drang aus seiner Kehle, er verabschiedete sich hastig und rannte noch schneller davon, als er gekommen war.

Plötzlich marschierten drei große Burschen Seite an Seite stramm an mir vorbei. Etwa zehn Schritte hinter ihnen stolperte ein hochgewachsener Junge, ungefähr sechzehn Jahre alt, der sich mehrmals ängstlich umdrehte. Ihm folgten in gleichem Abstand drei weitere stämmige Burschen und ein kleinerer Bub.

Die vordere Riege – einer der drei ging in der Straßenmitte, die beiden anderen schritten auf je einem Gehsteig dahin – sperrte offensichtlich den Fluchtweg des mageren Jünglings nach vorne ab. „Fass, Tiger! Fass ihn!“, zischte auf einmal der Bursche, der die mittlere Nachhut bildete. Als ob er nur auf dieses Kommando gewartet hätte, stürzte der Kleine los, sprang dem umzingelten Opfer auf den Rücken, hielt sich mit der einen Hand an dessen Ohr fest, ballte die andere zu einer Faust und boxte ihn rasend schnell ins Gesicht. Der völlig verdatterte Angegriffene wollte die Schläge abwehren, da drehte sich der mittlere große Bursch, der vorne marschierte, um und drohte herrisch: „Lass deine Hände unten, bleib ganz still, geh ruhig weiter, sonst kratzt dir der Tiger die Augen aus.“ Der dünne Lange mit seinem Peiniger am Rücken, wimmerte leise. Blut rann ihm aus der Nase.

Der Schock lähmte mich nur ganz kurz. Als das Paar sich in meiner nächsten Nähe befand, stürzte ich aus meinem Versteck, öffnete mit einem Ruck des Pinsels den Deckel meiner Kleisterkanne und schmierte eine Portion des ekligen Breis auf die beiden Waden des Tigers, der vor Schreck und vom Gestank wie betäubt augenblicklich vom Rücken des Gepeinigten sackte. Nun saß der Kleine vor mir auf dem Boden und schrie aus Leibeskräften, das Opfer floh und die sechs Halbwüchsigen liefen auf mich zu. „Was hilfst dem blöden Juden“, riefen sie mir zu, „oder bist vielleicht selber einer? Wir ham nämlich was gegen Juden!“

Schnell tauchte ich den Pinsel erneut in die Kanne und kleckste den Kleister auf den Scheitel des heulenden Knaben. Dann rannte ich zur Planke, lehnte mich an die schützende Bretterwand, die meine Rückendeckung bildete, und schrie: „Keinen Schritt näher – oder ich patz jedem von euch die Giftmischung da ins Gesicht!“ Dabei schwang ich den tropfenden Pinsel drohend vor mir hin und her. Die sechs Kerle scharten sich in Form eines Halbkreises um mich. Ich versuchte, sie zu verscheuchen: „Kümmert euch sofort um euren Tiger! Aber schnell! Zum Hydranten am Allerheiligenplatz mit ihm, bevor der Pick hart wird!“ Immerhin zwei der Jugendlichen liefen daraufhin zu dem Kleinen, hoben ihn hoch, rümpften die Nase und zogen ihn laufend mit sich fort. Die vier übrigen näherten sich aber mir, wenn auch zögernd und nur um einen halben Schritt. „Das Zeug da darf man auf keinen Fall schlucken – es enthält Leichengift! Auf was wartet ihr noch? Wollt ihr auch eine Ladung ins Gesicht? Schleicht euch!“ Das hatte gesessen! Die Angreifer drehten sich um und trudelten unschlüssig in Richtung des Hydranten davon. Erleichtert ließ ich den Deckel auf die

Kanne fallen, sog frische Luft ein und schrie den sieben abziehenden Feinden nach: „Wascht ihn nur gut ab, euren Tiger, sonst verliert er noch alle seine Haare. Auch das Gewand abspülen, sonst stinkt es ewig weiter!“ Versuchsweise lief ich der Gruppe sogar einige Schritte nach – und was geschah? Sie rannten vor mir davon, alle sieben!

Zufrieden versteckte ich meine Abwehrwaffe beim Gebüsch, hinter dem Loch im Bretterzaun. Es freute mich besonders, dass ich mich diesmal auch ohne meinen Leibwächter Kratochwil aus der Bredouille manövrieren hatte können.

Rudolf kann in die Oberstufe der Realschule Vereinsgasse aufsteigen, wo er schließlich im Juni 1938 maturiert. Als ältester Sohn bekommt er in der Zeit vor dem „Anschluss“ von der Bedrohung des jüdischen Vaters mehr mit als seine Brüder. Doch vorerst weiß niemand im Gemeindebau oder am Arbeitsplatz etwas über die „nichtarische“ Abstammung des Vaters. Die Familie erscheint vielen Nachbarn aber als „judenfreundlich“, in den Höfen kursieren schon seit langem Gerüchte, wer aller gegen Hitler ist.

Unmittelbar nach dem „Anschluss“, als Rudolfs Vater am Eingangstor der Remise ein Plakat sieht, dass allen jüdischen Straßenbahnern der Zutritt zur Arbeitsstelle verboten ist, ändert sich schlagartig sein Leben. Am 30. April 1938 wird er offiziell mit der Begründung „Jude“ fristlos entlassen. Er wagt sich unter Tags nicht mehr auf die Straße. Die anderen Mietparteien im Gemeindebau scheiden sich in glühende Nazis, Mitläufer – es gibt auch Anständige, die die Familie Kauders noch einladen und Kontakt halten – und verfolgte Sozialisten und Kommunisten; die jüdischen Mieter verschwinden nach und nach.

Rudolf, der in wenigen Monaten seine Matura ablegen wird, hat als protestantischer „Halbjude“ in der Schule keine Probleme. Jüdische Schüler aber werden schon vor dem Anschluss gedemütigt und zum Beispiel gezwungen, antisemitische Parolen an die Tafel zu schreiben, bespuckt, mit Unrat beworfen und in die letzte Reihe gesetzt. Rudolfs jüngster Bruder Hermann leidet fürchterlich unter dem Druck, seine Identität als „Halbjude“ zu verbergen – eine Identität, von der die Brüder, wie viele andere, vor zwei Jahren noch gar nichts gewusst haben. Aus Angst davor, seinen besten Freund zu verlieren, traut sich der damals 14-Jährige monatelang nicht, sich ihm als „Mischling“ anzuvertrauen. Hermann

Zwischen Gleisen. Der jüngste Bruder Hermann am Handelskai, Frühjahr 1938

erlebt auch, wie nazikritische Lehrer, die den Hitlergruß am Anfang der Unterrichtsstunde ganz bewusst nicht mit dem nötigen Respekt vorbringen, der Reihe nach von der Schule verschwinden – wie er es Jahrzehnte später als über Achtzigjähriger in seinem halbautobiographischen, noch unveröffentlichten Roman „Alexander Anzendrech" beschreibt.

Am 8. März 1938, vier Tage vor dem „Anschluss", zieht ein erster riesiger Nazi-Aufmarsch vom Schottentor über die Kärntner- und Rotenturmstraße der Innenstadt Richtung Leopoldstadt bis zum Prater. Zeitweise fahren keine Straßenbahnen, der Unterricht fällt aus. Wenige Tage später ziehen deutsche Flugzeuge in militärischer Formation über die Floridsdorfer Brücke. Der Einmarsch deutscher Truppen kommt der für den 13. März geplanten Volksabstimmung zur Unabhängigkeit Österreichs um einen Tag zuvor, um eine Niederlage zu verhindern, und beendet so die Erste Republik. Der Bundeskanzler Dr. Kurt Schuschnigg wird zur Absage der Volksbefragung, die nur noch als nachträgliche Legitimierungsfarce über die Bühne geht, und zum Rücktritt gezwungen. In seiner Abschiedsrede erklärt Schuschnigg, dass „wir der Gewalt weichen". Menschenmassen jubeln Hitler zu, dennoch, nicht alle nunmehrigen „Ostmärker" sehen zu, denunzieren und machen mit „bei der Hetz", also den Grausamkeiten, die Recht, Religion und der Anstand bisher verboten haben, jedoch sind es viel zu viele: Ungeniert eignet man sich Vermögen, Kunstwerke, Schmuck, Häuser und Wohnungen an.

Auch Familie Kauders wird delogiert, wie 2000 weitere Mietparteien in Gemeindebauten allein in den ersten vierzehn Monaten des Naziregimes. In diesem Zeitraum werden auch die Bewohner von 40.000 Wohnungen in Wien vertrieben. Insgesamt gibt es 63.000 Wohnungen, die nach dem Nürnberger Rassegesetz als Juden deklarierte Menschen gemietet haben oder besitzen. Die Delogierten werden in Elendsquartiere verwiesen, Familie Kauders muss in den zweiten Bezirk umziehen, der während der Nazizeit das Ghetto von Wien wird.

DIE ÜBERSIEDLUNG

Der Nachbar über uns schlich – die Wangen eingefallen, die Backenknochen auffällig hervorstehend, die Gesichtsfarbe gelblichgrau – immer mit hängenden Schultern und gesenktem Kopf umher. Sogar beim Sprechen blieb Herrn Kröpfls Kopf unten, nur die Augen blickten verkrampft nach oben, auch an diesem Tag, als er wieder bei uns anläutete, um sich ein bisserl Salz auszuleihen. Die Mutter bat ihn, hereinzukommen und sich zum Tisch zu setzen, den sie mit einem feuchten Tuch rasch abwischte, bevor sie auf das Wachstuch ein Stofftischtuch legte und einen Teller hinstellte, den sie mit zwei Scheiben belegtem Brot vor ihn hinschob. Als Mutter sah, wie schnell er dann auch noch eine Schale Malzkaffee und ein großes Stück Apfelstrudel reinhaute, tischte sie noch aufgewärmten Spinat auf.

„Eine sehr schöne, große Wohnung haben Sie", bemerkte er, während seine Augen verstohlen umherschweiften und er nach einer kleinen Pause fortfuhr: „Ich hab nur einen einzigen Raum." Rasch antwortete meine Mutter: „Aber wir sind auch fünf Personen!" Ich aber protzte stolz und zufrieden wie ein Fürst in seinem Schloss: „Ja, wir haben fünf Räume: Zimmer, Küche, Kabinett, Vorzimmer, Klosett." Dass das Badezimmer fehlte und stattdessen lediglich ein längliches, graues Blechschaffel oben an der Vorzimmerwand an zwei Haken hing, hielt ich für nicht erwähnenswert. „Rudi, sei nicht vorlaut", ermahnte sie mich zu spät. Zerknirscht murmelte der arme Mann: „Sie haben S' gut, Sie ham eine gute Wohnung, eine gute Familie. Ich bin allein.", bevor er den letzten Bissen hinunterschluckte.

„Entschuldigen S' schon, sind S' glücklich?", fragte er dann ziemlich abrupt und laut. „Ja, sehr", antwortete meine Mutter und holte tief Atem. „Wie sind Sie eigentlich zu ihrem Mann gekommen?", wollte er nun auch noch wissen. Nur kurz zögernd sagte Mutter: „Er war Schaffner, ich Schaffnerin. Viele haben mir schon vorher den Hof gmacht. Aber ich hab eigentlich nur ihn wolln. Er hat Gedichte gmacht. Ich auch. Ich hab einen dichtenden Straßenbahner gheiratet." Da hob der Nachbar den Kopf, nur für die Dauer eines einzigen Satzes: „Ich bin übrigens auch ein Dichter."

„Ich auch!", rief ich erfreut, kroch von meinem Platz unter dem Tisch hervor und fragte: „Wie geht Ihr letztes Gedicht?" Der Gast deklamierte: „Der Waschbär schleicht auf leisen Sohlen/ durch den kühlen Wald." – „Schön", unterbrach ich ihn voll ehrlicher Anerkennung, „wie gehts weiter?" Er wusste es noch nicht. Er würde noch nachdenken. So schnell ginge das nicht mit dem Dichten, meinte er. Ich wollte ihm helfen und schlug eine Fortsetzung vor: „Will sich was zum Essen holen. Es ist bitter kalt." Er lehnte meinen Vorschlag nicht völlig ab, der Vers sei nicht schlecht, aber er habe eher an „verstohlen" und „bald" gedacht. „Wenn ich damit fertig bin, zeichnet mir ein arbeitsloser Maler die Bilder dazu. Nachher schicken wirs ein. Manchmal wirds gedruckt, dann teilen wir uns das Honorar." – „Erscheint was von Ihnen im ‚Schmetterling' oder ‚Papagei'?", fragte ich interessiert. Mir gefielen solche Bilderreime sehr. Ich wartete seine Antwort allerdings nicht ab, lief ins Zimmer, zog die mit meinen Heften und Zeichnungen gefüllte Schachtel hervor, wühlte kurz darin, eilte mit einem Blatt zurück in die Küche und legte es auf den Tisch. Gespannt wartete ich auf Herrn Kröpfls Urteil.

Auf dem Blatt Papier befanden sich zwei quadratische und ein längliches Bildchen. Das erstere stellte einen Mann dar mit einem Schnurrbart wie eine schwarze Nagelbürste. Aus seinem großen Rucksack hing ein Stück Wurst. Im Hintergrund befand sich ein schnuppernder Dackel. Unter dem Bild stand der Vers: „Einen Rucksack trägt Herr Bürstel,/ Flocki riecht das Stückerl Würstel." Das zweite Bild zeigte den Hund nach einem Luftsprung, den aus dem Rucksack heraushängenden Wurstzipfel mit den Zähnen erfassend, kommentiert mit dem Reim: „Flocki springt zur Wurst hinauf,/ packt sie, rennt in schnellem Lauf …" Im langgezogenen Rechteck sah man links Herrn Bürstel, der sich – sein Rucksack war zusammengeschrumpft – erschrocken nach dem Hund umdrehte. Bis ins rechte Eck zog sich eine lange Kette von Frankfurtern, deren Ende der Hund im Maul hielt. Darunter hatte ich in schönster Schönschrift die folgenden Zeilen geschrieben: „… flieht und zieht die Würste mit – hundert Würstel,/ wie man sieht!"

Herr Kröpfl betrachtete lange mein Werk, blickte hinauf zur Decke und murmelte: „Hundert Würsteln – da könnt man eine Weile davon leben, ein, na vielleicht sogar zwei Monat!" Dieses frappante Nahrungsmittelüberangebot ließ auch das Interesse meiner Mutter erwachen: „Wie kommt der Mann zu so vielen Würsteln?" Meine Antwort: „Er ist der Fleischhauer, der sie gemacht hat. Jetzt liefert er sie aus – an die Würstelstände", fand ich damals seltsamerweise total witzig. Ich lachte laut und konnte nicht mehr aufhören. „Und was ist daran so lustig?", stoppte mich schließlich meine Mutter. „Alles! Was glaubst, wie lang ich allein für die Wahl des Namens braucht hab, zwei volle Tage sind da vergangen!" – „Ja, die Dichter habens nicht leicht", bemerkte Herr Kröpfl ernst, und glücklich fühlte ich, dass wenigstens er mich als Künstler anerkannte.

„Leider – der ‚Schmetterling' und der ‚Papagei' haben noch nie was von uns gnommen", kam er dann jedoch wieder auf meine vorherige Frage und damit auf seine eigenen Werke zurück, seufzte schließlich, stand auf, dankte und ging. „Das Salz!", rief ihm – schon auf dem Gang – die Mutter nach.

Der Nachbar kam alle paar Tage, um sich was auszuleihen: ein Löfferl Zucker, ein Priserl Salz, ein Schluckerl Essig, ein Tröpferl Öl, ein Stückerl Brot oder ein Batzerl Schmalz. Und er kam immer hungrig. „Schließlich kann man von einem ‚Waschbären' auf die Dauer nicht leben", hatte einmal mein Vater sein ständiges Sich-zur-Jause-Einladen erklärt. Er hatte Mitleid mit dem einsamen, hungernden jungen Mann, dem verkannten Dichter.

Dann verloren wir ihn aus den Augen. Erst zehn Jahre später, ich studierte bereits im zweiten Semester Technische Chemie, erschien er wieder in unserer Wohnung. Fast alle unsere Möbel und Habseligkeiten befanden sich bereits in dem finsteren, ebenerdigen Raum in unserer neuen Bleibe im zweiten Bezirk, die wie ein Stall aussah.

Wir standen alle zum letzten Mal in der leeren Wohnung in der Engerthstraße, aus der wir ausziehen mussten. Die Mutter hatte nochmals die Böden aufgewaschen und nachher noch ausgekehrt. Ich stand beim Fenster und blickte auf die Straße hinunter. Die Spatzen kreischten und quietschten in den Kronen der Alleebäume, ein ohrenbetäubender Lärm, den wir alle liebten.

„In Unkenpfuhl, der Pfahlbaustadt,/da lebt der Pfahldorfzaubrer Quatt ..." Dieser Reim aus dem ‚Schmetterling' ging mir durch den Kopf. Doch auch mit meinem einstigen Lieblingsvers gelang es mir nicht, die Traurigkeit zu verdrängen, die all die schönen Erinnerungen an die Zeit hier im „Milchblock" hervorriefen. Meine Augen wurden feucht.

Da kam Herr Kröpfl in die Wohnung. Sein Kinn war erhoben, sein Rücken gerade. Er wirkte weder verlegen noch triumphierend noch feindselig. Er grüßte nicht mit dem nun üblichen Hitlergruß, den waren wir nicht wert, sagte nur: „Na, alsdern, endlich – meine neue Wohnung!" und blickte in alle Winkel in allen Räumen. Dann murmelte er: „Ja, so ists halt im Leben – des einen Freud, des andern Leid." Merkwürdig – wir waren ihm nicht einmal richtig böse. Er hatte alle Hebel in Bewegung gesetzt, um uns hinauszukriegen und unsere Wohnung zu bekommen. Im Gänsemarsch verließen wir – ich als Letzter – unser altes Zuhause. Als ich mich unvermutet umdrehte, bemerkte ich erstaunt, dass Herr Kröpfl, der so stramm dagestanden war, nun wieder den Kopf und die Schultern hängen ließ, genauso wie früher.

Meine Mutter hatte das vom Vater gebastelte Leiterwagerl aus unseren Kindheitstagen nie zum Einkaufen verwendet, weil es zu klobig und

Mit einem Leiterwagerl dieser Art marschiert auch die delogierte Familie Kauders durch die Gassen. (Blick von der Klosterneuburgerstraße in die Burkhartgasse und Pappenheimgasse, Foto: Luft, 1935. Bildarchiv des Bezirksmuseums Brigittenau)

unfein war und sie sich damit geniert hätte. Nun aber zeigte sie sich damit auf der Straße. Mein Vater hatte seinen Fixangestellten-Posten als Straßenbahner über Nacht verloren und wir wurden delogiert. Mehrmals hatten wir das Wagerl nun mit unseren zerlegten Möbeln und all unserem Hausrat beladen. Die schwere Last ragte, mit Stricken befestigt, bis zu zwei Meter hoch empor. Unser Vater zog, wir anderen schoben an oder stemmten uns gegen die sperrige Ladung, sobald sie bedrohlich zu schwanken begann. Einige Male fiel der Haufen trotzdem um, meist beim Überwinden von Gehsteigkanten. Jedes Mal drehte unser Vater sich dann erstaunt um, doch sein „Hoppala!" verriet weder Ärger noch Zorn. Nun fuhren wir die letzte Ladung rüber und auf einmal fand ich das alles so komisch, dass ich zu lachen anfing und nicht mehr aufhören konnte. „Was lachst so blöd?" Sein Ton war nicht böse, nicht vorwurfsvoll, nur verwundert. Ich genierte mich, sagte: „Es erinnert mich an damals am Friedhof, da war auch alles so traurig, dass ich lachen hab müssen." Beide schwiegen wir dann betreten, bis unser Leiterwagerl im Hof, schon fast beim Ziel, vor der Schwelle der ebenerdigen, feuchten Wohnung im zweiten Bezirk zum letzten Mal kenterte. Als Vater wieder „Hoppala!" sagte, blieb ich todernst. Vor meinen Augen sah ich Herrn Laufers kaputten Geschirrladen – er selbst war verschwunden – und das zerstörte Bethaus in der Engerthstraße, nicht weit vom Hellwagkino.

In ihrem zugewiesenen Notquartier in der Unteren Augartenstraße 5 ist die Familie Kauders jahrelang relativ geschützt: Sie wird von den wenigen Hausbewohnern, die den gleichen Hauseingang in den großen, überwucherten, quadratischen Hof benützen, in dem ein Raum des ehemaligen Stallgebäudes der Familie als Wohnung dient, kaum beachtet. Paul, der mittlere Bruder, wird jahrelang in diesem Notquartier bei den Eltern bleiben, obwohl er als Einziger ein Affidavit von Onkel Harry aus Amerika bekommt.
Rudi beginnt im Herbst 1938 Technische Chemie an der Technischen Universität zu studieren, wo ein Klima besonders arger Judenhetze herrscht. In seiner Erinnerung ist dieses dauernde Verstellen gegenüber seinen Kollegen, das Verbergen seiner Abstammung mit ungeheurer Angst verbunden, so sehr, dass diese Angst in seinen späteren, lebenslangen Albträumen einen ähnlich hohen Stellenwert einnimmt wie die Erlebnisse aus dem Burmakrieg. Da er blond und blauäugig ist, bleibt er bis auf boshafte Angriffe, wie Zerstörung seiner Laborausrüstung und seiner Arbeits-

Paul 1937 im Alter von 15 Jahren. Der künstlerisch weitaus Begabteste der drei Brüder bekam keine Ausreisemöglichkeit und blieb in Wien. Ab 1943 zur Organisation Todt in Frankreich eingezogen, rettete ihn seine Begabung vor dem Fronteinsatz: Sein Kommandant ließ ihn bis zum Kriegsende eine Kapelle ausmalen, die sich auf dem herrschaftlichen Anwesen des OT-Lagers befand. Paul studierte nach dem Krieg an der Akademie für Bildende Kunst, wurde Sezessionsmitglied und unterrichtete Mathematik und Zeichnen am Gymnasium.

ergebnisse, unbehelligt, kann aber einen jüdischen Studenten, den er eine Zeit lang zu beschützen versucht, nicht davor bewahren, auf den Treppen der Technischen Universität brutal zusammengeschlagen zu werden.

1936 wird in der Familie zum ersten Mal über die jüdischen Wurzeln des Vaters gesprochen. Die Idee, auszuwandern, nimmt schon 1937 Gestalt an: Der reiche Onkel Harry aus Amerika will allen Familienmitgliedern die Überfahrt bezahlen, doch niemand will wirklich in die Vereinigten Staaten, wie soll man sich im fremden Land auch durchschlagen ... Aber die Zeit drängt. Nach dem Novemberpogrom in Wien – auch in der Engerthstraße haben Burschen der Hitlerjugend mit Revolvern auf Juden geschossen – werden die Versuche, Ausreisevisa für die Kinder zu bekommen, hektisch.

Rudolf schreibt zunächst ergebnislose Bittbriefe an das als Anlaufstelle für nicht in der Kultusgemeinde eingegliederte ‚Nichtarier' fungierende, in der Singerstraße 16 untergebrachte Internationale Sekretariat der ‚Quäker', wie man die Mitglieder der Religious Society of Friends im deutschen Sprachraum nennt – ein anfänglich spöttelnd, zunehmend aber auch von ihnen selbst verwendeter Name. Dank dessen Engagement können bis zum Verbot seiner Aktivitäten Ende 1942 vor allem konfessionslose oder zur protestantischen beziehungsweise katholischen Religion übergetretene Juden sowie „Mischlinge" gerettet werden – wobei auch erwähnt werden soll, dass viele österreichische *Freunde* durchaus mit dem Nationalsozialismus sympathisierten.

Endlich gelingt es dann Rudolfs Mutter, über die eng mit dem internationalen Quäkerzentrum zusammenarbeitende Schwedische Mission, sein Visum für Uruguay – mit einem auf ein Jahr befristeten Aufenthalt in England – zu ergattern. Diese Nebenstelle der protestantischen schwedischen Staatskirche, mit Sitz in der Seegasse 16, wurde von Pfarrer Göte Hedenquist geleitet, der als schwedischer Staatsbürger eine Art diplomatischer Immunität besaß und in seinen Verhandlungen mit Adolf Eichmann großes Geschick bewies. Insgesamt verhalf die Schwedische Mission circa 3000 – vor allem zum Protestantismus konvertierten – Juden zur Ausreise.

Einen Monat vor seinem jüngsten Bruder Hermann, der Mitte Juni 1939 einen Platz in einem von der Methodist Church mitorganisierten *Kindertransport* nach England erhält, verlässt Rudolf Wien, auch, um seiner Rekrutierung durch die Wehrmacht zu entgehen. Eigentlich Pazifist, wie sein Vater, der gern erzählte, wie er im Ersten Weltkrieg immer hoch über die Köpfe der Italiener hinweg schoss, steht sein Beschluss fest: „Wenn ich schon kämpfen muss, dann gegen Hitler."

AUF NACH HOLLAND

Meine Abreise verschob ich so lange, bis der Anfangsbuchstabe meines Namens mit dem Termin zum Einrücken auf den Einberufungsaushängen erschien. Am allerletzten Tag nahm ich endlich Abschied. Der liebe, gütige protestantische Pfarrer Hedenquist hatte mir die Möglichkeit verschafft, in Uruguay bei der Rodung des Urwaldes zu helfen. Eine Fluchtmöglichkeit, die mein noch immer etwas kindischer jüngerer Bruder Humschi dazu benutzte, Witze auf meine Kosten zu machen, indem er den Ruf eines Urwald-Papageis nachahmte: „Ur-ur-ro!“, was „Urwald (in) Uruguay roden!“ bedeuten sollte. Er verwendete die Abkürzung, weil unsere Mutter uns eindringlich davor gewarnt hatte, von meinem künftigen Domizil ein Sterbenswörtchen zu erwähnen. Doch ich konnte nicht lachen, betrachtete mit einem seltsamen Gefühl die einzige Briefmarke aus Uruguay in meiner Sammlung. Denn so sehr ich in meiner Kindheit stets von weiten Reisen geträumt und am liebsten Expeditionsberichte in den Dschungel gelesen hatte, wollte sich nun keine rechte Freude, keine rechte Abenteuerlust einstellen. Als ich von dem niedrigen Lebensstandard, der hohen Arbeitslosigkeit und der dort weit verbreiteten Armut gelesen hatte und noch mehr bedrückt war, spendete mir mein Vater lachend Trost: „Mach dir nichts draus. Viel ärger als in Zwischenbrücken wirds dort auch nicht sein.“

Meine große Reise trat ich in einer kurzen weißen Leinenhose mit leichtem Gepäck an. Auf dem Rücken trug ich den Rucksack, den meine Mutter aus einem alten Matratzengradel und Hosenträgern geschneidert hatte. In der linken Hand hielt ich den gelben hölzernen Geigenkasten, mit der rechten schob ich mein Fahrrad, einen kleinen rotbraunen Koffer aus Vulkanfiber aus imprägniertem Pappendeckel mit Krokodillederprägung auf dem Gepäckträger.

Als erste Zwischenstation wählte ich Köln, geleitet von der fixen Idee, einmal dessen Dom zu sehen. Außer diesem Blick vom Turm dieser majestätischen Kathedrale auf die im Sonnenlicht glänzende Stadt hinunter habe ich alles vergessen bis zur Grenzstation Venlo. Dort, mitten in der Nacht, ich saß in einem vorderen Waggon, plötzlich leer wie der ganze Zug, erschienen die Zollbeamten und Kontrolleure. Nicht zu unterwürfig zeigte ich meine Erlaubnis für eine kurze Studienreise nach England, die mir mein Mathematikprofessor organisiert hatte. Mein Ausreisevisum für Uruguay würde ich erst für die Einreise nach England brauchen. Meine Hand zitterte – die Einberufungsfrist war mit diesem Tag abgelaufen –, während die Beamten mir die Papiere zurückgaben und sagten, die zweite Kontrolle, die politische, würde gleich nachkommen. Ich wurde bleich, damit hatte ich nicht gerechnet.

Als sie weg waren, öffnete ich die Tür, sprang mit meinem Köfferchen aus dem Waggon, rannte gebückt, dicht neben dem Zug, stolpernd und keuchend, vorbei an der riesigen Schnellzuglokomotive und weiter, inmitten des Gewirrs von Geleisen. Weiter, weiter in die Nacht hinein.

Ein schwacher Lichtschein leuchtete im Nebeldunst. Dort eilte ich hin. Es war ein Bahnwärterhäuschen. Ich klopfte an. Der Puls hämmerte am Hals, an den Schläfen. Eine Tür wurde geöffnet. Ich taumelte in einen hellen Raum, der voll mit Kindern war. „Ist das hier schon Holland?“, keuchte ich. Der Bahnwärter nickte. Erleichtert sank ich auf einen Sessel und bekam eine warme Mahlzeit. Dankbar leerte ich meine Taschen und häufte alle meine Münzen auf der Tischplatte auf. Der Bahnwärter und seine Frau wollten das Geld nicht annehmen, ich aber bestand darauf.

Glücklich verbrachte ich den Rest der Nacht im Bahnwärterhäuschen und machte mich am nächsten Morgen auf sein Drängen hin auf den Weg. Mein Fahrrad und meine Geige fand ich im nächsten Bahnhof auf einem großen Haufen von übriggebliebenem Gepäck. Ich musste zur Küste, um mit der Fähre nach England zu gelangen, aber am liebsten wäre ich im Bahnwärterhaus geblieben. Mir graute ein bisschen vor der Zukunft. Doch der Bahnwärter riet mir ab, bei ihm zu bleiben. Er prophezeite mit düsterer Miene, dass die Deutsche Wehrmacht bald einmarschieren würde, und dann ginge es mir an den Kragen. Ich glaube nicht, dass er mir das bloß deshalb sagte, um mich loszuwerden. Wie ich tatsächlich samt Fahrrad und Violine nach England gekommen bin, weiß ich nicht, mir fehlt immer noch die Erinnerung an die folgenden Tage, bis zu meiner Ankunft in Harwich.

TEIL 2

ENGLAND

Frei nach einer Rede von Winston Churchill Rede aus dem Jahr 1940: „Never was so much owed by so many to so few …“ („Noch nie hatten so viele so wenigen so viel zu verdanken …“) (Bleistift und Feder, undatiert)

Nach seiner Ankunft in der südenglischen Hafenstadt Harwich am 25. Mai 1939 wird Rudolf Kauders von den Quäkern unterstützt. Die international und insbesondere in Großbritannien und den USA aktive Religionsgemeinschaft der Quäker bzw. genauer die Society of Friends ist ein wichtiger Teil der vielschichtigen Anstrengungen, ein organisiertes Flüchtlingsnetz in Großbritannien aufzubauen (wofür die britischen und US-amerikanischen Vertreter 1947 sogar mit dem Friedensnobelpreis ausgezeichnet werden). Die Quäker bereiten die Flucht für „nichtarische“ Christen bereits in den Heimatländern vor und knüpfen die Kontakte zu den englischen Organisationen, um Ankunft, Unterbringung und Versorgung sicherzustellen. In London ist die Flüchtlingshilfe der Quäker im 1933 gegründeten The Society of Friends German Emergency Committee organisiert. Wie fast alle Flüchtlingseinrichtungen hat es seinen Sitz im so genannten „Bloomsbury House“ in der Bloomsbury Street.
Ehe Rudolf Kauders von den Quäkern weitervermittelt wird, verbringt er einige Tage im Londoner Flüchtlingsheim der Society of Friends in 122, Westbourne Terrace (in unmittelbarer Nachbarschaft des Mitte März 1939 eröffneten Austrian Centre als zentrale Anlaufstelle für österreichische Emigranten), um den Aufenthalt in seinem Gastland zu regeln. Seine ersten Erinnerungen an die Metropole sind zwiespältig: Sie fasziniert ihn, aber gleichermaßen fühlt er sich von der unüberschaubaren Größe, der fremden Kultur überfordert und denkt wehmütig an seine Heimatstadt. Bei einer Ausspeisung für Flüchtlinge trifft er einen Bekannten aus Wien, der bereits vor längerer Zeit nach London geflohen ist und seither keinen Kontakt mehr zu seiner in Wien verbliebenen Mutter hat ...

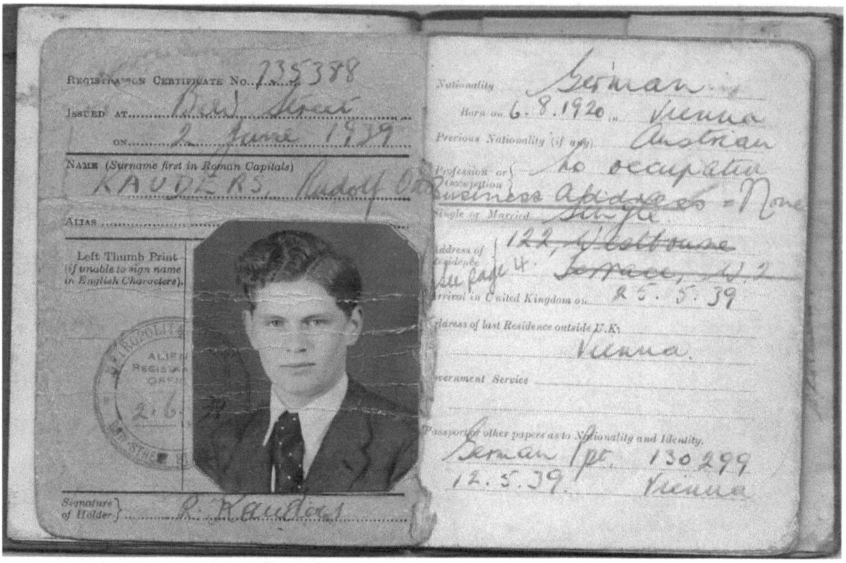
Registration Certificate No. 735388
Issued at Bow Street
On 2 June 1939
Name (Surname first in Roman Capitals) KAUDERS, Rudolf Otto
Alias
Left Thumb Print (if unable to sign name in English Characters).
Metropolitan Alien Registration Office 2.6.39
Signature of Holder R. Kauders
Nationality German
Born on 6.8.1920 in Vienna
Previous Nationality (if any) Austrian
Profession or Occupation No occupation
Business address = None
Single or Married Single
Address of Residence 122, Westbourne Terrace, W.2
See page 4
Arrival in United Kingdom on 25.5.39
Address of last Residence outside U.K. Vienna
Government Service
Passport or other papers as to Nationality and Identity German Pt. 130299 12.5.39 Vienna

Englisches Registrationsdokument für Flüchtlinge, hier ausgestellt auf Rudolf Otto Kauders am 2. Juni 1939

IN ENGLAND ANGEKOMMEN

Zu Fuß durchstreifte ich stundenlang die Riesenstadt London. Einiges erinnerte mich an Wien, die berittenen Polizisten etwa oder die Wellen auf dem großen Fluss, der Themse. Das Meiste aber war anders, neuartig und erstaunlich – die Underground, die Doppeldecker-Autobusse, die Größe, der Wohlstand, der manchmal einsetzende dichte Nebel. Oft konnte man die eigene Hand vor den Augen nicht erkennen. Einmal stieß ich mit dem Gesicht sogar gegen einen Lampenpfosten. Im ersten Schock dachte ich, dass mir ein Räuber einen Schlag versetzt hätte und boxte wie im Reflex zurück. Als Folge trug ich eine blutende Nase und eine geprellte Faust davon. Vor allem vermisste ich die Greißlerei der Frau Dobrowolny. Außerdem gab es keine sandige, mit dickflüssigem, penetrant riechendem Teer bedeckte Verkehrsfläche wie die Engerthstraße.

So spazierte ich ein paar Tage durch die Stadt und lebte von Ausspeisungen wohltätiger Organisationen. In meiner Hand hielt ich den Griff meines Köfferchens fest umklammert, als ob es eine Schatztruhe wäre. Es enthielt den steinharten Rest eines Laibes Brot, den ich noch vor meiner Abreise in Wien gekauft hatte, ein paar Stücke Unterwäsche, gestopfte Socken, ein Hemd, einen Bauernjanker, ein paar gedoppelte, genagelte Schuhe, ein Wörterbuch, eine Füllfeder, Schreibpapier und – last, but not least – eine alte Lederhose.

Ich hatte einen Zettel mit einer Adresse in der Hand, aber die Hausnummer war durch die Feuchtigkeit der Bananen, die ich mir zuvor von dem kläglichen Rest meines Geldes gekauft hatte, ganz unleserlich geworden. Ich werde eben in jedes Haustor hineinschauen, dachte ich, ob sich dort die Ausspeisung einer Hilfsorganisation für Flüchtlinge befindet. Auf diese Weise sehe und erlebe ich wenigstens etwas von London. Ich wanderte einen halben Tag lang. Die Edgware Road, wurde mir später gesagt, ist die längste Straße der Stadt.

Als ich endlich das gesuchte Lokal fand, traute ich meinen Augen nicht. Wen sah ich? Den Isaak aus der Vorgartenstraße. Er schrie: „Hallo du! Gut, dass du da bist. Du kannst ja Englisch. Ich hab da einen Brief für zu Hause. Wirft man den in das Postkastl, wo draufsteht ‚abroad'? Oder in das da, wo steht ‚inland'?" Ich verwies ihn auf das „Abroad"-Kastl. Er aber fragte sicherheitshalber noch einige andere Anwesende, ob meine Auskunft auch wirklich richtig sei, denn der Brief sollte unbedingt ankommen und seine zurückgebliebene Mutter erreichen. Schließlich warf er den Brief langsam und feierlich ein, mit einem verklärten, seligen Lächeln.

Dann erst rannte er zur Ausgabe der Mahlzeit. Jemand verteilte Hering mit rohen Zwiebeln. Er eilte mit dem vollen Essgeschirr aus Blech zu mir, stolperte über meinen am Boden liegenden Rucksack und schüttete seine ganze Portion darauf aus. Nun stank mein hässlicher Rucksack auch noch nach Hering und Zwiebel! Bevor ich noch meinen Unmut äußern konnte, schimpfte er schon mit mir, weil ich den Rucksack vor seine Füße hingelegt hatte.

Ich schwieg, obwohl ich mich ärgerte. Er tat mir leid. Seine Mutter, die gütige, kleine, rundliche Frau war immer fröhlich. Sie war eine Nachbarin von Onkel Herbert und Tante Agnes. Wir grüßten sie, die Frau Baumeier, immer mit den Worten: „Gu'n Tag, Frau Baum-Eier!" Und sie schien unseren Spaß nie zu merken. Ich brachte es nicht übers Herz, Isaak zu sagen, dass seine Mutter den Brief wohl nie erhalten würde. Man hatte sie bereits im März 1938 abgeholt, und seither war sie verschollen.

Bereits Anfang Juni wird Rudolf Kauders an eine Farm vermittelt. Die Quäker sind bemüht, die von ihnen betreuten Flüchtlinge bei aufgeschlossenen und unvoreingenommenen Farmern unterzubringen. Nach einem kurzen Zwischenaufenthalt in der Kleinstadt Low Bentham (in der historischen Grafschaft Yorkshire gelegen, heute Teil der 1974 gegründeten Verwaltungsgrafschaft North Yorkshire) wird Rudolf weiter in die benachbarte Grafschaft Lancashire nach Bottom Head auf die Batty Farm gebracht. Die vierköpfige Farmerfamilie Dobson, die über 600 Schafe hält, nimmt den jungen Refugee herzlich auf. Vor allem in dem alten Großvater, einem pensionierten Kunsttischler, findet er einen Freund, und auch den vierjährigen Ben, mit dem Rudolf Kauders sein ganzes Leben Kontakt hält, schließt er in sein Herz. Die windige Gegend in Lancashire wirkt auf ihn dennoch ungemütlich. Ungewohnt sind der Umgang mit den Tieren und die Arbeit am Feld, befremdlich aber auch das aus losen Steinen gebaute Farmhaus.

DIE STEINERNE HÜTTE IM HOCHMOOR

Vom Gedränge, Lärm und Verkehr in London sollte ich in ein anderes Extrem gelangen: auf das Hochmoor in Lancashire. Es war die einsamste und stillste Gegend in England.

Aber vorher waren mir noch einige Stunden in der Zivilisation vergönnt. Die freundlichen, hilfsbereiten Quäker hatten sich meiner angenommen. In Low Bentham, einer Kleinstadt in Yorkshire, wartete ein bärtiger alter Herr auf der menschenleeren Eisenbahnhaltestelle auf mich. Niemand außer mir verließ den Personenzug. Er hätte mich aber auf jeden Fall erkannt, meinte er, so fremdartig sähe ich aus. Mitfühlend fragte er mich in altertümlichem Yorkshire-Englisch: „Hast thou had a meal?“ Ich schüttelte den Kopf.

Im eleganten Haus des Gentleman-Farmers Carvey, der auch ein Quäker war, wurde ich königlich bewirtet. Erst nach dem Festmahl fiel mein Blick auf die Tochter des Hauses, die neben mir saß. Ich hatte das hübsche, etwa fünfzehnjährige Mädchen so gut wie gar nicht bemerkt, obwohl sie mir zu Ehren auf dem Klavier gespielt und dazu gesungen hatte – noch dazu einen Wiener Walzer! So sehr hatten die Speisen meine Aufmerksamkeit in Anspruch genommen. Aber nun war es um mich geschehen! Ich hatte mich in Jean verliebt!

Kurz darauf musste ich von Jean schon wieder Abschied nehmen. Schweren Herzens stieg ich in das Pferdewagerl ein und wurde in die Einsamkeit geführt. Die schmale Straße schlängelte sich durch das Hügelland. Ich sah keinen Baum, kein Haus, nur Farnkraut, schilfartiges Gras, das etwa bis zur Brust reichte. Nebelartige Wolken zogen rasch niedrig dahin, von Windstößen getrieben. Das Wägelchen hielt mit einem Ruck. Wir waren am Ziel. Ich stieg aus und legte meine Habseligkeiten an den Straßenrand. Die Sturmstöße warfen den Koffer um, rollten den Rucksack ein Stück weg und schüttelten das am Boden liegende Fahrrad, dessen Klingel dadurch ab und zu kurz läutete.

Ein Bursche kam durch das Gras zu mir. Er trug einen alten, zerbeulten Hut, den er mit einer Hand an der Krempe festhielt. Er wäre auch in Österreich auf dem Land nicht aufgefallen. Er trug hohe Gummistiefel, „Wellingtons" genannt, die normalerweise absolut wasserdicht sind. Seine waren aber beschädigt – sie wiesen Risse und Löcher auf. Sein Blick fiel kurz auf meine kurzen weißen Hosen. Ohne seine Hutkrempe loszulassen, packte er den Rucksack und den Koffer, murmelte ernst einige unverständliche Wörter und deutete mir mit dem Kopf, ihm zu folgen. Ich ergriff meinen Geigenkasten und mein Fahrrad und eilte hinter ihm her.

Die junge Farmersfrau, eine ehemalige Lehrerin, sprach zu ihm in gewähltem Englisch, aber mit ihrem Mann in breitem Dialekt. Mit Schrecken vernahm ich, dass er „grass" wie „göss" aussprach. Kaum angekommen, beleidigte ich ihn mit meiner naiven Selbstsucht, indem ich ihn bat, zu versuchen, mit mir in „ordentlichem Englisch" zu sprechen, um nicht mit seinem Dialekt mein Schulenglisch zu verpatzen.

Ich erfuhr, dass der Farmer erst vor Kurzem mit seiner Familie in diese Gegend gezogen war. Den Plankenzaun hatte er zuallererst errichtet, um den Sturm etwas abzuhalten. Sein vierjähriger Sohn und sogar seine zierliche Gattin sowie deren alter Vater waren vorher von orkanartigen Windstößen umgeworfen worden. Einmal hatte eine Sturmböe die Tür aus dem Lattenzaun herausgerissen und quer über den Hof geschleudert.

Das Haus bestand aus losen Steinen, ohne Mörtel zwischen den Fugen, sodass der Wind durch die Ritzen pfiff. Ich teilte einen Raum, der nur zwei Betten, zwei Sessel und einen Schrank – alles wackelige Möbelstücke – enthielt, mit einem etwa vierzehnjährigen Knecht aus Yorkshire. Er war sehr wortkarg, lächelte oder lachte nie, besaß keine Unterwäsche und keine Socken. Ich sah ihn nie lesen oder schreiben. Er war scheu und redete fast

Batty Farm: Rudolfs erste Station als Landarbeiter bei der freundlichen Familie Dobson in der Grafschaft Lancashire (Foto: Familie Dobson)

nichts. Er war ein geschickter, verlässlicher Arbeiter, zuständig für die Stallreinigung und die Feldarbeit. Ich hatte das Gefühl, dass er wohl ein Findelkind, eine Vollwaise sei, und er tat mir sehr leid.

Was ich mit Staunen wahrnahm, war der Vorgang seines Entkleidens: Er stieg aus seiner langen Hose heraus, stellte sie – wie ein Möbelstück – auf den Boden hin und sprang in sein Bett. Die Hose war so fest wie steifer Karton oder Sperrholz, imprägniert mit Kuh- und Schweinemist sowie Schafwollfett, bedeckt mit Schichten aus Erdreich und Staub, alles hart geworden durch Wind und Sonnenschein.

Am Morgen zog ich erstmals meine Lederhose an, die beträchtliches Aufsehen auf dem Bauernhof erregte. Am Abend stellte ich sie neben die steife Hose meines Kollegen. Meine Lederne war allerdings nicht ganz so standfest. Ein leises Lächeln der Freude und Anerkennung erhellte da die sonst finsteren Züge des jungen Landarbeiters.

Der Farmer bildete mich schnellstens zum Schafhirten aus. Fast täglich ging er mit riesigen Schritten auf die sanft gewellte, hügelige Hochfläche hinaus, anscheinend groß wie ein Meer. Ein schwarz-weißer Hund begleitete uns. Ich versuchte angestrengt, mit meinem Arbeitgeber Schritt zu halten. Meist folgte ich ihm in einer Art Dauerlauf. Wenn Schafherden sichtbar wurden, zeigte der Farmer mit seinem Stock in eine bestimmte Richtung und gab einige Pfiffe von sich. Alles Übrige erledigte der unheimlich kluge Hund. Er zog kilometerweite Runden, um die weithin verstreuten Schafe zusammenzubringen, bis sie eine dichte Herde bildeten. Diese trieb er zu uns heran; manchmal waren wir einige Kilometer von der Herde entfernt.

Nach kurzer Zeit wanderte ich beinahe täglich ganz allein mit dem Hirtenhund durch das grenzenlose Hochmoor. Ich war stolz, Herr über 600 Schafe zu sein. Die zusammengetriebenen Herden musste ich auf kranke und verletzte Tiere untersuchen. Nach Regengüssen spürte ich einzelne Schafe auf, die am Bauch lagen und sich nicht mehr erheben konnten. Kranke Tiere schleppte ich der Reihe nach auf meinem Rücken zum Bauernhof. In der Sommerhitze oder bei stürmischem Wetter war das Schwerstarbeit. Manchmal holte ich den Farmer zu Hilfe, der sich anscheinend kaum beim Tragen eines Schafes anstrengte. Meist trugen wir ein Tier zu zweit, oft stundenlang durch brusthohe Farne und Gräser. Und die vielfach belächelte Lederhose bewährte sich – nicht nur als Schutz vor harten Farnen und Schilfgrashalmen, sondern auch als Panzer gegen gelegentliche Angriffe eines jungen Widders.

Eine stets angenehme Abwechslung im Farmleben waren die Gespräche und Ausflüge mit dem Großvater. Er war Kunsttischler im Ruhestand – aber von Ruhe war keine Rede! Er fühlte sich berufen als Künstler auf der Suche nach der perfekten Gestaltung der Schönheit in der Natur im Allgemeinen und in den dürren Wurzeln der baumlosen Hügellandschaft im Besonderen.

Wenn ich knapp hinter ihm dahintrottete, auf Gruben und kahle Kalksteinbrocken achtend, staunte ich, wie leichtfüßig er dahineilte, fast wie eine Gämse in den Alpen. Er erläuterte alle Krümmungen einer knorrigen Wurzel, drehte sie hin und her, suchte den vorteilhaftesten Blickwinkel und den allerschönsten Anblick zu erkunden. Zu Hause ging er mit mir sogleich in seine Werkstatt, die sich in einem alten Schuppen aus Brettern befand, mit Stroh gedeckt. Er feilte, kratzte und schnitzte ein wenig, setzte das rohe Kunstwerk auf einen passenden Holzblock und bestrich noch alles mit glänzendem farblosem Lack.

Der Farmer hatte nicht immer Verständnis für das Herumtrödeln mit dem Großvater. Der alte Mann wusste mich zum Glück zu verteidigen: „Mein lieber Sohn! Es gibt auch wichtige Dinge außer Schafe hüten, Stall ausmisten und andere praktische Pflichten. Unterschätze nicht die bildende Kunst und das handwerkliche Können ..."

Der Gentleman-Farmer Mr. Dobson und sein Vater in den 1940er-Jahren (Foto: Familie Dobson)

Während Rudolf bei Familie Dobson hauptsächlich für die Schäferei zuständig ist und sogar bei der Schafschur rasch große Fingerfertigkeit entwickelt, kommt er im November 1939 auf die Nutgill Farm nach Ingleton am Rande der großflächigen Tallandschaft Yorkshire Dales, wo er mit Feldarbeit beschäftigt wird. Der dortige Hausherr Mr. Brass zeigt dem jungen Flüchtling, dass nicht alle Engländer von der Unschuld der Refugees überzeugt sind. Er differenziert nicht zwischen diesen und Nazis, für ihn gibt es nur ein feindliches Großdeutschland, aus dem die „Bloody Gerries", die „verdammten Deutschen", in sein Vaterland kommen. Obwohl Rudolf Kauders sein Bestes gibt und hart arbeitet, kann er den Farmer nicht zufriedenstellen. Vier Monate muss er sich den Schikanen des Farmers aussetzen, ehe er wieder auf die Batty Farm zurückkommt.

ALS „BLOODY GERRY" AUF DER NUTGILL FARM

Die Farmersleute waren frisch verheiratet, als ich in ihr Haus kam. Die Frau war höflich und schüchtern, sah wie eine schöne Zigeunerin aus, sprach wenig und war gütig. Eines Tages gab es einen Ehekrach. Der Farmer schrie laut mit ihr, weil sie, zusätzlich zu seinen Schuhen, auch meine geputzt hatte. Der Grund war sicherlich nicht Eifersucht, sondern nur Verachtung und Hass mir gegenüber.

Sie kochte sehr gut. Vor allem schmeckten mir ihre „Apple Pies", Apfelkuchen. Diese Mehlspeise aß man mit einem Löffel aus dem Napf. Sie fragte mich mit ihrer singenden, mehrtönigen Stimme: „Willst du noch einen Apple Pie?" Ehrlich und hungrig, wie ich damals war, bejahte ich diese Einladung stets. Der Farmer sprach mit kaltem Lächeln: „Wir haben ein gutes Sprichwort: ‚Feed thine enemy' (‚Füttere deinen Feind')." Das reichliche Angebot an herrlichen Speisen milderte die Kränkung. Dabei tat ich doch mein Bestes. Grollend musste er zugeben, dass ich unheimlich gut beim Miststreuen war.

Und hier begann die Tragödie. Nachdem ich rasch und genau eine Mistladung auf einen breiten Streifen verteilt hatte, vergaß ich wie fast jedes Mal, die Bordwand wieder auf dem leeren Wagen einzuhängen. Fröhlich und selbstbewusst kam ich mit dem leeren Wagen beim Misthaufen an, um dort bereits vom Unheil verkündenden Farmer empfangen zu werden. Er sagte leise: „Wo ist die Bordwand?" Ohne zu antworten, lief ich zurück bis zu jenem Baum, an dessen Stamm die schwere Bordwand lehnte. Grimmig schleppte ich sie am Rücken zum Farmer, der sofort seinen aufgestauten Ärger losließ.

Seine wunderbare Frau kam heraus und fragte, was er hier mache. „Dieser Idiot, dieser Trottel, dieser verdammte Gerry ..." Die Luft blieb ihm weg. Um ihn zu besänftigen, sagte ich: „Sie haben recht, ich mache jedes Mal den gleichen Fehler. Warum, weiß ich nicht. Ich ärgere mich selbst über mich. Ich hab ja nichts davon! Ich leide ja darunter! Diese schwere Bordwand!"

„Weil du nicht an die Arbeit denkst! Zur Strafe wirst du heute so lange arbeiten, bis der Misthaufen ganz weg ist, und wenn es bis zum Morgengrauen dauert, du lausiges Arschloch!"

Ich schaufelte, so rasch ich konnte, Mist in den Wagen, setzte die Bordwand ein, füllte Mist nach und führte das Pferd, das traurig den Kopf hängen ließ, so schnell ich konnte hinaus in die stille Natur. Bereits um 22 Uhr war ich mit dem Miststreuen fertig. Trotz der Dunkelheit war die Mistverteilung ein Meisterstück.

Ab März 1940 arbeitet Rudolf wieder bei der freundlichen Familie Dobson. Seine erste große Liebe Jean, die er bereits bei seiner Ankunft in Low Bentham bei den Quäkern kennen gelernt hatte, tritt nun wieder in sein Leben. An arbeitsfreien Wochenenden besucht er nicht nur das Bethaus der Quäker in der Kleinstadt, sondern findet auch Anschluss an die Familie von Jean, die als Adoptivtochter bei dem reichen Großfarmer Carvey lebt. Gemeinsam mit seiner Angebeteten hilft er den Quäkern zum Beispiel bei der Errichtung eines Tennisplatzes für die Jugend, und es gelingt ihm, Jeans Herz zu erobern.

VON GANZEM HERZEN

In Low Bentham besuchte ich ziemlich regelmäßig die Bethalle der großen Quäkergemeinde, wo jeder, der sich berufen fühlte, aufstehen und eine Ansprache halten durfte. Als ich meine Angebetete sah, erhob ich mich und sprach von meinem Abschied aus Wien, was mich so aufwühlte, dass ich am Ende zu schluchzen begann. Damit wollte ich auch die Aufmerksamkeit von Jean, die ganz vorne saß, auf mich lenken. Ein alter Quäker mit weißem, wallendem Bart und dem traditionellen breitkrempigen Hut auf seinem Schoß zog ein riesiges Schnupftuch aus seiner Tasche und trocknete damit meine nassen Wangen samt Nase. Ich weiß bis heute nicht, ob der beeindruckende Applaus der Anwesenden mir oder meinem hilfreichen Sitznachbarn galt.

Bald nach diesem Gottesdienst wurde ich von Jean und ihren Eltern zu einem Festmahl in das Palais, das so genannte Mansion House des Gentleman-Farmers, geladen. Mit dem Spürsinn des Verliebten ahnte ich, dass sich die Gastgeber und ihre anwesenden Verwandten bei dieser Gelegenheit ein Bild von mir machen wollten. Wohl niemand unter den Anwesenden würde mich für einen „schlechten Deutschen" halten. Aber, was war ich in ihren Augen? Ein mittelloser Ausländer ohne Staatsbürgerschaft, ein Student, der nicht an einer Universität weiterstudieren durfte, sondern in der Landwirtschaft arbeitete und nicht einmal ein vollwertiger Knecht war?

Die Hausfrau fragte freundlich, ob ich gern Tee oder Kaffee hätte. „Haben Sie vielleicht Malzkaffee?", fragte ich. Mrs. Carvey bedauerte, dass sie keinen Malzkaffee hatte. Mit einem Anflug von Stirnrunzeln fragte sie: „Was hättest du also gern?“ – „Saure Milch! Die ist köstlich! Aber die kennt man hier offensichtlich nicht!“ Dann rief ich: „Ich hätte ja nichts gegen Wasser. Aber das Wasser hier – unmöglich! Ich habe hier schon bräunliches Wasser bekommen, es hat ausgesehen wie verdünnter Kaffee ohne Milch! Wir in Wien, wir haben zwei Hochquellwasserleitungen, mehr als 100 Kilometer lang, mit kristallklarem, eiskaltem Trinkwasser aus dem Gebirge, das beste auf der ganzen Welt ...“ Niemand sprach ein Wort. Jeans große Augen glänzten, und sie lächelte mir zu.

Da fuhr ich fort: „Jetzt fällt mir doch was ein – Trinkschokolade! Aber bitte mit viel Schlagobers oben drauf und mit Staubzucker zum Drüberstreuen. So sind wir Trinkschokolade gewohnt.“

Und tatsächlich kam das Serviermädchen bald darauf mit Trinkschokolade aus der Küche. Ich staunte, dass eine große Haube aus Schlagobersschaum oben drauf war. Die Hausfrau erklärte mir bescheiden, dass sie schon auf dem Kontinent gewesen und dort mit geschlagenem Obers in Berührung gekommen sei. Ich erwähnte lobend, dass ich mit Schlagobersschaum nicht gerechnet habe und angenehm überrascht sei.

Die Trinkschokolade duftete wunderbar. Sie befand sich in einem großen Porzellanbecher. Daneben stand ein Zuckerstreuer aus Glas, der fast genauso aussah wie in Wien. Ich schob den großen Becher mit Trinkschokolade nahe zu mir, nahm den Zuckerstreuer in die verschwitzte rechte Hand und sagte: „Und jetzt führe ich Ihnen vor, wie wir in Wien den Staubzucker dick auf das Schlagobers streuen.“

Aus Höflichkeit beugten sich die Tischnachbarn interessiert näher zur Trinkschokolade, um meine fachmännische Vorführung besser beobachten zu können. Jeans Haare streiften meine Wangen. Ich hob den Zuckerstreuer feierlich empor. Da glitt er mir aus der Hand, sauste wie eine treffsichere Bombe in den Becher – und fast alle Gäste, besonders Jean und ich, waren mit Trinkschokolade und Schlagobers über und über bespritzt. Schweigend wischten sich die Anwesenden ab.

Während meiner Tiraden hatte ich gar nicht mehr bedacht, dass es Österreich nicht mehr gab, dass ich aus Wien wegen des NS-Regimes geflohen war, dass mir Großbritannien Aufenthalt gewährte und dass ich mich taktlos, ja höhnisch, wie ein Trottel benahm. Rückblickend glaube ich, dass alles entstand, weil ich an einer gefährlichen Mischung aus Minderwertigkeitsgefühl, Unsicherheit, Heimweh und Verliebtheit litt, was zu einer kläglichen Angeberei führte.

Auf jeden Fall saß der Schock gewaltig. Der Anblick, wie sich das Serviermädchen bemühte, den gläsernen Zuckerstreuer aus dem Kakaobecher herauszuziehen, ist mir bis heute in Erinnerung geblieben.

Trotz dieses Malheurs bleibt der Kontakt zu Jean und ihrer Familie aufrecht. Die Liebesbeziehung endet erst, als Rudolf bekennt, dass er, sobald das Hitler-Regime besiegt sein würde, in das befreite Österreich zurückkehren möchte. Für ihn besteht kein Zweifel, dass diese Niederlage früher oder später eintreten wird und er sich ehestmöglich am Wiederaufbau seiner Heimat beteiligen will. Da die junge emanzipierte Engländerin ihre Heimat keineswegs verlassen möchte, trennen sich ihre Wege.
Doch bevor es soweit kommt, versorgt Rudolf sie mit Liebespost – wie er seine freie Zeit notgedrungen überhaupt dem Schreiben von Briefen widmet, hauptsächlich, um Unterstützung zu erbitten. Das ermöglicht ihm sogar, eine Art Fernstudium an der Universität von Leeds zu beginnen. Wenig glücklich über den dann folgenden „gewichtigen" Austausch ist allerdings der Briefträger ...

HILFSBEREITSCHAFT UND SABOTAGE

Da ich kaum jemanden zum Plaudern hatte, schrieb ich mir meinen Kummer von der Seele – und zwar in Form von langen, herzerweichenden Bettelbriefen. Sie begannen in der Regel mit dem Satz: „Bitte um Entschuldigung, dass ich diesen Brief unfrankiert an Sie abschicke, aber ich habe kein Geld für Marken. Statt der Schuhbänder muss ich alte Schnüre von leeren Säcken benützen. Ich besitze nur ein zerrissenes Hemd, zwei Unterhosen, ein Paar Socken mit riesigen Löchern, einen dünnen Rock. Ich habe keinen Wintermantel, keinen Pullover, keine Weste, keine Kappe." An die Universität von Leeds schrieb ich: „Ich würde gerne Chemie weiterstudieren und ersuche höflichst um eine leihweise Zusendung von Fachbüchern." Postwendend erhielt ich Briefe mit tröstenden Worten und Pakete mit Büchern und alten Kleidungsstücken.

Für einen Liebesbrief erbettelte ich mir eine Briefmarke. Ich verfasste ein mir wunderbar erscheinendes Gedicht in englischer Sprache. In meinem Überschwang beging ich leider einen großen Fehler: Ich verwechselte die Briefe bzw. die Briefumschläge. Daraufhin überreichte mir Jean hell lachend ein großes Paket, das ein gebrauchtes, aber wie neu aussehendes Sakko mit zwei Reihen goldglänzender Knöpfe enthielt, wie man es in Colleges und Universitäten trägt. Der Wohltätigkeitsverein, der den Liebesbrief erhalten hatte, schickte mir zwei übertragene, gewaschene und gebügelte Hemden mit dem Vermerk, in England sei es üblich, in knappen Worten eindeutig einen konkreten Antrag auf eine bestimmte Hilfeleistung zu stellen. Das eine Hemd war viel zu klein, das andere viel zu groß. Ich entschuldigte mich für die Verwechslung und dankte mit knappen Worten eindeutig, bestimmt und ohne Porto.

Eines Tages keuchte wieder der Briefträger, das Fahrrad schiebend, den Hügel herauf. Er war immer unwirsch und erwiderte kaum meinen Gruß. Er leerte mürrisch seinen vollen Rucksack auf den vorher schnell abgeräumten Küchentisch. „Nur Rechnungen!", bemerkte der Postbote und fuhr fort: „Aber der Bauernbursch, der bekommt natürlich Post wie ein Lord! Wie komm ich eigentlich dazu, mich so abzuschleppen mit seinen Paketen? Niemand in der ganzen Gegend hat so viele Briefe und Pakete wie der Gerry da." Dabei blickte er mich vorwurfsvoll an. Er wischte sich mit seinem bereits feuchten Taschentuch den Schweiß von der Stirn.

Zornig fuhr es aus mir heraus: „Das hier ist doch ein freies, demokratisches Land, nicht wahr? Jeder darf so viele Briefe schreiben und empfangen, wie er will. Und die Briefträger kriegen schließlich dafür bezahlt, dass sie ihren Beruf ausüben!"

„Na, wart nur! Das nächste Mal schmeiß ich deine verdammten Postsendungen in ein Sumpfloch!", stieß er grollend hervor.

„Dann zeig ich Sie an, und Sie sind die längste Zeit Briefträger gewesen", drohte ich ihm mit düsterer Miene.

Es gab tatsächlich unzählige Sumpflöcher in der Gegend. Gruslige Legenden erzählte man sich über ihre unermessliche Tiefe und Tücke. Ich selbst war schon mehrmals bis zum Knie eingesunken. Einmal verlor ich dabei sogar einen Gummistiefel. Der Gedanke an die angedrohte Sabotage meiner Postsachen jagte mir Angst und Schrecken ein.

Während meiner täglichen langen Kontrollwanderungen über das Hochmoor nahm ich immer einen der dicken Wälzer der Universität in meinem Rucksack mit. Nach eingehender Lektüre sandte ich die Lehrbücher – weiter unfrankiert – mit herzlichem Dank zurück an die Universität und erwähnte bescheiden, dass ich mich gerne über den Inhalt prüfen lassen würde, um darüber ein Zeugnis zu erhalten. Außerdem bat ich um weitere Bücher. Nach einiger Zeit traf ein Schreiben der großzügigen Universitätsbibliothek ein. Zitternd vor Erwartung öffnete ich den Brief. Es war eine Liste von Büchern, die mit separater Post an mich abgeschickt worden waren und die ich nie erhalten hatte.

Sofort verdächtigte ich den Postboten und stellte ihn empört zur Rede. Er aber stritt alles ab! Mit Wehmut dachte ich an die herrlichen Fachbücher, die nun in einem unergründlich tiefen Moorloch ruhten. Die Universität sandte mir daraufhin keine Bücher mehr, sehr zu meinem Leidwesen und sehr zur Freude des Briefträgers.

Doch ich ersann einen Racheplan: Als ich einmal mit dem Farmer im etwa 15 Kilometer entfernten Ort war, um ihm beim Kauf von Geräten und beim Verkauf von Schafen und Kälbern zu helfen, gelang es mir, unbemerkt vier Ziegelsteine und eine passende Schachtel zu beschaffen und das Paket mit meinem eisernen Vorrat an Briefmarken zu frankieren. Diese schwere Sendung adressierte ich an mich selbst. Das war die Vergeltung für das Vergehen des Briefträgers. So gestöhnt und geschwitzt wie bei der Zustellung dieses Paketes hatte er bisher noch nie!

Mit dem Ausbruch des Zweiten Weltkrieges am 1. September 1939 verschärft Großbritannien seine Flüchtlingspolitik. Bereits zwei Tage später werden alle Flüchtlinge zu „enemy aliens“, zu feindlichen Ausländern, erklärt und mit Restriktionen belegt. Gegen Ende September werden überdies Ausländertribunale eingerichtet, vor denen jeder Flüchtling seine Loyalität gegenüber dem Gastland unter Beweis stellen muss. Wem dies nicht gelingt, der fällt entweder in die Kategorie A und wird sofort interniert oder in die Kategorie B, in der Polizeiüberwachung und Beschränkungen weiterhin bestehen bleiben. Nur Flüchtlingen der Kategorie C wird der uneingeschränkte Flüchtlingsstatus zuerkannt.

Am 21. Oktober 1939 kann Rudolf Kauders seine Unverdächtigkeit glaubhaft machen und bekommt den der Kategorie C zugesprochenen Zusatz „Refugee from Nazi oppression“ in sein „Registration Certificate“ eingetragen, das sich jeder Flüchtling nach der Einreise bei der Polizei besorgen muss.

Im Frühjahr 1940 hat sich die Kriegslage Großbritanniens allerdings durch die deutsche Besetzung Dänemarks und Norwegens drastisch verschlechtert. Die Flüchtlinge im Land werden zunehmend als Bedrohung gesehen, was zunächst zur Internierung der männlichen Emigranten zwischen 16 und 60 Jahren der Kategorie B führt. Teile der britischen Printmedien beginnen, gegen die Flüchtlinge zu hetzen und das „Schreckgespenst" der so genannten „Fünften Kolonne" in die Köpfe der Bevölkerung zu setzen. Die Angst, sich feindliche Spione ins eigene Land geholt zu haben, die sich nun organisieren und das Land unterwandern könnten, führt schließlich dazu, dass die offizielle Politik dieser Panikstimmung nachgibt und weitere Internierungen beschließt. Was folgt, ist eine Masseninternierung, die im Mai 1940 beginnt und im Juli 1940 ihren Höhepunkt erreicht. Ausgenommen von diesen Maßnahmen bleiben die wenigsten; nur Kranke und Gebrechliche, Frauen der Kategorie C, Jugendliche unter 16 Jahren sowie über 70-Jährige und schließlich Fachkräfte, die in kriegswichtigen Betrieben beschäftigt sind, werden verschont.

Anfang Juli ereilt dieses Schicksal auch Rudolf Kauders. Von einem Polizisten wird er vorab über die Weisung des Home Office, des britischen Innenministeriums, informiert, dass er sich für die Internierung bereit machen muss.

EIN NEUERLICHER ABSCHIED

Eines Tages erschien der Polizist von Low Bentham beim Tor der Farm, lehnte sein Fahrrad an die Wand, klopfte an, nahm seinen hohen schwarzen Helm ab, wischte sich die Stirn und den Hals mit seinem großen Taschentuch ab – wegen der Sonnenhitze oder aus Verlegenheit? – und ließ sich in den angebotenen Sessel im Vorraum fallen.

Er sprach schwerfällig, eher im Telegrammstil: „Also, der Ausländer, den ihr da habt, er muss weg. Anordnung vom Home Office. Morgen hol ich ihn ab ... Das gilt übrigens für alle Ausländer. Ihr wisst, der Krieg, Spione, 5. Kolonne ... Sicher ist sicher. Hinter Stacheldraht. Ihm geht's dort vielleicht besser als unsereins. Die Deutschen werden natürlich nicht die eigenen Kriegsgefangenen bombardieren. Aber uns!" – „Ich bin kein Kriegsgefangener – ich bin ein Flüchtling!", stellte ich richtig.

„Darf ich mein Fahrrad mitnehmen?", fragte ich den Polizisten. „Nein", war die Antwort. „Wir werden es für dich aufbewahren, bis du wieder herauskommst", sagte der Farmer, der tief erschüttert war.

„Jack, ich schenk's dir", sagte ich laut. Der Bursche machte vorsichtig einen Schritt, blieb wieder stehen, schielte von einem zum anderen und ließ dann den Kopf hängen. Er dachte wohl, es wäre ein dummer Scherz. Einige Male hatte ich ihm mein Rad geliehen, vorher hatte ich ihm das Radfahren geduldig beigebracht. „Nimm's schon, es gehört dir!", rief ich ihm zu.

Wieder ein bisschen Kindheit und Jugend, ein Stück Heimat weg, dachte ich wehmütig. Erst vor Kurzem hatte ich aus einer leeren, länglichen Konservendose, die genau auf den Scheinwerfer passte, einen – damals gesetzlich vorgeschriebenen – Lichtdämpfer gebastelt. Der Lichtkegel war dadurch eher ein Lichtzylinder. Fast 100 Meter vor dem Lenkrad war eine strahlende Fläche auf der Straße zu sehen, die etwa einen Meter breit war. Dadurch sah ich zwar in der Dunkelheit nicht, was direkt vor meinem Rad war, aber es war tröstlich, dass eine Bombe oder Maschinengewehrsalven aus deutschen Flugzeugen den Lichtschein da vorn und nicht mich treffen würden.

Der freundliche Farmer wollte mich am nächsten Tag mit seinem Kleinauto zur Polizeistation fahren. Ich lehnte dankend ab und bat Jack, mir sein Fahrrad zu leihen. Bei Gelegenheit könnte er es ja von dort abholen. Als ich bemerkte, wie da der helle Glanz in seinen Augen erlosch, entschied ich mich, doch im Auto mitzufahren. Nur der rotbraune Pappendeckelkoffer und der graubraune Rucksack aus altem, geflicktem Matratzengradel, der immer noch nach Matjes-Hering stank, war mir geblieben.

Was folgte, waren dreizehn Monate Internierung in einem Lager auf der Isle of Man, wo manche noch Gälisch sprechen und die schwanzlosen „Manx"-Katzen ihren Ursprung haben.

Die halbautonome, in der Irischen See gelegene Isle of Man ist eigentlich ein beliebtes Ferienziel der Engländer. Die britischen Behörden nutzen bereits im Ersten Weltkrieg das Eiland als Gefangeneninsel. Im Zweiten Weltkrieg werden nun noch zusätzliche Lager eingerichtet, indem die vorhandenen Hotelanlagen adaptiert werden.
Die Internierung bedeutet für die Flüchtlinge eine zusätzliche psychische Belastung: Sie sind nach Großbritannien geflohen, um den Fängen der Nazis zu entkommen, sind mehr oder weniger freundlich aufgenommen worden, um dann von ihrem Gastland Misstrauen zu ernten und unschuldig in Lager abgeschoben zu werden. Ein oft erst am Beginn stehender Eingliederungsprozess

Die Internierung von Hitler-Gegnern: Protest und Hilferuf (Pinsel-Tuschearbeit, 1941)

findet damit ein vorläufiges Ende. Für viele bedeutet die Internierung überdies die Trennung von der Familie.
Zwar erarbeitet Großbritannien bereits Ende Juli 1940 ein erstes Papier mit achtzehn Entlassungskategorien, die in den folgenden Monaten erweitert werden, doch dauert es bis in das Frühjahr 1941, bis der Großteil der Internierten wieder in Freiheit kommt.
Rudolf Kauders kommt in das Peveril Camp bei Peel, wo neben den Flüchtlingen und Widerstandskämpfern auch kriegsgefangene Sympathisanten aus dem Deutschen Reich untergebracht werden, was schnell zu Spannungen und sogar Schlägereien führt, bis die Lagerverwaltung auf Drängen der Flüchtlinge einen Trennzaun um die Gebäude der hauptsächlich österreichischen Refugees errichtet.
Um dem Stumpfsinn zu trotzen, versucht Rudolf von Beginn an, aktiv am Lagerleben teilzunehmen. Dazu zählen u. a. bewachte Wanderungen auf der Insel außerhalb des Stacheldrahtzaunes. Dabei lernt er einen pensionierten Oberst kennen, der in den wenigen Monaten ihrer Bekanntschaft durch den Krieg familiäre Tiefschläge erleidet.

HINTER STACHELDRAHT

„Wozu ist die Straße da? Zum Marschieren!“, pfiff ich, als die Gruppe der Refugees, die sich freiwillig für den Ertüchtigungsmarsch rund um die Insel gemeldet hatten, durch das stacheldrahtbewehrte Tor des Camps schlenderte. Britische Soldaten schlossen hinter uns rasch das Gittertor des Lagers. Sofort holte ich tief Atem. Nach einigen Wochen Lagerhaft sog ich voll Genuss die Luft in der „Freiheit“ ein und war überzeugt, dass sie frischer und köstlicher duftete als hinter dem Drahtgitterzaun. Das war die Macht der Einbildung. Wir wanderten auf fast menschenleerem Gelände, querfeldein und auf schmalen Pfaden. Vor uns schritt ein älterer hochrangiger Offizier.

Er war sehr groß, mager, wirkte sehnig und sportlich, hielt aber den Kopf leicht gesenkt. Das wirkte befremdend. Kerzengerade, mit leicht erhobenem Haupt sollte ein Oberst doch marschieren. Vielleicht trauerte er um einen gefallenen Sohn, vielleicht war er bedrückt, weil Krieg war, dachte ich.

Er wanderte mit Riesenschritten dahin. Ich hatte Mühe, knapp hinter ihm zu bleiben, obwohl ich bereits durch die schwere Arbeit in den zwei Jahren auf der Schaffarm durchtrainiert war.

Der Oberst hatte einen ganz gewöhnlichen Stecken, abgebrochen von einem Gebüsch. Er war also kein militärischer Pedant. Er führte uns abseits der Straße, sodass wir kaum einem Menschen begegneten. Ich blickte fast ununterbrochen auf das Meer links von uns, auf die Wogen, die sich an den Felsbrocken brachen. Gischt sprühte, funkelte wie helle Diamanten, und Peel Castle, zum Greifen nah, leuchtete wie ein Märchenschloss auf der nahe gelegenen Felseninsel.

Die Lagerinsassen folgten dem Oberst im Gänsemarsch. Die Reihe wurde nach und nach immer länger, aber die Anzahl der Wanderer verminderte sich ständig. Die müde gewordenen Teilnehmer des Ausfluges rasteten und erhoben sich nicht wieder.

Als der Oberst am äußersten Zipfel der Insel ankam, hob er den Kopf, blickte hinaus aufs Meer, dann drehte er sich um. Da stand ich, allein mit ihm, als Einziger übrig geblieben! Ich wagte zu lächeln. Fragend schaute er mich an, blickte rundum. „Sie ruhen sich nur ein bisschen aus“, sagte ich. Er nickte stumm und setzte sich auf einen moosbewachsenen Stein und bedeutete mir, Platz zu nehmen. Ich antwortete auf seine Fragen, die ab und zu in die Einsamkeit fielen wie Tropfen von feuchten Felsen. Von der Engerthstraße erzählte ich ihm, sogar von der lieben böhmischen Greißlerin und vom armen jüdischen Geschirrhändler mit seinem Warenangebot am Boden im Hausflur, den sie erschlagen hatten, obwohl er niemandem etwas getan hatte.

Er berichtete von Indien, vom schrecklichen Elend der Bevölkerung, vom großen Unrecht. Seine Söhne und Enkelsöhne waren alle eingerückt. Statt seinen Ruhestand zu genießen, half er hier mit, den Krieg zu gewinnen. „Helping the war effort", wie es hieß.

„Churchill hat es uns gesagt: Wir können nur Schweiß, Blut und Tränen erwarten", murmelte er. Nach einiger Zeit – War nur eine halbe Stunde vergangen? Mir kam die Rast vor wie ein halber Tag – erhob er sich und sagte: „Wir gehen denselben Weg zurück, wegen der Zurückgebliebenen."

Der Reihe nach sprangen die Rastenden auf und der Zug wurde immer länger. Das Tor zum Lager wurde schließlich geöffnet, wir wurden gezählt, und die Luft war wieder bedrückend und dumpf.

Die Ausflüge fanden ungefähr einmal wöchentlich statt, nur bei Schlechtwetter wurden sie abgesagt. Mindestens ein Dutzend Mal saß ich mit dem alten Oberst allein auf dem Stein. Wir plauderten angeregt. Ab und zu wurden unsere Augen feucht. Bis zum Ende des einen Jahres unserer Bekanntschaft hatte er einen Sohn und einen Enkel verloren. Er schüttelte mir zum Abschied die Hand, als ich mich im Herbst 1941 als Landarbeiter meldete – to help the war effort.

Vom zermürbenden Alltag der Internierten: „(Schlechte) Zeit totschlagen"
(Zeichnung, 1941)

Rudolf erinnert sich, dass besonders die älteren Emigranten mit Verzweiflung auf ihre Internierung reagieren und nicht verstehen können, als Verfolgte und bekennende Antifaschisten im Gastland nun „hinter Gittern" zu sitzen. Ein wiederkehrendes Motiv in seinen zahlreichen Zeichnungen aus diesen dreizehn Monaten ist daher der bedrückende Stacheldrahtzaun und die Langeweile der zur Untätigkeit Verurteilten.

DER MINNESÄNGER AUF DER INSEL DER VERBANNTEN

Wenn man völlig schuldlos lange Zeit eingesperrt wird, wirkt das wie ein Dauerschock. Dass es den Mitgefangenen genauso ging, linderte den Schmerz und die Enttäuschung, den Zorn und die Trauer nur wenig. Dazu kam noch die fürchterliche Langeweile. All das führte zu unterschiedlichem Verhalten.

Ein Jüngling, etwa neunzehn Jahre alt, stand fast täglich nahe dem Zaun, an der Stelle, wo er unmittelbar neben der Strandpromenade verlief, und sang mit hoher Stimme Arien aus Opern und Operetten – wie ein erwachsener Sängerknabe, wie eine männliche Primadonna. Bei den sehnsüchtigen, schmachtenden Tonfolgen, die von Liebe, Freiheit und Glück handelten, mischte sich echtes Schluchzen in seinen Gesang, und dicke Tränen flossen ihm aus den halb geschlossenen Augen. Hie und da begleitete er seine traurigen Lieder auf der Violine. Draußen auf der Straße bildete sich ein hufeisenförmiger Ring von Menschen, die kurz anhielten, um dem „feindlichen Deutschen" zuzuhören. Im Gefangenenlager entstand ebenfalls ein Halbkreis von Lauschenden. Zusammen ergab sich ein Kreis, der in der Mitte vom Zaun durchschnitten war. Manchmal sang er die Arie des Zigeunermädchens aus „Carmen", der berühmten Oper von Bizet, aber mit dem deutschen Text aus einem Kabarett: „An allem sind die Juden schuld ...", anklagend und wütend über seine Ohnmacht.

Der Drahtzaun war doppelt und bildete einen etwa zwei Meter breiten Weg. Der Applaus für den merkwürdigen Opernsänger brach diesseits und jenseits stets fast gleichzeitig an. Dennoch war das Klatschen irgendwie gedämpft. Das Publikum „außerhalb" dachte wohl, einem Feind dürfe man doch nicht allzu stürmisch Beifall bekunden, auch wenn er wie ein harmloses großes Kind aussah. Die Leidensgenossen „drinnen" hatten anscheinend Hemmungen, einem solchen unüblichen Sänger zu viel Zustimmung zu zeigen. Er war für uns ein Außenseiter.

Der Soldat mit dem geschulterten Gewehr kam stets erst gegen Ende des Repertoires daher, lässig und langsam, lächelte den Einheimischen draußen etwas verlegen zu, hörte ein paar Takte und meinte dann treuherzig in einer Gesangspause: „Verschwinde jetzt, Vorstellung beendet!" Der Jüngling räusperte sich, senkte den Kopf und schlich davon.

Der traurige Musikant (Tuschezeichnung, 1940)

Eines Tages hörte und sah man nichts von ihm. „Was ist los mit eurem Sänger? Hat er seine Stimme verloren?“, fragten manche Passanten, obwohl das Sprechen zwischen Stadtbewohnern und Internierten verboten war. Vielleicht wäre aus ihm nach dem Krieg ein begnadeter Opernsänger geworden, wenn er sich nicht auf der Toilette mit der dünnen Kette der Wasserspülung erhängt hätte.

Kurze Zeit später hätten sich auch für ihn die stacheldrahtbestückten Tore in die Freiheit öffnen können, wenn er sich für die Landarbeit gemeldet hätte.

DER TRISTE ALLTAG MEINER ZIMMERGENOSSEN

Der dicke Leo, ungefähr vierzig Jahre alt, saß in seinem Bett, zugedeckt bis zum Bauch, wie ein Patient im Spital. Ihm fehlte aber nichts, außer der Freiheit.

Im großen Zimmer, fast so geräumig wie ein kleiner Saal, saß ich auf dem Fußboden auf meiner dünnen Matte. Das war meine Schlafstelle, denn ich hatte – als Jüngster – großmütig auf ein Bett verzichtet. Für sieben Insassen gab es nur sechs Stahlrohrbetten. Leo und die übrigen fünf Männer hatten sich ein wenig angefreundet. Sie schienen gutmütig und immer einer Meinung zu sein. Sie verließen auch tagsüber nicht mehr das Bett. Wozu auch, meinten sie. Sie hassten den Anblick der Drahtzäune im Hof. „Wir kommen uns wie in einem Käfig vor, wie die Affen im Zoo", murrten sie. „Aber der Ausblick aufs Meer, auf Peel Castle und der Sonnenuntergang", schwärmte ich und fügte noch hinzu: „Keine Welle gleicht der anderen, jede Wolke ist verschieden ..." – „Aber geh, hör auf! Die verschiedenen Wellen sind immer dieselben, die Wolken sind halt Wolken, weiße und graue oder auch schwarze, und die kitschigen Sonnenuntergänge können wir auch durch die Fensterscheiben sehen, aber wir schauen gar nicht hin. Verschieden – das sind die Frauen und der Wein, und die gibt's nicht bei uns im Lager. Uns ist fad. Und wir stehen nicht mehr auf, weil uns so fad ist."

Jedes Bett stand an der Wand. Jeder der sechs „Bettlägrigen" konnte mit der rechten Hand den Lichtschalter im Zimmer auf- und abdrehen, ohne zu diesem Zweck aus dem Bett steigen zu müssen. Ein mechanisches Wunderwerk an den Wänden verband jedes Bett mit dem Lichtschalter neben der Tür. Das ferngelenkte Ein- und Ausschalten funktionierte stets verlässlich. Ein müdes Lächeln auf den unrasierten Gesichtern verriet dann ein Gefühl von Stolz und Erfolgserlebnis. Nur zur Verrichtung der Notdurft standen sie auf. Man war sehr tolerant und duldete ihre Eigenheiten. Sie bekamen ihre Mahlzeiten serviert, das Essgeschirr wurde von den Hilfskräften des Küchenpersonals abgeholt und gewaschen.

Vor Langeweile hatten sie sich einen neuen Zeitvertreib zugelegt: Messerschleifen. Sie hatten sich große Kieselsteine bringen lassen, jeder hatte einen, tauchte ihn ab und zu in ein Wasserglas und schärfte damit sein Taschenmesser. Das Nachthemd, das jeder der Messerschleifer auch

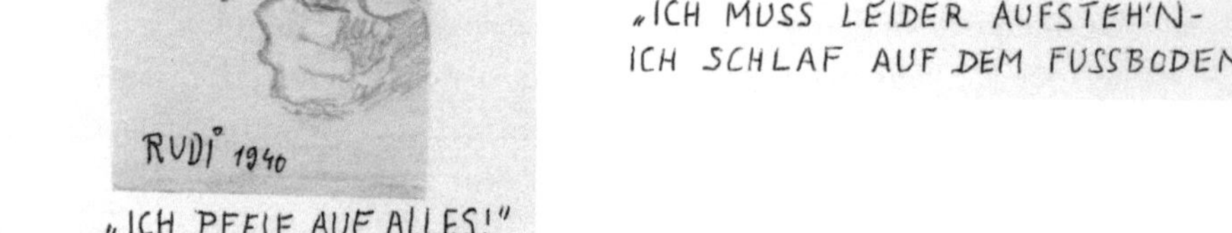

Porträts von Rudis deprimierten Zimmergenossen (Zeichnungen, 1940)

Von Rudolf Kauders gestaltete Einladung zum „Chorgesang" im Internierungslager (1940)

tagsüber trug, war vom tropfenden Wasser bis zur Brust feucht geworden. „Wozu macht ihr das?" – „Zum Aufspießen! Zum Morden und Töten!", antwortete Leo. Ungläubig fragte ich: „Und wen wollt ihr abstechen?" – „Die verdammten, lästigen Ratten. Wir werden Messerwerfen üben. Du kannst uns dabei helfen. Bringst jedem immer wieder sein Messer zurück."

Nach einigen Tagen besaß jeder ein zweischneidiges Messer. Ich brachte ein Brett, das als Zielscheibe diente, lehnte es an die gegenüberliegende freie Wand, und schon begann die Messerwerferei, die für meine Kollegen der einzige Zeitvertreib blieb.

Trotz der deprimierenden Umstände bemühen sich viele Internierte, das Leben hinter dem Stacheldrahtzaun erträglich zu gestalten. So fungieren etwa gewählte Vertrauensleute als Sprachrohr gegenüber der britischen Kommandantur, andere Insassen übernehmen alltägliche Aufgaben der Grundversorgung – zum Beispiel in der Küche oder Reinigung –, und wieder andere ver-

suchen, Kultur- und Bildungseinrichtungen, Büchereien, Diskussionszirkel oder eigene Lagerzeitungen zu organisieren. Einige Internierte machen sich sogar „selbstständig", indem sie etwa Schneidereien, Wäschereien oder Kaffeehäuser einrichten.
Zwar gibt es in der Erinnerung von Rudolf Kauders im Peveril Camp, das er und die anderen Österreicher einfach „Camp Peel" nennen, weit weniger Möglichkeiten zur Entfaltung, doch finden sich auch hier Gleichgesinnte zusammen, die der Tristesse durch eigene Aktivitäten trotzen wollen. So richten etwa internierte Mitglieder des Young Austria (der Jugendorganisation des Austrian Centre) um dessen Mitbegründer Fritz Propst Kulturveranstaltungen aus und stellen einen eigenen Chor auf die Beine, der sich – wie Rudolf Kauders auf seiner Einladung festhält (siehe oben) – zwei Mal wöchentlich trifft.
Rudolf versucht über kulturelle Abwechslung hinaus dem eintönigen Alltag im Lager zu entkommen und sich seine Spontaneität und seinen Einfallsreichtum zu bewahren, wie in seinen Erzählungen beschrieben.

DER EINBRUCHSDIEBSTAHL

Trotz der hellen Beleuchtung im Lager wagten mein Freund Fritz und ich eines Nachts einen Raubzug, den wir vorher gut geplant hatten. Fritz wohnte im Nachbarzimmer und hatte ein Bett, und aus Freundschaft half er mir, eines für mich zu besorgen. Ein Teil der Hotelanlagen auf dem Campgelände war unbewohnt und versperrt. Dort gab es Betten samt Bettzeug in Hülle und Fülle! Mein Freund, ein ehrlicher Bursche, hatte kein schlechtes Gewissen wegen der Mithilfe an einer kriminellen Handlung, denn er betrachtete das Ganze als einen Akt der Gerechtigkeit.

Unbemerkt gelangten wir an die Seitenfassade des leer stehenden Hauses. Während ich versuchte, das breiteste Fenster im Parterre von außen zu öffnen, zerbrach Fritz kurzerhand eine Scheibe und löste vorsichtig die Verriegelungen. Sofort kletterten wir in das finstere Haus, packten das erstbeste Bett und näherten uns dem offenen Fenster.

Da ertönte plötzlich von draußen in altertümlichem Englisch der Ruf: „Halt! Who goes there?" Ich bin ein wahrheitsliebender Mensch und antwortete deshalb: „Einbrecher." Das Bajonett war deutlich zu erkennen. „Wie zum Teufel seid ihr hier hereingekommen?", schrie der wachhabende Soldat. Ich entgegnete: „Durch das Fenster." Etwas versöhnlicher gestimmt, meinte er, dass ihm das ohnehin klar sei – aber wie wären wir in das hermetisch abgeschlossene, gut bewachte Lager hineingekommen? Ich erklärte ihm wahrheitsgetreu: „Wir leben hier!" Er hatte uns für Bewohner der Stadt gehalten! Sprachlos öffnete er den Mund und fragte nach einer kurzen Pause: „Und was wolltet ihr stehlen?" – „Ein Bett. Für mich." Dann appellierte ich an sein Gefühl für Gerechtigkeit: „Ich kann doch nicht weiter auf dem kalten Boden schlafen, umgeben von Millionen hungriger Ratten. Und diese Betten hier braucht doch niemand." – „Okay, nehmt es, aber dann verschwindet!" Keuchend schoben wir das Bett in den einzigen noch freien Winkel in meinem Zimmer. Ich schlief tief und wachte glückselig am Morgen auf.

Im Nachbarzimmer gab es einen jungen Burschen, der ebenfalls auf dem Fußboden schlafen musste. Als er von meiner Bettbeschaffung erfuhr, machte er sich mit einem Kameraden unverzüglich auf den Weg zum Fenster mit der zerbrochenen Glasscheibe. Ich zeigte ihnen den Weg. Zufällig trafen wir den wachhabenden Soldaten. Kollegial salutierte er und fragte mich grinsend: „Hast du gut geschlafen?" – „Wunderbar! Ich hab sogar von dir geträumt. Du hast uns geholfen, ein Bett zu tragen." – „Du hast doch schon eines!" – „Ja, aber der da braucht auch eines." – „Na, hör mal, so geht das nicht! Wenn da alle kommen, die am Boden schlafen ..." – „Die meisten haben ja ihr Bett." Nach einigem Verhandeln gab der Soldat nach. Er pfiff leise durch die Zähne und sagte: „Dann holt euch das verdammte Bett. Aber macht nichts kaputt!"

Wenige Tage später kam ein alter Glaserer, sperrte das Haustor auf und schnitt eine neue Scheibe ein. Als er ging, zwinkerte er mir zu, ließ das Haustor sperrangelweit offen und drehte den Schlüsselbund um seinen ausgestreckten Zeigefinger. „Betten frei!", rief er mir zu.

Allmählich sah man, wie ein paar Burschen zu zweit je ein Bett aus dem unbewohnten Haus heraustrugen; später war der Ansturm gewaltig: Wie Blattschneiderameisen wälzte sich eine Prozession von einigen Dutzend Bettträgern aus dem Haustor. Als das letzte Trägerpaar das Haus verlassen hatte, warf ich einen Blick hinein. Das untere Geschoß war leer geräumt.

Da sagte ich zu meinem Freund Fritz: „Sei so lieb und hilf mir, mein Bett wieder zurückzutragen." – „Hast du ein schlechtes Gewissen?" – „Keine Spur! Aber bei den sechs lahmen Rattenjägern ist es so ungemütlich

Vermutlich der engagierte österreichische Exil-Musiker Erwin Weiss, der einen Musikabend im Internierungslager gab (Zeichnung, 1940)

und eng und in dem neuen Haus wohnt niemand, da können wir uns das Zimmer aussuchen!“ Derselbe diensthabende Soldat machte große Augen und fragte: „Schläft es sich also am Fußboden doch bequemer?“ – „Nein, wir ziehen um! Und anstandshalber tragen wir das Bett zurück.“ Fritz ließ selbstverständlich sein Bett stehen, wo es war. Wir wählten ein Zimmer mit Erker, auf der einen Seite mit Blick aufs Meer, auf der gegenüberliegenden mit Aussicht auf den Ort Peel.

In kurzer Zeit waren die oberen Stockwerke des Hauses in Beschlag genommen, dann folgte die Besiedelung des leer stehenden unteren Geschosses – mittels mitgebrachter Betten. Der Soldat murmelte: „Verdammte Hausbesetzer!“ Er meinte es aber gutmütig, das Fluchen gehört einfach so dazu. Ich sagte: „Komm uns mal besuchen.“ Er kam wirklich auf einen Sprung in unser Zimmer und meinte: „Ihr wohnt hier nobler als ich zu Hause.“

Ich nahm Abschied von meinen sechs Ex-Mitbewohnern und sagte: „In unserem neuen Haus sind noch ein paar Zimmer frei. Wollt ihr nicht mit euren Betten unten einziehen?“ – „Gibt's dort auch Ratten?“ – „Wir haben keine gesehen.“ – „Dann bleiben wir da.“

DER KÖNIG UND ICH

Jeder im Internierungslager konnte und sollte sich freiwillig eine Beschäftigung suchen, um nicht an Langeweile zu leiden und um die Versorgung zu ermöglichen. Viele „Posten“ waren bereits besetzt: Küchengehilfen, Verteiler der Mahlzeiten, Tischabräumer, Tellerwäscher, Aufräumer, Straßenkehrer, Postverteiler und – in der kalten Jahreszeit – Heizer. Der Heizer, das war ich, musste in jedem Zimmer den offenen Kamin dauernd mit Brennstoff, meist Kohle, versorgen. Das Anzünden erfolgte mit Papier und Holzspänen.

Monatelang war ich nun schon „Chief stoker“ (Oberheizer) und tat meine Pflicht mit großer Verantwortung. Die Erfolgserlebnisse hielten mich aufrecht – die Freude an den lodernden Flammen, die Zufriedenheit der Zimmerinsassen mit der wohligen Wärme und der Stolz über mein ausgeklügeltes System, das das Ausgehen des Feuers hundertprozentig verhinderte. Zu diesem Zweck beschäftigte ich meinen besten Freund Fritz als Hilfsheizer. Seine Aufgabe war das Aufsuchen aller Räume, um den Zustand des Feuers zu beobachten. Sobald eine Feuerstelle nur mehr schwach glühte, kam er zu mir und meldete „Feuer aus“. Ich lief dann mit meinem voll gefüllten Kohlenkübel sofort dorthin, um es wieder anzufachen und um kräftig nachzulegen. Diese Arbeit hielt uns ziemlich auf Trab. Daher ernannte ich Fritz zum stellvertretenden Oberheizer und erholte mich beim bloßen Herumrennen.

Da fragte ich Fritz: „Was kannst du eigentlich?“ – „Nichts“, antwortete er mit rührender Offenheit. Ein Gedanke durchzuckte mich. „Kannst du vielleicht Haare schneiden?" – „Ich kann's lernen. Aber nass rasieren kann ich. Das mach ich bei meinem Bart jeden Tag. Rasierschaum machen kann ich gut. Das Rasiermesser schleif ich zuerst auf einem harten, dann auf einem weichen Stein. Soll ich dich rasieren?" – „Es geht um mehr! Wir geben das Heizen auf und eröffnen ein Friseurgeschäft." – „Und was würdest du dabei machen?", fragte er. „Ich kann zeichnen, dichten und Geige spielen, aber ich hab keine Geige." – „Dann könntest du die Reklame übernehmen – Plakate mit Werbetext und so." – „Prima, du bist wirklich sehr gescheit!", lobte ich ihn. „Aber wir haben kein Lokal, keinen Friseursalon", meinte er enttäuscht. „Warte, ich hab's! Der leere Imbissstand, für den Anfang ist er groß genug." Ich holte mir einige Töpfe und eine Schüssel aus der Küche. Zum Glück gab es auch eine offizielle Bewilligung der Lagerverwaltung, von der ich den Schlüssel für den Erfrischungskiosk nahe der Uferpromenade erhielt.

Fritz schlug mit seinem Rasierpinsel ununterbrochen Rasierschaum. Die Tür stand einladend offen. Als sich schaulustige Lagerinsassen ansammelten, enthüllte ich mein Plakat an der Seitenwand. Darauf war die Karikatur des britischen Königs mit gut sichtbaren Bartstoppeln am Kinn zu sehen, und darunter stand mit großen glänzenden Buchstaben: „Gosh, shave the chin!" („Mann, rasier das Kinn!") in Anspielung auf die britische Nationalhymne „God save the king".

Der weitere Werbetext lautete: „Internierte zahl'n am Ende, wenn zufrieden, eine Spende. And for those beyond the fence: shave and haircut seven pence" („Und für jene auf der anderen Seite des Zaunes: Rasur und Haarschnitt sieben pence"). Einige Zuschauer begannen laut zu lachen. Sogar jenseits des doppelten Drahtzaunes blieben Menschen stehen und lächelten.

Am folgenden Tag kamen drei höhere Offiziere und starrten ernst und aufmerksam auf das Plakat. Fritz verlangsamte seine Rasierschaumschlägerei, seine Miene wurde besorgt, während der Ausdruck des Obersten Ärger anzeigte. Sein Gesicht wurde rot.

Ich eilte herbei. „Hast du diesen Mist gemacht? Was hast du dir dabei gedacht?" – „Wirksame Werbung für unseren Friseurladen ..." – „Das ist Majestätsbeleidigung!" – „Das habe ich aber nicht beabsichtigt. Der König rasiert sich doch auch. Und vor der Rasur hat er auch Bartstoppeln. Also ..." – „Der Spruch da verspottet! Das Zeug muss weg!" Ich eilte zu meinem Kunstwerk und nahm es schnell herunter, um einem eventuellen wütenden Herunterreißen zuvorzukommen.

„Ich bin eigentlich Fleischhauer von Beruf." (*Karikatur, 1940*)

Die drei Offiziere gingen wortlos fort. Ich hielt meine Plakatrolle in der Hand und blickte ihnen bedrückt nach. Da drehte sich der Major kurz um, lächelte kurz und zwinkerte mir mit einem Auge zu. Meine Künstlerehre war gerettet!

Die Konservendose, die uns als Kassa diente, füllte sich jeden Tag mit kleinen Münzen, meist nur Pennies, auch Farthings, die den Wert eines Viertelpennys hatten. Und doch, das war nicht wenig, da man im Lager nicht viel verdienen konnte. Einige Internierte erhielten Geldspenden von englischen Freunden. Manche waren verheiratet oder verlobt. Da weibliche Flüchtlinge der Kategorie C nicht interniert wurden, sondern weitgehend in der Rüstungsindustrie arbeiteten, konnten sie ihre eingesperrten Lieblinge finanziell unterstützen.

Fritz musste bald Waschseife zum Rasieren verwenden, die weniger Schaum ergab. Später ersuchten wir den wachhabenden Soldaten, der uns stets freundlich mit „Bloody Gerry" begrüßte, uns von draußen Rasierseife und – last, but not least – Heftpflaster und Alaunsteine zur Blutstillung zu besorgen. Wir gaben ihm dafür großzügiges „Körberlgeld" und stellten ihm Gratisrasuren in Aussicht.

Die meisten Kunden verlangten einen Haarschnitt. Da ich nun mit Werbung nicht mehr ausgelastet war, half ich dabei als Topfhalter. Fritz suchte den passenden Küchentopf aus – einige standen auf einem Brett zur Wahl – stülpte ihn sanft auf das Haupt des Kunden, probierte die beste Position aus, und ich hielt das Küchengeschirr unverrückbar fest. Fritz schnitt die Haare des Kunden ganz kurz bis zum Topfrand, dann nahm ich das Küchengeschirr weg, und der Haarschnitt wurde je nach Wunsch „kurz", „mittellang" oder „lang" vollendet.

Die meisten Kunden hatten langes dichtes Haar, ältere Männer waren im Lager in der Minderheit. Eines Tages dachte ich mir, dass es schade sei, solche Mengen Haare wegzuwerfen. Fritz war einverstanden, vor dem Schnitt Kopfwäsche zwingend vorzuschreiben. Die anfallenden nassen Haarmengen ließen wir in einem Winkel trocknen, dann stopften wir sie in zwei Polsterüberzüge und überließen sie gegen „Leihgebühr" als Luxuskissen der wohlhabenden Schicht.

Eines Tages kam ein gedrungener Mann in den „Friseursalon", sah sich um und lächelte. Ich fragte ihn, was er wünsche. „Darf ich weitermachen?", sagte er und schob mich sanft, aber mit kräftigem Druck zur Seite. Dann nahm er Fritz die Schere aus der Hand, und in kurzer Zeit hatte der Kunde einen prächtigen Haarschnitt. Der Neue erzählte uns, dass er den Friseurberuf in Wien erlernt hatte, ehe er arbeitslos wurde. Daraufhin widmete er sich dem Kraftsport. Inzwischen hatte er seine Muskeln teilweise eingebüßt und durch Fett ersetzt, wie er selbst sagte. Berti war bereit, bei uns „auszuhelfen". Sofort vereinbarten wir, dass er unser Teilhaber sein würde – die Einnahmen wollten wir zwei zu eins zu eins aufteilen. Die Preise erhöhte ich stillschweigend um 100 % mit dem Hinweis: „Ehemaliger Meister von Ottakring (Wien) übernimmt ab sofort den Betrieb." Ich verschwieg die nebensächliche Kleinigkeit, dass Berti kein Friseurmeister, sondern nur einmal Sieger im Preisschnapsen in einem Gasthaus im 16. Bezirk geworden war, also sozusagen ein „Meister" im Bauernschnapsen.

Der Andrang der Kunden war bald gewaltig. Sogar solche kamen, denen Fritz und ich erst vor Kurzem einen Haarschnitt verpasst – besser gesagt: verpatzt – hatten. Wir installierten eine Wartebank vor dem „Salon". Nach ein paar Tagen kam ich mir überflüssig vor. Fritz fühlte dasselbe. Wir überließen Berti das Geschäft samt Kundenstock und Inventar ohne Ablöse. Die Kochtöpfe nahmen wir mit, der Fachmann brauchte sie nicht. Meine illustrierten Werbeplakate aber blieben an der Innen- und Außenwand hängen, um die „nackten Bretterwände zu verdecken", wie der neue Chef meinte.

EINE FAST VOLLAUTOMATISCHE GESCHIRRSPÜLMASCHINE

Nachdem wir unseren Friseurladen aufgegeben hatten, erinnerte ich mich, dass Fritz nach der Hauptschule kurz in einer Lehre bei einem Installateur gewesen war. Dort hatte er eigentlich nur gelernt, die schwere Werkzeugkiste zu den Kunden zu tragen. „Aber durchs Zuschauen ist schon was hängen geblieben", meinte er damals. Das fiel mir ein, als ich die rostige Badewanne neben der Küche erblickte. In dem von Spinnweben überzogenen Badezimmer gab es nur Kaltwasser. Wir hatten deshalb keine Gewissensbisse, die Wanne zu demontieren. Die Küche wurde von niemandem benutzt. Sie war mit zwei Herden ausgerüstet. Fritz schüttelte zweifelnd den Kopf, als wir die Wanne auf die beiden Herde stellten und darauf verkeilten, damit sie nicht wackeln konnte. An der Abflussöffnung der Wanne war noch ein Rohrstück befestigt, das über den Rand des Herdes reichte. Es sollte als Wasserabfluss dienen. In der Mitte des gekachelten Fußbodens befand sich ein rundes Kanalgitter. Fritz schüttelte wieder den Kopf, als er skeptisch die Brause abschraubte und sie mittels eines Schlauches bis oberhalb der Wanne verlängern sollte. Am Ende fragte Fritz: „Und da oben willst du dir ein heißes Vollbad nehmen? Na, habe die Ehre!" – „Was fällt dir ein? Glaubst du, ich bin ein Selbstmörder? Nein, das ist unsere neue Erfindung: die fast vollautomatische Geschirrwaschmaschine!"

So bewarben wir uns um die kürzlich frei gewordene Stelle für Geschirrwäscher. Berge von ungewaschenen Tellern, Schüsseln, Gläsern,

Tassen und Besteck stapelten sich auf der Abwasch, dem Tisch und dem Fußboden. „Das machen wir spielend“, rief ich fröhlich dem Häuserblock-Sprecher zu und vereinbarte eine tägliche kleine Spende für die Arbeit. Neugierig zogen sich die Gesprächspartner zurück.

„Da hast du uns was Schönes eingebrockt!“, brummte Fritz pessimistisch und schleppte schmutziges Geschirr in zwei Kübeln heran. „Dreh bitte das Wasser auf“, rief ich mit einem Ton des Triumphes. Die Brause sprühte kräftige Wasserstrahlen in die Wanne, die halb voll mit Geschirr aufgefüllt war. Den Brausekopf hatten wir wie ein Pendel oberhalb der Wanne befestigt, und er schwang entlang der Wanne, sodass der gesamte Geschirrhaufen bespritzt wurde. Als das Wasser fast bis zum Rand reichte, rief ich auf dem Sessel stehend und die Pendelbewegung der Brause bremsend: „Ventil öffnen – Kette hochziehen!“ Fritz zog an der Schnur, die an der Kette des Abflussstöpsels der Wanne befestigt war, und Schmutzwasser schoss aus der Abflussröhre über den Boden in den Kanal. Fritz sprang auf den zweiten Sessel, um seine Füße aus dem „Überschwemmungsgebiet“ in Sicherheit zu bringen. Unmittelbar oberhalb des Abflusses hatten wir locker ein Sieb angebracht, das die groben Speisereste zurückhielt und so Verstopfungen des Abflussrohres verhinderte.

Fritz grub seine Hand durch den Geschirrhaufen und verschloss den Ablauf der Wanne. Er holte die Speisereste vom Sieb und warf sie in einen Eimer, dann schraubte er den Brausekopf ab und ließ durch den Schlauch Wasser in die Wanne fließen. Nun kam der große Augenblick: Wir zündeten alle Gasflammen der beiden Herde unter der Wanne an und jeder schätzte, wie lange es dauern würde, bis das Wasser in der Wanne sieden würde. Der letzte Handgriff war das Hineinwerfen von zwei Stück hellroter Karbolseife, die im Lager für alle Reinigungszwecke verwendet wurde.

Jetzt konnten wir uns zurücklehnen, spielten Schach, dann Schnapsen. Endlich, nach knapp zwei Stunden, begann die Lauge zu sieden. Wir drehten ein paar Gasflammen ab und ließen die Lauge für uns arbeiten. Das Geschirr klapperte leise in der Wanne. Die Geschirrwäsche funktionierte! Wieder gab ich das Kommando zur Öffnung des Ventils und die heiße Lauge floss auf den Boden und hüllte unseren im Souterrain befindlichen „Abwaschraum“ in Dunst und Karbolgeruch.

Wir entschlossen uns, das Geschirr nicht mehr zu spülen, weil es so sauber strahlte. Als es abgekühlt war, schlichteten wir es mühelos in Kübel und trugen diese in den Speisesaal im Parterre. Dort sortierten wir alles in Windeseile und stellten eine Dose mit einem Schlitz für Münzeinwurf gut sichtbar auf den Tisch.

Als wir den Deckel der schwer gewordenen Sammelbüchse öffneten, fanden wir zahlreich Penny-Münzen. Offensichtlich war man mit unserer Arbeit zufrieden ...

Fritz und ich verringerten und verkürzten allmählich unsere spärlichen Handgriffe und Schritte auf ein absolutes Minimum – nicht aus Bequemlichkeit, sondern aus einem lächerlichen Ehrgeiz: Wir wollten möglichst nahe an eine „vollautomatische Geschirrwaschanlage" herankommen. Während wir Schach spielten oder lasen, zog einer ganz nebenbei und mechanisch an einer Schnur, ohne einen Blick hinzuwerfen. Durch die Betätigung schwang der Brausekopf bis an das eine Ende der Wanne und beim Loslassen der Schnur pendelte er wieder selbstständig zum anderen Ende zurück. Ein dicker Draht, wie ein Fragezeichen gebogen, befand sich am Boden der Wanne. Wenn einer von uns das herausragende Ende des Drahtes vorsichtig bewegte, wurde der Geschirrhaufen durcheinander gerüttelt, was den Reinigungsvorgang erwiesenermaßen förderte. Diese Handgriffe konnten wir sitzend ausführen.

Wir wurden mehrfach gelobt, weil der gekachelte alte Fußboden dank der täglichen Überschwemmungen mit konzentrierter karbolhaltiger Seifenlauge in neuem Glanz erstrahlte. Mit Hilfe eines straff gespannten Seils und einiger Decken hatten wir einen Vorhang geschaffen, der die beiden Gasherde mit der daraufliegenden Badewanne verdeckte. Nur die Spüle, unser Tisch mit den beiden Sesseln und die Reihe der Eimer waren für die Eintretenden sichtbar.

Eines Tages traf uns ein schwerer Schicksalsschlag. Eine Abordnung, bestehend aus Offizieren der Lagerleitung und einem Internierten, schritt zum Vorhang und blickte starr auf die brodelnde Brühe. Der Oberst fragte schroff: „Was ist das?" – „Es ist unsere fast vollautomatische Geschirrwaschanlage, leider nur in der primitiven Versuchsausstattung ..." Ohne einen Funken von Bewunderung oder Anerkennung hielt er mir plötzlich einen Suppenteller vors Gesicht, auf dem in der Mitte ein rotes, flaches Etwas klebte – der Rest eines Stückes Karbolseife. „Sag den Tellerwäschern, was passiert ist!", forderte der Oberst den Lagerinsassen auf.

„Die Suppe ist mir gleich beim ersten Löffel irgendwie komisch vorgekommen", schilderte der Mitgefangene, „aber den anderen hat sie gut geschmeckt, also hab ich sie hinuntergewürgt. Und dann, am Boden des Tellers dieser angepickte Knödel – pfui Teufel. Muss ich jetzt ins Spital? Bin ich vergiftet?" Ein Arzt musste den unglückseligen Suppenseifenesser beruhigen, dass er nichts zu befürchten habe, obwohl dieser angstschlotternd behauptet hatte, beim Aufstoßen seien Seifenblasen aus seinem Mund herausgeflogen.

„Wer hat euch überhaupt erlaubt, die Badewanne auf die zwei Herde zu stellen? Das ist völlig absurd!“, zischte der Oberst. „Nein, innovativ! Solche Geschirrspülmaschinen würden viel Zeit sparen auf der ganzen Welt.“ Der Major blinzelte schelmisch und befahl laut: „Anyway, die Wanne muss schleunigst weg, und ihr beide seid sofort entlassen …“ – „Aus der Lagerhaft?“, wagte ich zu fragen. „Aus der Geschirrwäscherei!“

Fritz begann eine dritte Karriere als Hofkehrer. Ich aber meldete mich als Torfstechergehilfe, denn da konnte nichts schiefgehen, bei einem Jahrtausende alten, bestens bewährten Gewerbe gab es wohl nichts mehr zu verbessern.

ALS TORFSTECHER IM HOCHMOOR

Mein Chef war ein kleiner, gedrungener Mann, etwa 60 Jahre alt, mit einem runden, faltenlosen Gesicht und einer Glatze. Er holte mich vom bewachten Ausgang des Lagers ab. Nun war ich – beinahe – in der Freiheit! Wir gingen auf einem menschenleeren Weg entlang der Küste, bis wir zu einer öden, baumlosen Gegend kamen, die mich an Viehweiden oberhalb der Baumgrenze in den Alpen erinnerte. Der Moorboden gluckste bei jedem Schritt, und man sank einige Zentimeter tief ein. Später schaukelte der Boden noch mehr, und schwarzes Wasser quoll neben den Schuhen hervor. „Geh dort, wo Grasbüschel sind, dort ist der Boden fester!“, riet mir mein Lehrmeister. Er erzählte mir, dass unweit von unserer Stelle einmal ein Fuhrwerk samt zwei Pferden und Kutscher spurlos im Sumpf versunken sei. Endlich kamen wir an den Ort, wo bereits Reihen von Torfquadern zum Trocknen in langen Reihen gestapelt waren. Nach dem langen Marsch ruhten wir uns vorerst einmal auf einer Sitzbank aus Torffladen aus. Er packte eine Thermosflasche mit Tee und Weißbrot-Sandwiches aus und teilte mit mir das Gabelfrühstück. Er fragte mich nach meinem Herkunftsland und -ort aus, und ich schilderte ihm Österreich und Wien in leuchtenden Farben. Er erzählte mir, dass die Katzen auf der Insel Man eine Kreuzung zwischen Kaninchen und gewöhnlichen Katzen mit Schwanz seien. Er ließ sich davon nicht abbringen. Außerdem erklärte er mir, dass die

Insel Man nicht zu Großbritannien gehöre, sondern eigenständig sei und eine direkte Abmachung mit dem König von Großbritannien habe. Da die Insel nicht den Krieg erklärt habe, sei sie neutral. Alle Bewohner würden aber zu Großbritannien halten und die Deutschen hassen, sagte er. „Du scheinst aber kein so schlechter Gerry zu sein", meinte er gutmütig. „Wieso, ‚kein so schlechter'? Wie kommen Sie darauf?" – „Naja, alle meinen ja, ihr seid ‚Bloody Gerries'. Und, hm, viele meinen, ein guter Gerry ist nur ein toter Gerry. Will dich nicht kränken oder beleidigen. Es gibt halt solche und solche, gute und schlechte, wie überall auf der Welt. Es ist halt Krieg, und alle haben Angst vor deutschen Spionen und so." Ich sagte: „Es gibt sicher auch gute Deutsche, und es hat viele gute Deutsche gegeben, und die schlechten Deutschen gehören angeklagt und verurteilt und bestraft. Hier im Lager kenne ich viele, aber ich habe keine schlechten Deutschen bemerkt, die man umbringen sollte."

Inzwischen war es fast zwölf Uhr geworden. Jetzt erst wurde mir gezeigt, wie man mit dem Spaten richtig Torf sticht – nicht zu tief und nicht zu seicht, genau senkrecht, nicht heftig stoßend, nicht reißend, nicht krampfhaft, und zwar in besonderer Stellung, um die Gelenke zu schonen. „Obwohl sie mir dennoch weh tun, die verdammten Gelenke." Ich bedauerte ihn, und wir fanden gemeinsam heraus, dass einzig und allein seine Kiefergelenke vom Rheuma verschont geblieben waren. Auch ich litt an ähnlichen Gelenksschmerzen. Da kam mir eine Idee: Die schwarze, breiige Moorerde, die in den Gräben nach dem Torfstechen zum Vorschein kam, müsste doch Heilwirkung besitzen. Ich wusste von Moorpackungen in Kuranstalten. „Was halten Sie davon, wenn ich mich ausziehe und einschmiere mit dem schwarzen Zeug? Vielleicht hilft's." Er hatte nichts dagegen. Vollkommen schwarz lag ich statt zu arbeiten auf einer Liege aus Torf und ließ mich von der Sonne wärmen. Als es bald 16 Uhr 30 wurde, spülte ich mich im Meer ab, zog mich an, und wir marschierten zurück zum Lager.

Am folgenden Tag fragte mich der alte Torfstecher, ob mir das Moorbad geholfen hätte. „Spürbar weniger Schmerzen. Im Genick fast schmerzfrei. Aber soviel ich gehört habe, dauert so eine Kur mindestens drei Wochen, besser noch sollen vier Wochen sein." Zögernd begann sich der Torfmeister zu entkleiden und einzuschmieren. Wir halfen uns gegenseitig im Rückenbereich. Gegen Kopfschmerzen schmierten wir uns auch das Gesicht und die Haare ein – schaden kann's ja nicht.

Als wir die Kur bereits dreieinhalb Wochen durchgeführt hatten und große Fortschritte in der Schmerzlinderung fühlten – vielleicht half auch

„Es geht wieder bergauf mit uns!". Torfstechen außerhalb des Internierungslagers (Zeichnung, 1941)

das Ruhen statt des mühevollen Torfstechens –, kam eine Gruppe von drei Offizieren auf uns zu. Leider bemerkten wir sie zu spät, weil wir mit geschlossenen Augen ruhten. Die Offiziere brüllten nur mich an, nicht meinen Meister. Der nickte nur stumm und ernst, als ich erklärte, dass wir ein „heilendes Moor" entdeckt hätten, das die Grundlage für künftige, blühende Kuranstalten bilden könnte. Unser Rheuma sei praktisch wegkuriert. Der Meister erklärte bescheiden, dass die Ehre dieser Entdeckung mir zustehe, er sei nur meinem Beispiel gefolgt.

Kopfschüttelnd und wortlos zogen sich die Offiziere zurück, während wir uns im Meer die schwarze Schicht abwuschen und uns wieder ankleideten. Fast schmerzfrei geworden, nahmen wir unser Torfstechen frisch und munter wieder auf.

Eines Morgens, als wir früher als sonst auf dem Weg zur Arbeit waren, bemerkten wir, wie eine nackte männliche Gestalt dem Meer entstieg. Kurz danach begegneten wir dem Major auf dem Pfad zum Lager. Er grüßte uns, ein kaum sichtbares Lächeln auf den Lippen, mit einem leicht schelmischen Zwinkern. Er salutierte lässig und auf seinem Handrücken bemerkte ich einen verräterischen schwarzen Fleck ...

PEDALSPATEN UND BELÜFTETE STIEFEL

In meinem Wäschevorrat befanden sich keine Strümpfe mehr, nur mehr zwei Paar Socken – ein Paar mit je einem riesigen Loch, größer als meine Fersen, und ein Paar mit je drei Löchern. Ich hatte zwar einen großen runden Stein aus der Brandung, auf dem ich richtig Löcher stopfen konnte, doch die Löcher waren zu groß und mein Fleiß zu gering. Ich nähte daher den ganzen schlechten Socken über das Loch des besseren Sockens und schnitt nach rasch getaner Arbeit den schlechten Socken ab. Dasselbe tat ich mit dem zweiten Paar. Dazu zog ich mein einziges Paar Schuhe an, die schon während der Geschirrwaschzeit sehr gelitten hatten, und nun durch das feuchte Moor nur mehr nass und aufgeweicht dahinsiechten. Ich steckte zwei ca. 15 cm lange Stücke eines der Länge nach aufgeschlitzten Schlauches in meine Hosentasche. Am Moor zog ich mir die Schuhe und Socken aus und legte sie in die pralle Sonne zum Trocknen. „Und wie willst du mit dem Spaten arbeiten? Barfuß wird das kaum gehen." Lächelnd zog ich meine beiden Schlitzschlauchstücke aus der Tasche, stülpte sie auf die beiden Oberkanten des Spatenblattes und sagte: „Spatenpedale für Barfüßler." Die dämpfende Vorrichtung bewährte sich wunderbar – angenehm für die Fußsohle, kein Schwitzen des Fußes im Sommer, nebenbei die Möglichkeit des Watens in der gesundheitsfördernden Moorerde, leichtes Auswechseln der Gummimanschetten, keine Bearbeitung oder Veränderung des Spatens notwendig, Schonung der Schuhsohlen usw.

Nach einigem Zögern folgte der Meister meinem Beispiel, zog Schuhe und Socken aus, stülpte mein linkes Schlauchstück auf seine rechte Spatenkante und stellte staunend fest, dass er bloßfüßig nicht schlechter Torfstechen konnte als auf die herkömmliche Weise.

Einige Zeit später bekam ich als Anerkennung für meine Arbeit als Torfstecher von der Lagerverwaltung ein Paar nagelneue grüne Gummistiefel. Mir war das sehr recht, denn die kühle Jahreszeit würde meinem Barfuß-Arbeiten ein Ende setzen. Um das jämmerlich geflickte Paar Socken zu schonen, schlüpfte ich in meine „Wellingtons“ hinein. Dank der Gummiauflage auf der Spatenoberkante spürte ich beim Torfstechen nicht den harten Stahl durch die Gummisohle, aber das Schwitzen war schrecklich!

Im Lager schnitt ich mehrere, ca. 30 cm lange Stücke vom Gummischlauch ab, schlitzte sie aber nicht auf, sondern klebte sie mit Heftpflaster zu einem ca. 15 cm breiten Rechteck zusammen. Dann stellte ich meinen rechten nackten Fuß darauf und schnitt nach dem Umriss der Fußsohle eine passende Einlage. Dasselbe machte ich aus weiteren Schlauchstücken mit dem rechten Fuß. Dann tauschte ich die verstunkenen, einen Tag lang getragenen Gummistiefel gegen ein größeres Paar um. Der Materialverwalter brummte zwar, sah aber schließlich ein, dass ich mit zu engen Stiefeln Hühneraugen und Blasen bekommen würde, was meine Tagesleistung an gestochenem Torf drastisch senken müsste. Die beiden aus Gummiröhren bestehenden Einlagen steckte ich in die Stiefel hinein und legte eine dünne Schicht Stroh darüber.

Während die meisten Stiefelträger dafür geeignete Hosen trugen, am besten Reithosen aus Schnürlsamt, hatte ich nur eine, die für das Tragen von Gummistiefeln nicht passte. Die Hosenbeine waren zu eng zum Tragen über den Stiefeln, aber zu breit zum Hineinpassen in die Stiefeln. Ich wagte eine nochmalige Vorsprache beim Materialverwalter. „Reithosen? Wozu brauchst du Reithosen? Wo ist dein Pferd?“ – „Pferd hab ich keines“, stotterte ich. „Also, merk dir das: Von mir kriegst du keines!“

Daraufhin hänselten mich bald die Soldaten der Lagerverwaltung: „Brauchst du nicht einen neuen Sattel für dein Reitpferd?“ – „Zu welchem Kavallerieregiment wirst du einrücken?“ – „Wie kann man vom Pferderücken aus überhaupt Torfstechen? Ist dein Pferd darauf trainiert? Hast du ihm den Spaten an den Hufen montiert?“

Am folgenden Tag kam ich mit einer echten Reithose daher. Mein guter Meister hatte sie mir geliehen. Sie gehörte eigentlich seinem Sohn, der ein passionierter Reiter war.

Bevor ich wusste, dass ich eine Reithose erhalten würde, musste ich mich notgedrungen auf das Tragen meiner eigenen Hose einstellen. Nach vielen Versuchen fand ich eine Notlösung: ich stülpte die Hosenbeine bis über den Rand der Gummistiefel. Das ging sich knapp aus. Aber diese Methode behinderte die Lüftung meiner Stiefel – die Stulpen verhinderten den Luftaustausch. Was blieb mir da anderes übrig, als in die geliehenen Gummistiefel – unter dem oberen Ende – Luftlöcher zu schneiden? Um meine Theorie zu bestätigen, befestigte ich kleine Zettel aus Zeitungspapier mit einem kleinen Stück Heftpflaster oberhalb jedes der sechs Löcher im Schaft der Gummistiefel, sodass sie die Öffnungen locker bedeckten. Und siehe da – beim Gehen öffneten und schlossen sich diese „Flatterventile" heftig, was auf Zugluft im Stiefel schließen ließ. Bei jedem Schritt drückte zuerst die Ferse auf die Hinterseite der parallel nebeneinander geschlichteten Luftschläuche und Luft wurde vorn unter den Zehen herausgepresst, sie strömte oben bei den Löchern heraus. Sobald der vordere Fußballen auf die Schläuche drückte, presste er Luft bei der Ferse heraus. Wenn sich die Fußmitte abhob, wurden die zusammengequetschten Schläuche entlastet und bekamen einen kreisrunden Querschnitt, wobei frische Luft von außen durch die oberen Löcher hinunter zu den Zehen und zur Ferse angesaugt wurde.

Ein Nachbar verkaufte mir ein halbvolles Fläschchen Rasierwasser, das laut Etikett nach Irish Moos und Lavendel duftete. Ein paar Tropfen davon schüttete ich in jeden Stiefel. Jedem, der es wissen wollte, erklärte ich den Mechanismus, zu allererst dem Materialverwalter. Sein staunendes Auge fiel sofort auf die herrliche Reithose. „Die hat mir der Torfmeister geliehen", erklärte ich. „Die Gummistiefel sind auch nur geliehen", schrie er. „Und was seh ich da? Verdammt noch einmal, da sind ja Löcher drin, mutwillig herausgeschnitten ..." Ich demonstrierte sofort meine Lüftungstechnik. Er beugte sich sogar hinunter, um den frischen Lavendelduft aus den Luftlöchern zu riechen, der bei meinem Schreiten herausquoll wie der Rauch aus einer fahrenden Dampflokomotive. „Aber trotz allem – wenn du einmal aus dem Lager ganz herauskommst, musst du die Stiefeln zurückgeben. Die stehen da in meinen Büchern." – „Meine haben ja schon sechs Löcher. Schreiben Sie das und mustern Sie die Stiefel als kaputt aus." Das tat er schließlich.

Und als ich endlich das Lager verlassen durfte, nahm ich die Gummistiefel mit. Zwar waren sie abgetragen, rochen aber immer noch angenehm nach Irish Moos, Lavendel – und nach Torf von der Isle of Man.

Ab August 1940 wird mit den Entlassungen aus den Internierungslagern begonnen. Eine Möglichkeit, um in Freiheit zu kommen, ist die freiwillige Meldung zu den Pioneer Corps. Die Pioneer Corps sind unbewaffnete Hilfstruppen, die in erster Linie für Aufräumungs- und Bauarbeiten eingesetzt werden. Trotz der Wichtigkeit dieser Einheiten für die Kriegsanstrengungen lehnen viele Flüchtlinge den Beitritt ab, weil sie mit der Waffe gegen Hitler-Deutschland kämpfen wollen. So auch Rudolf Kauders,

Winkende Internierte hinter dem Stacheldraht: Kameraden verlassen das Camp, um zum Pioneer Corps zu gehen (Zeichnung, 1940).

der nach wie vor auf seine Chance wartet, in der britischen Armee gegen Großdeutschland eingesetzt zu werden. Er nützt aber eine andere Möglichkeit zur Entlassung, indem er sich wieder als Landarbeiter meldet.

Am 1. August 1941 verlässt Rudolf das Peveril Camp und kehrt am folgenden Tag – also dreizehn Monate nach seiner Abholung – noch einmal auf die Batty Farm zurück. Er wird herzlich empfangen und findet seine kurz vor der Inhaftierung begonnene Hühnerzucht florierend vor. Der Großvater hat sich in der Zwischenzeit um die Tiere gekümmert, die Eier verkauft und die Einnahmen für Rudolf angespart.

Nach nur knapp zwei Wochen Aufenthalt bei Familie Dobson kommt er auf eine Farm in Ingleton, ehe er Anfang November 1941 im wenige Kilometer entfernten Burton in Lonsdale seine letzte Stelle in Yorkshire als Farmgehilfe antritt. Abermals gelangt er an einen mürrischen Farmer.

DIE FARMERSFRAU

Die Frau des Farmers saß mir gegenüber, wir aßen unser Nachtmahl. Sie redete wenig oder gar nicht. Ich las die Zeitung, die ich neben meinen Teller gelegt hatte. Plötzlich brach sie das Schweigen. Das war sonst nicht üblich. Sie räusperte sich, sah mich an und sagte leise: „Es tut mir leid, ich habe den Eindruck, mein Mann behandelt Sie vielleicht nicht ganz so, wie es sich gehört, bitte um Entschuldigung." Ich lächelte und meinte: „Mir geht es nicht schlecht, sogar ziemlich gut – weil Sie da sind. Ihre Anwesenheit tröstet mich über alles hinweg." Sie errötete und flüsterte: „Er ist so geizig. Ich kann nicht verstehen, warum er Ihnen keinen Lohn zahlt." „Ganz meine Meinung!", wollte ich antworten. Doch ich erkannte rechtzeitig, dass ich ihr damit keinen guten Dienst erweisen würde. Ich sprach ihr also Mut zu: „Ich bin froh, dass ich gerettet und in England bin, und hier geht es mir relativ gut. Ihr Mann ist schließlich auch geizig für Sie, damit es Ihnen jetzt und später gut gehen soll." Sie strahlte glücklich und lächelte dankbar.

Ich senkte die Augen, dachte mir meinen Teil, aß und las weiter. Dann stand ich auf, verbeugte mich, dankte für alles und ging hinaus zur Arbeit. Im Hof traf ich den Farmer, der aus seinem Auto stieg. Wir wechselten ein paar Worte. Da fiel mir ein, dass ich ihn noch etwas fragen sollte, um ganz sicher zu sein, dass kein Missverständnis möglich sei. Ich kehrte um und blieb vor der Tür stehen. Ich hörte ihre Stimme: „Aber wo denkst du hin! Weder er noch ich – kein Flirten! Ich liebe nur dich, das weißt du." Die Stimme des Farmers klang rau und gehässig, wie mir schien: „Schlau ist er ja, der Gerry. Er erzählt ungeniert herum, dass er keinen Penny hat, weil ich ihm keinen Lohn zahle. Dabei ist er ja noch nicht ausgelernt!"

Ich lief rot an, spürte die aufsteigende Wärme im Gesicht. Da zählte ich bis zwölf, klopfte an die Tür und öffnete sie. „Du hast die letzte Zeit nicht so schlecht gearbeitet! Da hast du!" Er schob Half a Crown zu mir hin. Diese Silbermünze war die Hälfte von fünf Shillings wert, ein lächerlich geringer Wert.

Ich vergaß alle meine Vorsätze, bekam einen Wutanfall, hielt die Münze hoch und schrie: „Ich will einen regelmäßigen Lohn, keine Almosen!" Statt ihm die Münze mit einer kleinen Verbeugung zu überreichen, explodierte ich, die aufgestaute Energie entlud sich, indem ich das Geldstück mit aller Gewalt auf den Tisch schleuderte, wo es eine kleine Delle hinterließ, emporsprang und in einem Winkel verschwand.

Der Farmer stand wortlos auf und suchte die Münze. Da er mir so die Hinterseite zuwandte, konnte ich nicht auf seinem Gesicht ablesen, ob er sich freute oder ärgerte über meine schroffe Zurückweisung seiner milden Gabe.

Oft habe ich diesen Tobsuchtsanfall bereut. Je zorniger und lauter man schreit, umso wirkungsloser sind die Argumente, und umso mehr unerwünschte Nebenwirkungen haben sie. Kurzum, ich hatte falsch gehandelt ...

Ich stand auf, schaute die Hausfrau voll Reue an, sagte „Sorry" zum Gesäß des Farmers, packte meine Sachen und fuhr nach Loughborough zum War Agricultural Committee, um mich in ein Hostel für Landarbeiter einweisen zu lassen.

Mit dieser „Kündigung" verlässt Rudolf Kauders den nördlichen Teil Englands und zieht in die Grafschaft Leicestershire im Zentrum der Insel. Er bleibt Landarbeiter, meldet sich aber dieses Mal direkt beim War Agricultural Committee. Diese Landwirtschaftskomitees, die sich als einzelne Sektionen über das ganze Land erstrecken, sollen zentral die Landwirtschaft der einzelnen Grafschaften verwalten und sind verantwortlich sowohl für den Anbau als auch für die Zuteilung der Arbeitskräfte, um die Nahrungsversorgung während des Krieges zu gewährleisten. Rudolf zieht in das vom War Agricultural Committee verwaltete Landarbeiterheim „Old Longcliffe Hostel" in Nanpantan, einem kleinen Dorf in der Nähe von Loughborough.

IN NANPANTAN

Wenn man keine ständige Unterkunft bei einem Farmer nachweisen konnte, kam man in ein Landarbeiterheim, das als zwingend vorgeschriebener Wohnsitz diente. Man war dort wieder unter sich, eine Ansammlung von „Bloody Gerries“, aber diesmal ohne Stacheldraht. Ein Anstaltsleiter überwachte die „Rekruten für Landarbeit“ und „vermietete“ sie an Farmer.

Ich kam als Nachzügler im Landarbeiterheim an. Außer zwei älteren Tschechen, politischen Flüchtlingen, waren die rund zwei Dutzend österreichischen und deutschen Emigranten Anfänger, die keine Ahnung von Landwirtschaft hatten. Einige von ihnen kannte ich vom Internierungslager. Der Leiter, ein älterer Emigrant mit Glatze und roter Nase, war ein Landarbeiter. Er wohnte nebenan mit seiner Familie in einer kleinen Hütte. Er stellte täglich, außer am Wochenende, die Arbeitsgruppen für die benachbarten Farmer zusammen, wobei er darauf achtete, dass zumindest ein besonders arbeitswilliger Mann in einer Gruppe war, um Beschwerden der Farmer wegen Unbrauchbarkeit der Arbeiter vorzubeugen. Die Farmer bezahlten eine vorgeschriebene Summe für jede Arbeitskraft pro Tag, der Leiter sandte die Listen mit den Abrechnungen und den eingenommenen Beträgen an das War Agricultural Committee in Leicester. Der Koch bestellte Vorräte, vor allem Konservenbüchsen, Kartoffel und Gemüse bei der Einkaufsabteilung des „Kriegs-Landwirtschafts-Komitees“. Wir erhielten sehr wenig Lohn, aber freie Kost und Quartier. Eventuelle Ausgaben für Autobusfahrten zur Arbeitsstelle und zurück wurden vergütet.

In einer kurzen Mittagspause verzehrten wir die mitgebrachten Esspakete auf dem Feld. Die Farmer steuerten – je nach Großzügigkeit – Wasser, Tee bzw. Trinkschokolade bei. Einige von den Gentleman-Farmern, die intelligente, gebildete Großbauern waren, luden die ihnen zugeteilten Arbeitskräfte sogar zum Mittagessen im Kreise ihrer Familie ein. Nur Frühstück und Abendessen gab es im Heim an Werktagen. An Sonn- und Feiertagen gab es dort auch Mittagessen oder auf Wunsch Essenspakete.

Wir fanden bald heraus, dass wir hier zwar in Freiheit waren, aber sehr einsam, abgeschlossen und isoliert.

Im Landarbeiterheim lernt Rudolf Mr. Schick kennen. Der tollpatschige, aber auf seine Art geniale Musiker ist bei den Farmern nicht besonders beliebt. Sein beständiges Musizieren mit imaginären Musikinstrumenten wird nicht allerorts gern gesehen, vor allem nicht, weil ihm das rechte Talent zur unmusischen Handarbeit fehlt. Rudolf aber schließt den Hünen in sein Herz und hofft, ihn mit einer eigenen Trainingseinheit für die Rübenernte tauglich machen zu können.

DER GUTMÜTIGE MUSIKPROFESSOR

Wenn ich an die Zeit im Landarbeiter-Hostel zurückdenke, fällt mir zuerst eine Lichtgestalt ein: edel, hilfreich und gut. Naja, die Farmer waren allerdings von „hilfreich" nicht überzeugt. Sie stöhnten, wenn sie Mr. Schick in der ihnen zugeteilten Arbeitsgruppe am Morgen erblickten. Manche behaupteten taktlos, der lächelnde Riese sei keine Hilfe, eher eine Bürde. Der Heimleiter wies solche Beschwerden stets kurz ab: „Mein lieber Herr, Sie können sich nicht die Rosinen aus dem Kuchen picken. Sie haben eben eine gemischte Gruppe zugeteilt bekommen, so wie die anderen Farmer auch."

Einmal brauchte ich einen Radiergummi. Ich rief in den Saal hinein, ob mir jemand einen leihen könne. Ich erhielt keine Antwort. Eine halbe Stunde nach meinem Ruf kam ein Echo: „Endlich hab ich einen gefunden!" Ich schaute in die Richtung, aus der die Stimme kam. Freudig und triumphierend hielt Mr. Schick einen kleinen grauen Radiergummi in der erhobenen Hand. Er ergänzte: „Ich hab den ganzen Koffer ausleeren müssen, bevor ich ihn gefunden habe!" Der Koffer war groß und schwer. Neben ein paar Kleinigkeiten enthielt er hauptsächlich Notenblätter, Partituren und dicke Bücher. Das war sein ganzes Hab und Gut. Nie habe ich einen Menschen kennen gelernt, der so gefällig war wie er.

Die Arbeit auf dem Feld begleitete er stets mit dem Singen von Arien. Sobald er die beiden Hände frei hatte, vergaß er alles und imitierte ein Konzert. Er ahmte den Ton aller Musikinstrumente nach, meist die Solopartien. Am erfolgreichsten war er bei Blasinstrumenten und Trommeln.

Als wir gemeinsam einem stets missmutigen, mürrischen Großfarmer zugeteilt wurden, warnte ich Mr. Schick: „Mit diesem Kerl ist nicht zu spa-

Nanpantan Hostel: Das zerstreute Musikgenie Mr. Schick auf dem Weg zur Arbeit (Zeichnung, 1942)

ßen! Ich hab das Gefühl, der kann uns Refugees nicht ausstehen. Vielleicht könnten Sie Ihre Musikdarbietungen bei dem da unterbinden!“ Er hörte aber nicht auf meine wohl gemeinte Warnung.

So kam es, dass der Farmer plötzlich auf den musizierenden Mr. Schick zueilte, sich vor ihm verbeugte, ihn sanft an der Hand fasste und ihn strahlend vor Freude in sein Mansion House führte. Mr. Schick brauchte nicht zu arbeiten – er sang, spielte am Klavier und bekam gutes Essen. Und der Heimleiter vernahm erstaunt, dass er dem Farmer jeden Tag den „Musikanten“ schicken müsse. „Den können Sie haben – mit Freude! Den nimmt Ihnen keiner weg!“, brummte der Heimleiter und starrte nachher ein paar Sekunden lang ungläubig auf den Telefonhörer.

Als ich eine Kanne ins Farmhaus zurückbrachte, sah und hörte ich durchs Fenster, wie der Farmer und Mr. Schick gemeinsam vierhändig Klavier spielten – ohne Noten, Beethovens 5. Sinfonie. Beide wiegten einträchtig den Kopf zum Takt, und ein seliger Ausdruck lag auf den Gesichtern.

MR. SCHICK IM „NARRENTURM"

Der Linienautobus nach Loughborough hielt vor dem Hostel der Landarbeiter. Geduldig wartete der Chauffeur jeden Morgen einige Minuten lang, bis der letzte Refugee atemlos zur Haltestelle lief. Einer, der regelmäßig zu spät kam, war Mr. Schick. Sogar beim Laufen summte er eine Melodie, meist eine Polka. Freunde und Gönner nannten ihn einen etwas zerstreuten, tollpatschigen Künstler mit kindlichem Gemüt und voller Güte. Er gab selber zu, zerstreut zu sein.

Ich hielt stets einen Sitzplatz neben mir für ihn frei. Eines Morgens bemerkte ich, dass er statt der Gummistiefel seine Filzpantoffel anhatte. Der Schaffner gab aber schon das Zeichen zur Abfahrt, sodass Mr. Schick barfuß zur Arbeit antreten musste. Da seine Fußsohlen sehr empfindlich waren, schlug ich dem Farmer vor, er möge ihn zum Niedertreten im Grassilo einsetzen. Der Farmer fand den Vorschlag ideal, denn niemand sonst hielt eine solche „Trottelarbeit" aus: stundenlang im Kreis gehen, während das Laufband oben gemähtes Gras einfüllt, das dem Niedertrampler auf den Kopf fällt. Mr. Schick war aber hoch erfreut. Niemand lenkte ihn beim Singen und Musizieren ab, er konnte ungestört seine volle Lautstärke einsetzen.

Der Silo war ein Turm von etwa drei Metern Durchmesser und rund zehn Metern Höhe, der oben offen war. In ungefähr acht Metern Höhe befand sich eine kleine Luke, die von innen und außen verschließbar war. Nun stand sie offen, und wir hörten bei unserer Arbeit auf der Weide leise die musikalischen Darbietungen aus dem „Narrenturm".

Als wir abends im Hostel ankamen, rief ich: „Wo ist Mr. Schick?" Einige Kollegen und ich suchten ihn überall – keine Spur! Der Heimleiter rief den Farmer an, der eilte zu dem Silo und rief durch die Luke: „Mr. Sheek, are you down here?" Keine Antwort.

Erst am folgenden Morgen wurde er aufgefunden: Gesang tönte aus dem Silo! Mr. Schick war unermüdlich bis spät in die Nacht im Silo herumgestampft, bis er einschlief. Er war übrigens – eine Gemeinsamkeit mit Beethoven – sehr schwerhörig und hatte die Zurufe des Farmers nicht gehört. Er bekam ein riesiges Frühstück und nahm danach seine Tretarbeit im Silo wieder auf. Ich brachte ihm seine Gummistiefel, er zog sie aber nicht an, sondern fuhr mit seinen „Filzschlapfen" an den Füßen zurück ins Heim.

DAS TRAINING

Mr. Schick war jedes Mal traurig und verzweifelt, wenn er den Ansprüchen der Landwirtschaft nicht entsprach und Schaden statt Nutzen verursachte. Deshalb hatte ich dem Heimleiter vorgeschlagen, Mr. Schick immer mit mir zusammen in eine Arbeitsgruppe einzuteilen, was auch geschah.

Eines Tages, nach der Arbeit, sagte ich zu dem gutmütigen Riesen: „Was halten Sie von Training?“ – „Sehr viel! Äußerst nützlich, sogar notwendig! Ich trainiere ununterbrochen!“ – „Und was trainieren Sie?“ – „Musik natürlich! Schauen Sie, ich spiele mehrere Instrumente. Es hat lange genug gedauert, bis ich das alles erlernt habe. Und das soll ich wieder vergessen? Ich weiß, die Leute halten mich für blöd, wenn ich beide Hände vor dem Mund zappeln lasse – aber da übe ich Blasinstrumente. Dazu brauche ich eine Melodie. Ich könnte auch ganz ohne Töne spielen, nur im Kopf, da stelle ich mir die Noten vor. Aber ich spiele vieles auswendig, da summe und brumme ich eben vor mich hin. Jede Melodie ist außerdem vielstimmig, und da übe ich auch die anderen Stimmen, alles nach der Reihe. Und in einer Konzertpause stimme ich die Geigen und all die anderen Streichinstrumente; und wenn ich nicht meine ‚Musik‘ mache, halte ich meine Finger gelenkig, da zapple ich wild herum – aber ich komme unbewusst gleich wieder in eine Melodie hinein, meistens auf der Geige.“

Ich musste ihn nun wohl oder übel unterbrechen, um zum Hauptthema zu gelangen: „Halt, ich hab einen Vorschlag. Sie trainieren jetzt gleich Rübenaufladen.“ – „Wie bitte?“ – „Rübenaufladen, auf dem Feld, in den Pferdewagen.“ Enttäuscht ließ er seine linke Hand mit der imaginären Geige sinken, während er die rechte mit dem eingebildeten Bogen erstaunt hob: „Sie meinen also, wir reden von der Feldarbeit?“ – „Ja, schauen Sie her! Dieser Steinhaufen da, das sind die Rüben, und das Gebüsch ist der Erntewagen. Sie starten nahe beim Busch, dann immer ein paar Schritte weiter weg. Genau zielen, genau treffen! Morgen auf dem Rübenfeld sind Sie dann ein Könner!“ Jeder der Steinbrocken wog etwa ein halbes bis ein Kilogramm. Die ersten „Rüben“ schoss Mr. Schick weit übers Ziel, bis auf die Landstraße.

Nach zwei Stunden fanden wir, dass er auch aus größerer Entfernung gute Treffer erzielte. Der Heimleiter fragte mich später, ob er diesmal wieder Mr. Schick mit mir einteilen sollte. „Natürlich! Ich habe mit ihm lange trainiert. Er kann nun Rüben aufladen wie ein geübter Farmer. Und Riesenkräfte hat er auch!"

Der Farmer war misstrauisch und ablehnend gegen uns „Bloody Gerries". Er stieg auf den Wagen, der langsam die Reihen mit geernteten Rüben entlang fuhr. Das Beladen erfolgte von beiden Seiten. Auf der einen war eine englische Arbeitskraft damit beschäftigt, auf der anderen Mr. Schick. Das stundenlange Bücken führte erfahrungsgemäß zu einem schrecklichen Muskelkater im Kreuz und hinauf bis zu den Schultern und Armen. Ich bewunderte Mr. Schick, der noch keine Anzeichen von Müdigkeit erkennen ließ. Vor jedem Wurf kniff er das linke Auge zu, streckte den linken Arm genau in Zielrichtung aus und warf dann die Rübe treffsicher in den Erntewagen. Seit der Großfarmer auf dem Kutschbock saß, bemühte sich Mr. Schick anscheinend noch mehr. Bald war der Wagen voll geladen und setzte zur Heimfahrt an. Mr. Schick, der bereits zum Wurf seiner Rübe angesetzt hatte, verstärkte anscheinend in letzter Sekunde seine Wurfkraft. Die Rübe flog in eleganter flacher Kurve am Wagen knapp vorbei und traf eines der beiden Pferde am Kopf ...

Was nun folgte, war eine atemberaubende Katastrophe. Zuerst scheute das getroffene Pferd, der Wagen schwankte, das zweite Pferd galoppierte wohl oder übel mit, beide Zugtiere rasten wie besessen auf das breite Tor zu, das leider geschlossen war. Der Bauer hielt sich mit beiden Händen krampfhaft am Sitz fest. Das Tor splitterte, der Wagen kippte seitwärts, ein Rad flog durch die Luft, gefolgt vom Großfarmer. Dann standen die beiden Pferde zitternd still.

Mr. Schick war einer der Ersten an der Unfallstelle. „Sorry, sorry", schluchzte er und begann, die verstreuten Rüben einzeln einzusammeln – nicht werfend, sondern rollend auf einen Haufen, weit weg vom fluchenden Farmer. Dieser hatte sich anscheinend nichts gebrochen, nur Prellungen und Hautabschürfungen erlitten, samt Kratzern im Gesicht und an den Unterarmen.

Zum Glück war die Rübenernte fast beendet. Der Heuerntewagen wurde statt des havarierten Rübenwagens eingesetzt, die beiden Pferde, die kaum verletzt waren, wurden gegen die Schimmel des Nachbarfarmers ausgetauscht. Ich tröstete Mr. Schick, dass er nichts dafür könne, denn er hatte ja nur am stillstehenden Ziel geübt.

Im Zuge seiner Anstellung beim War Agricultural Committee kommt Rudolf auch in Kontakt mit der Women's Land Army. Diese Einrichtung hat sich in Großbritannien bereits Ende des Ersten Weltkriegs bewährt, als wegen fehlender Ackerflächen und mangels männlicher Arbeiter die Nahrungsreserven zu versiegen drohen. Um diese Gefahr nicht erneut einzugehen, wird die britische Landwirtschaft wegen des drohenden internationalen militärischen Konflikts bereits früher umgestellt und ab Juni 1939 auch mit Rekrutierungen und ersten Schulungen der „Land Girls" begonnen. Sind die jungen Frauen nach Kriegsausbruch im September 1939 zunächst hauptsächlich einer einzelnen Farm zugeteilt, wo sie meist auch wohnen, werden sie – ähnlich wie dies Rudolfs Erfahrungen schildern – im Laufe des Krieges straffer organisiert und nach Bedarf an verschiedene Farmen vermittelt und in Hostels untergebracht. Zu Rudolfs Zeit in Nanpantan wird auch ihm eine Truppe Land Girls zugewiesen. Seine Aufgabe besteht darin, ihnen Arbeiten zuzuteilen und sie fachmännisch zu kontrollieren.

THE WOMEN'S LAND ARMY

In England gab es im Laufe des Krieges immer weniger Männer, außer Burschen bis etwa fünfzehn Jahren und Greise. Junge Frauen waren in der Überzahl, ihre Verlobten und Gatten waren eingerückt. Die britischen Rekruten wurden nach kurzem Kasernentraining möglichst bald an die Fronten geschickt.

In der Landwirtschaft mangelte es an Arbeitskräften. Die Schaf- und Viehweiden mussten in Getreidefelder umgewandelt werden, denn die früher üblichen Getreideimporte wurden durch die deutsche U-Boot-Bedrohung weitgehend verhindert. Zur Linderung des Arbeitskräftemangels wurden Brigaden von „Land Girls" auf die Felder und die Farmen geschickt.

Es war ein Zeichen der Anerkennung, als mir das War Agricultural Committee ein neues Fahrrad sowie ein Dutzend Landmädchen zuteilte. Mein erster Gedanke war, dass ich nun als Chef der kleinen Hilfsgruppe noch nützlicher sein konnte als bisher. Ich beschloss, die jungen Mädchen nicht nur zu Hilfsarbeiten einzuteilen, sondern sie auch zu tüchtigen Landarbeiterinnen auszubilden, damit sie dann ihrerseits Landmädchen anleiten konnten.

Jedes Mädchen hatte ein Fahrrad, und ich achtete streng darauf, dass sie pünktlich zur Arbeit erschienen. Ich hatte eine Methode ausgearbeitet, wie wir möglichst produktiv Pflänzchen auf riesigen Feldern einsetzen konnten. Allen voran schritt ich mit der Geschwindigkeit eines langsam dahinschlendernden Spaziergängers. Ich rammte den Spaten bei jedem Schritt tief in die Erde. Durch kurzes Hin- und Herrücken des Schaufelblattes formte ich sodann eine keilförmige Spalte. Der ganze Vorgang dauerte ein bis zwei Sekunden. Knapp hinter mir schritt ein Mädchen mit einem Korb voller Setzlinge. Sie fiel jedes Mal auf die Knie, steckte die Pflanze in den Boden, richtete sich auf und kniete sofort beim nächsten Erdspalt nieder. Auch sie brauchte nur ein bis zwei Sekunden für jede Pflanzung. Hinter ihr schritt ein molliges Mädchen, die mit den Schuhsohlen durch Treten den Spalt eben verschloss. Dahinter kam eine, die die Pflanze begoss. Das nächste Girl sorgte für Nachschub der Setzlinge, ein anderes brachte ständig Gießwasser. Wenn die Entfernung vom Lager zunahm, weil wir ja rasch vorwärts schritten, wurden zusätzliche Herbeischafferinnen eingesetzt, zuerst als Staffelläuferinnen, dann als Lieferkette, wie beim Feuerlöschen.

Ein Kontrolleur der Landwirtschaftsbehörde erschien gegen Arbeitsschluss auf einem Fahrrad und fiel vor Staunen fast vom Sattel, als er die vielen langen Reihen von eingesetzten Pflanzen erblickte. Er meinte anerkennend, dass es mit einer Pflanzmaschine nicht so schnell und ordentlich ginge wie hier mit der Mädchentruppe „im Gänsemarsch".

Manchmal belohnte ich die fleißigen und erschöpften Landmädchen mit einem verfrühten Arbeitsschluss. Wir saßen im Schatten einer Steinmauer oder eines Baumes, aßen Sandwiches und plauderten. Einige Mädchen baten mich, Liebesbriefe an den Verlobten beim Militär zu verfassen. Ich legte mich ordentlich ins Zeug. Die Mädchen waren mit meiner Poesie und Romantik hoch zufrieden. Einige teilten mir später mit, dass der Verlobte so begeistert von meinem Text gewesen war, dass er spontan versprach, die Absenderin beim nächsten Urlaub zu heiraten!

Land Girl mit Kuh (Zeichnung, 1942)

Im Landarbeiterheim freundet sich Rudolf auch mit einem Namensvetter aus Berlin an, der wegen seines Dialekts den Spitznamen „Icke“ bekommt. Mit ihm zieht er aus dem Hostel aus und geht nach Leicester als Untermieter zu einem Emigrantenehepaar aus Tschechien, bleibt aber weiterhin beim War Agricultural Committee angestellt. Allerdings spiegeln die beiden falsche Tatsachen vor, indem sie behaupten, eine baldige Hochzeit mache den Umzug notwendig. Mit Icke erlebt Rudolf noch mancherlei amüsante Abenteuer.

AUF BRAUTSCHAU

Wegen einer Notlüge war ich auf Brautschau: Um aus dem Landarbeiterheim in die fast völlige Freiheit in die nahe gelegene Stadt Leicester zu entkommen, musste man eine Verlobte haben und eine baldige Heirat in die Wege leiten, also auch eine Wohnung suchen; es handelte sich um eine Angelegenheit „on compassionate grounds“, „aus familiären Gründen“. Diese öffneten in England Tür und Tor.

Mit meinem Leidensgenossen und Freund Rudi aus Berlin, Spitzname „Icke“, zog ich aus dem Hostel in Nanpantan aus, beneidet von den übrigen Kollegen, die dort bleiben mussten, weil sie keinerlei Aussicht oder Lust aufs Heiraten hatten.

Wir hatten ein Untermietzimmer in Leicester gefunden. Ein junges Paar aus Tschechien hatte am Stadtrand ein Einfamilienhaus erworben. Die beiden waren sehr fleißig und sparsam und lebten von der Fertigung bunter Einkaufstaschen aus geknüpftem Garn. Sie waren Sudetendeutsche, sprachen gut Deutsch und schlecht Englisch. Für uns war wichtig, dass sie für Wohnung und Verpflegung nicht allzu viel verlangten.

Das War Agricultural Committee stellte uns gratis neue Fahrräder zur Verfügung, zahlte einen Mindestlohn und gratulierte uns zu der bevorstehenden Hochzeit „mit einer Engländerin“. Die Engländerin als Braut, so dachten wir, würde einen guten Eindruck bei den Behörden des Landwirtschaftskomitees machen. Sicherheitshalber hatte ich bereits an einen Vornamen gedacht, nämlich Jean. Die Engländer sind so taktvoll, dass sie einen kaum ausfragen. Als der zuständige Beamte schüchtern fragte: „Und ihr Nachname?“, verlor ich meine Fassung. Mir fiel nichts ein, das Hirn setzte plötzlich aus. Schließlich stotterte ich: „Sie wird so heißen wie ich." Das genügte! Der Beamte nickte.

Jeder von uns wurde einem Farmer zugeteilt. Wir hatten eine Liste mit Namen und Adresse unseres jeweiligen Arbeitgebers. Jeden Morgen frühstückten wir mit dem Ehepaar und stopften uns voll. Dann nahmen wir unser Mittagspaket in Empfang und radelten los. Die Arbeit machte uns unglaublich hungrig. Am Abend verschlangen wir das Nachtmahl und legten uns dennoch hungrig ins Bett.

Insgesamt waren wir fröhlich und stets zu Scherzen aufgelegt. Icke und ich schlossen eine Wette ab: Wer zuerst eine Freundin kennenlernte, würde seine Socken dem Verlierer zum einmaligen Waschen und Stopfen übergeben. Mein Gegenüber hatte schon seine Dutzend Paare als Schmutzwäsche angesammelt und war nun auch diesbezüglich angespornt, so bald wie möglich eine Schönheit aufzugabeln, jedenfalls vor mir.

Auch ich hatte zwei oder drei Paar schmutzige Socken. Das Wettfieber packte mich. Ich fuhr zum „Zahnarzt", eigentlich aber zu meiner Freundin Ella, und sagte zu ihr: „Pass gut auf, Liebste! Ich hab dich bei der zuständigen Behörde als meine Braut angegeben. Du hast einen zweiten Namen, Jean, ok?" – „Wieso das?" – „Ich hab in der Aufregung statt Ella einfach einen anderen Namen genannt, ist ja egal! Nur weil ich eine Verlobte hab und sie bald heiraten werde, hat man mich aus Nanpantan weggelassen und erlaubt, dass ich in Leicester wohne."

Am Abend sagte ich grinsend zu meinem Zimmerkameraden Icke: „Mit diesen drei Paar Socken kannst du gleich anfangen. Bitte ordentlich waschen und gut spülen!" Er erwiderte mit einem noch ausgeprägteren Grinsen: „Eben hab ick zehn Paar rausjesucht, damit du sie wäschst: Ick hab nämlich jewonnen! Det kann ick beweisen! Meine neue Flamme, die Maggie, hab ick eenen Tach vorher aufjerissen!"

Das war eine niederschmetternde Nachricht für mich. „Wie hast du das gemacht?", fragte ich eifersüchtig. „Ick hab ihr jesagt, ick bin der Graf Rudi aus Österreich, da ist sie sogleich in meene Arme jesunken!"

Seine Socken waren aus Wolle und reichten ihm bis knapp unter die Knie. Er trug jahraus, jahrein Gummistiefel. Die Kombination aus Schweißfußgeruch und Gummiaroma war ekelerregend. Mein Argument, dass es sich eigentlich um Kniestrümpfe handle und dass daher schon fünf Paar den zehn Paar Socken entsprächen, ließ er mit viel Rhetorik nicht gelten. Schließlich fügte ich mich in mein Schicksal.

Dass ich die Wette verloren hatte, ärgerte, ja kränkte mich. Ich war ja im Grunde genommen ehrlich und aufrichtig. Nie hätte ich mich als Graf ausgegeben, nicht einmal als Baron! Icke war mir außerdem nur um einen einzigen Tag zuvorgekommen …

Das Waschwasser war fast schwarz. „Schau dir deinen Dreck an!", rief ich unbarmherzig und zeigte auf das Waschbecken. „Det is Farbe von den Socken, die färben ab", erklärte er ungeniert. Ich ließ ihm das letzte Wort, obwohl seine Socken durchwegs beigefarben waren.

Wenige Tag später sagte er: „Ick hab jetzt eine Neue. Die ist noch schöner und jescheiter!" Er fügte hinzu, dass er eine so dumme Freundin nicht brauchen könne, die ihm aufs Wort glaubte, er sei tatsächlich ein Graf aus Österreich. Er habe sie nur genommen, damit ich seine Socken wasche.

DIE GRÜNE TRUHE

Das Vermieter-Ehepaar war bleich und mager. Sie arbeiteten wie moderne Sklaven an ihrer Netztaschenerzeugung mit einer Fingerfertigkeit wie persische Teppichknüpfer. Unter dem Gesichtspunkt der monatlichen Abzahlung hatten sie wohl ständig ihr schönes, kleines Haus vor Augen. Wenn sie einmal ins Kino gehen wollten, planten sie ihren Ausgang bis ins letzte Detail, dann sagten sie „diesen unnötigen Luxus" doch ab: „Die Ratenzahlungen fürs Haus sind wichtiger!"

Die Sandwiches, die die Frau uns fürs Mittagessen an jedem Werktag in der Früh einpackte, waren sehr sparsam belegt. Im Lauf der Zeit war der Belag von zwei Käse- oder Wurstscheiben pro Sandwich auf jeweils ein „Blatterl" reduziert worden. Der Butteraufstrich war nur mehr optisch erkennbar, aber kaum mehr geschmacklich. Mit zwei bis drei Bissen war das Sandwich verschlungen. Wir lebten in der ständigen Angst, das Hausbesitzerpaar könnte auf den Gedanken kommen, uns aus Sparsamkeit in Zukunft nur mehr zwei statt der üblichen drei Brote mitzugeben.

In Ergänzung zu unserem gemeinsamen Kleiderschrank befand sich eine Truhe in unserem Zimmer. Sie war neu, hatte einen gewölbten Deckel, war grasgrün lackiert und mit stilisierten Pflanzen bemalt. Oben drauf stand ein Kerzenhalter, daneben lag eine Schachtel mit drei Zündhölzern. Die Truhe war leer. Wir besaßen nichts, was nicht im Kleiderkasten Platz gefunden hätte. Die Truhe ist mir bis zum heutigen Tag genau in Erinnerung geblieben – aus gutem Grund:

Icke und ich fühlten uns wie ausgesprochene Glückspilze. Wir waren an einen Farmer vermittelt worden, der vor mehreren Jahren in Wien Urlaub gemacht hatte und – trotz der tristen Lage in der Zwischenkriegszeit – von dieser Stadt begeistert war. Er plauderte mit mir über den Prater, das Schweizerhaus, die Donau und den Heurigen.

Diese Plaudereien fanden täglich im Speisezimmer des Farmhauses statt, bei reich gedecktem Tisch! Ich sorgte dafür, dass immer neue Facetten von Wien besprochen wurden. Das hatte drei große Vorteile: Erstens wurden wir gut bewirtet und ständig mit Nachschub versorgt. Zweitens verkürzte sich die Arbeitszeit in dem Maße, wie sich die Mittagspause verlängerte. Und drittens liebte ich Wien, ich hatte Heimweh, und das Schwärmen von den Sehenswürdigkeiten tat mir gut.

Jede gute Wirkung hat auch eine unerwünschte Nebenwirkung. Icke und ich besprachen, dass wir unserer Hausfrau nicht sagen würden, wie gut es uns jetzt täglich zu Mittag beim Farmer ging. Er hatte uns für einen ganzen Monat angefordert – ein Rekord, der sogar das Landwirtschaftskomitee in Staunen versetzte und zu Äußerungen des Lobes und der Anerkennung veranlasste: „Ihr müsst ja unheimlich tüchtig sein! Dieser Farmer ist sonst sehr schwer zufrieden zu stellen! Er verlangt viel von seinen Arbeitskräften, fast zu viel!“ Ich lächelte und nickte zustimmend.

Jeden Morgen öffneten wir leise die Truhe und legten unsere Esspakete hinein – für spätere Nutzung, wenn wir wieder Hunger leiden würden. An der Position, wie wir den Kerzenhalter und die Zündholzschachtel auf die Truhe stellten, würden wir erkennen, ob jemand den Deckel in unserer Abwesenheit geöffnet hatte. Am Abend fanden wir sehr zu unserer Erleichterung die Positionen stets unverändert vor.

Eines Morgens mussten wir feststellen, dass die Kiste fast bis an den Rand gefüllt war und überdies zu stinken begann. Da beschlossen wir schweren Herzens, uns des Inhaltes zu entledigen.

„Icke, du darfst nicht trampeln, du musst sanft auftreten. Und dein nervöses ‚Hm‘ musst du gefälligst unterdrücken!“ – „Weeß ick“, flüsterte mein Zimmergenosse. Ich ergänzte im Flüsterton: „Wenn sie uns bemerkt, sind wir verloren! Die kündigt uns, und wir sind obdachlos und landen wieder im Landarbeiterheim oder gar hinter Stacheldraht, wenn nicht im Gefängnis! Belegtes Brot wegschmeißen, wenn alles rationiert ist …“ – „Hm, stimmt, hm!“, flüsterte Icke. Lautlos, in Socken, schlichen wir auf die Gasse hinaus. Ungefähr einen Kilometer weiter weg gab es eine Art Schrebergarten mit einem Schwein im Garten. Das war unser Ziel. Als wir die stark abgeblendeten Lichter eines herannahenden Autos sahen, warfen wir uns in den Straßengraben und erlitten Prellungen, weil wir die Truhe mit unseren Schenkeln als Stoßdämpfer schonten. Ich litt unbeschreibliche Ängste, als ob wir ein ermordetes Opfer beiseite schaffen wollten.

Als wir endlich bei dem Schwein ankamen, versagten uns vor Angst die Kräfte. Gegenseitig zischten wir: „Ja, so heb doch! Schnell, du Schlappschwanz!" Die Truhe schwankte, während wir sie hochstemmten, dann hielten wir sie über den Rand des Drahtgitterzaunes, kippten den Inhalt in den Garten ... Da kam laut grunzend das Schwein herbeigelaufen. Die Truhe entglitt unseren Händen und fiel mit einem dumpfen Plumps in den Garten.

Mit großer Mühe kletterten wir über den Zaun, der ungefähr mannshoch war, ergriffen die leere Truhe, hoben sie empor und balancierten sie auf den oberen Rand des Zaunes. Ich hielt sie fest, während Icke umständlich wieder über den Zaun nach außen kletterte. Als er endlich auf der Straßenseite stand, kraxelte ich über den Zaun, was mir schneller gelang, weil ich den Rücken des Schweines als Stufe benutzte. Das Tier fraß und konnte dadurch nicht so sehr grunzen.

Wir schnappten nach Luft und rannten, ohne die kostbare Last zu verlieren, nach Hause, wo uns beruhigendes Schnarchen begrüßte. Wir zogen die schmutzigen Socken aus, wischten mit einem alten Hemd die Truhe innen und außen ab und sanken mit einem innigen Seufzer ins Bett.

Von nun an nahmen wir die beiden Esspakete mit zur Arbeit, und am Heimweg, wenn es bereits dunkelte, warfen wir sie über den Zaun. Immer wartete das Schwein bereits grunzend auf unsere Leckerbissen. Um uns nicht zu verraten, radelten wir mit Höchstgeschwindigkeit vorbei und schleuderten die Esspackerln in hohem Bogen in den Garten. Mit Freude nahmen wir zur Kenntnis, dass das Schwein merklich zunahm und das Einpackpapier auch verzehrte, sodass der Besitzer anscheinend von der geheimen Sache nichts merkte.

Später, als wir nicht mehr beim großzügigen Farmer beschäftigt waren und jeder mit knurrendem Magen im Bett lag, sagten wir manchmal: „Schade, dass die Truhe leer ist."

GLÜCK IM UNGLÜCK – UNGLÜCK IM GLÜCK

Wieder einmal kam ich spät nach dem Dreschen nach Hause, von Kopf bis Fuß verdreckt. Müde sank ich in der Küche auf den Sessel, streckte die Beine aus und wartete auf mein Nachtmahl. Die junge Hausfrau kam herein, auf ihrem Tablett einen Teller Gulasch. Plötzlich wurde ihr bleiches Gesicht noch um einen Grad bleicher. Sie ließ das Tablett auf den Tisch fallen, sprang auf einen Sessel und weiter auf den Tisch, mitten hinein in das Gulasch – und schrie gellend: „Eine Maus! Dort! Schnell! Einen Besen! Hinaus mit ihr!"

Eine liebe kleine Feldmaus huschte kreuz und quer in der Küche umher. Der Hausherr nahm den Besen und jagte damit die Maus hinaus aus der Küche. Dann hob er seine Gattin vom Tisch, wischte mit einem Geschirrtuch das Gulasch von ihren Schuhen und tröstete sie.

Da Icke nicht anwesend war, dämmerte es mir, dass ich vielleicht die Maus mitgebracht hatte. Ich stand auf, spürte aber nirgends ein Kribbeln. Dann blickte ich auf meine Hosenstulpen. Sie waren randvoll gefüllt mit Streu. Ich putzte den Schmutz mit beiden Händen auf den Fußboden. „Noch eine Maus, Hilfe!", schrie die Vermieterin. Sie wollte auf den Stuhl springen, sank aber auf halbem Weg in die Arme ihres Gatten.

Der Beweis war untrüglich: Ich hatte zwei Mäuse vom Feld in der Hosenstulpe in ihre Küche gebracht. Ein Teller war zerbrochen, schönes Porzellan aus Karlsbad. Und das Tischtuch, mit bunten Stickereien verziert, war verschmutzt mit Gulaschsaft.

„Es tut mir sehr leid! Entschuldigen Sie bitte!", stammelte ich schuldbewusst.

„Es geht nicht mehr!", murmelte die Hausfrau dumpf. Ihr Mann nickte zustimmend.

Sie baten mich, meine Fühler auszustrecken, um eine andere Unterkunft zu finden. Sie sagten: „Nichts gegen Sie, nur gegen Ihre Mäuse ..."

Icke hatte es leichter als ich – von ihm ging keine Mäusegefahr aus, ihm drohte keine Kündigung. Mich aber verfolgten Sorgen. So billig wie bei dem tschechischen Ehepaar würde ich nirgends unterkommen! Wenn ich zwischen dem Landarbeiterheim und der Nächtigung auf freiem Feld bei Regen zu wählen hätte, würde ich wohl lieber Heuschrecken, Ameisen, Mäuse, Schlangen und sonstiges Getier in Kauf nehmen.

Als ich beim Spazieren in der Stadt über meine ausweglos scheinende Lage nachdachte, kam ich an einer Auslage vorbei: „Boots, the Chemists", Apotheker- und Drogeriekette in einem. Kurz entschlossen öffnete ich die Glastür, schritt zur Verkäuferin mit dem sanftmütigsten Gesicht und verlangte den Chef zu sprechen. Das Fräulein meldete mich an und flüsterte mir zu: „Sie haben Glück! Heute ist er hier, der Chef von allen Boots-Filialen, der Oberste von allen ..." Der erste Schritt war getan.

Die Treppe knarrte. Die gepolsterte Tür wurde geöffnet. Ein großer, breitschultriger Herr mit ausgeprägter Glatze trat mir entgegen. Sofort fragte er mich: „Von wo kommen Sie?" – „Aus Österreich!" – „Ah, Austria!" Er bestellte zwei Schalen Tee, streckte behaglich seine Beine aus, deutete auf einen Fauteuil und schwärmte von meinem Heimatland, das er vor dem Krieg kennen gelernt hatte. Bevor ich ihm noch vorschlagen konnte, mich nach dem Krieg in Österreich zu besuchen, fragte er mich, was mein Anliegen sei. „Ich habe vier Semester Technische Chemie in Wien studiert, nur sehr gute Noten auf die Prüfungen. Hätten Sie vielleicht eine Stelle für mich?", platzte ich heraus. Er antwortete nach einer kurzen Pause: „Da gäbe es eventuell eine Möglichkeit in einer pharmazeutischen Firma. Pflaster, Salben, Medikamente ... Die suchen einen tüchtigen Betriebsleiter, habe ich kürzlich gehört, dazu auch Laborleiter. Sie wissen ja, der Krieg ... Alle Chemiker und der technische Leiter sind eingerückt, nur der Besitzer ist noch da, schon zu alt für den Militärdienst, aber beim Heimatschutz tätig, der alte Knabe. Kenne ich, ein guter Freund von mir ..."

Unbeschreiblich erleichtert schritt ich über die Treppe, die nun kaum mehr knarrte, grüßte unten freundlich nach allen Seiten und verließ „Boots, the Chemists" mit erhobenem Haupt. Dieser Posten bringt mir mindestens doppelt so viel ein wie der Lohn als Landarbeiter ausmacht, dachte ich.

Auf dem Heimweg fand ich gleich drei Untermietzimmer, die ich unverbindlich besichtigte. Das schönste reservierte ich an Ort und Stelle. Einige Tage verbrachte ich voll Unruhe und mit wachsender Sorge. Vielleicht war ich voreilig gewesen? Möglicherweise würden sich Qualifiziertere melden? Endlich – ich war schon teilweise zu einem äußerst netten Ehepaar umgezogen – erreichte mich die Nachricht: Ich hatte den Posten erhalten!

Mein neuer Vermieter war Schlosser, Dreher und Werkzeugmacher von Beruf und arbeitete als Flugzeugmechaniker in einem kriegswichtigen Betrieb. Seine Frau war Krankenschwester. Der Sohn hatte kürzlich das Chemie-Studium beendet. So plauderten wir oft angeregt über Chemie und Physik. Wir hatten Freundschaft geschlossen, obwohl ich erst zwei Nächte in meinem neuen Untermietzimmer verbracht hatte. Ich genoss mein Leben, fühlte mich wohl und konnte mein großes Glück kaum fassen.

Beim Frühstücks-Porridge mit Treacle, Haferbrei mit einer Art Sirup, und anschließend Ham and Eggs platzte ich mit der guten Nachricht heraus: „Ich hab soeben einen neuen Job bekommen, bei Dalma Ltd. – als Chemiker und Betriebsleiter ..." Während ich sprach, fiel mir auf, dass die Hausfrau aschfahl im Gesicht wurde. Sie blickte wortlos auf ihren Sohn, der zu kauen aufhörte und sein Besteck klirrend fallen ließ. Sein Vater blickte erschrocken seine Frau an. Niemand sprach ein Wort. „Ist was passiert? Was ist los?", fragte ich betroffen. Ganz langsam kam wieder Bewegung in die Gruppe, die steif wie Puppen im Wachsfigurenkabinett dasaß. Der Sohn bewegte sich im Sessel und ergriff Messer und Gabel, der Vater setzte das Kauen fort, die Mutter stand auf, ging zum Sohn und streichelte ihm über das Haar. Der Vater sagte zu mir gewandt: „Er hat sich beworben um diese Stelle bei Dalma, schon vor einer Woche. Sie ist ihm versprochen worden. Aber du hast sie bekommen."

Ich war bestürzt. Sofort rief ich: „Ich trete zurück. Das hab ich nicht gewusst. Ich sag ab, sofort!" Ich stand auf, um zu telefonieren, aber die Hausfrau hielt mich sanft zurück. „Er wird schon was anderes finden." – „Aber ja, gewiss", stimmte der junge Mann zu. Erleichtert setzte ich mich wieder hin, aber das Essen schmeckte mir nicht so recht. Meine Freude war getrübt.

Als ich den Sohn nach Kriegsende wieder sah, hinkte er. Er hatte ein künstliches Bein. Er erzählte mir, dass er damals keinen passenden Job gefunden hatte und eingerückt war. Granatsplitter hatten ihm 1944 die Muskeln und Knochen von den Zehen bis hinauf zum Knie zerfetzt. „Ich hab überlebt. Ich hab Glück gehabt!", sagte er lächelnd.

DIE NEUEN SCHUHE

In der Fabrik „Dalma Ltd.“ führte mich der Besitzer, Mr. Nigel Bream, in meine Aufgaben ein. Ich ersetzte den Chef der Qualitätsprüfung, der Forschung und Entwicklung sowie den der Betriebsleitung. Diese Firma lieferte viele ihrer Produkte an „Boots“. Ein Anruf von Mr. Bream genügte, und das Landwirtschaftskomitee gab mich frei. „Dalma“ erzeugte nämlich besondere Pflaster, die zum Abdichten und Versiegeln von Flugzeugen und Panzern verwendet wurden, außerdem eine sehr wirksame Salbe gegen Hautkrankheiten und andere kriegswichtige Medikamente.

In den geräumigen Laboratorien der Firma saßen und standen junge und ältere Frauen vor Glasgefäßen, Apparaten und Heften. Mir fiel auf, dass an einer Wand Metalltafeln befestigt waren, an denen angepresste Streifen von Heftpflastern und Klebestreifen hingen, an deren unteren Enden Gewichte befestigt waren. Die dort sitzenden Damen blickten abwechselnd auf die Streifen und auf daneben befindliche Stoppuhren. „Was messen Sie da?“, fragte ich. „Die Haftkraft. Eine langwierige Sache. Dauert ewig, bis sich so ein Streifen fortbewegt. Kriecht ganz langsam nach unten, wir bestimmen die Kriechgeschwindigkeit. Und die Messungen von ein und demselben Band stimmen nie überein. Eine langweilige und doch Nerven aufreibende Tätigkeit.“ – „Warum ist das so wichtig?“ – „Für Patienten spielt die Genauigkeit keine Rolle. Aber für unsere technischen Klebebänder muss alles stimmen. Bei -5°, 0°, 10°, 15°, 20°, 25°, 30°, 35° und 40° Celsius müssen wir je drei Messungen durchführen, da geht unheimlich viel Zeit drauf; für eine Messung braucht man im Durchschnitt eine halbe Stunde. Es bleibt dann kaum Zeit für andere wichtige Arbeiten.“ – „Aha, Sie messen die ‚Abziehkraft‘“, murmelte ich nachdenklich.

Das Problem ließ mir keine Ruhe. Ich strengte mein Gehirn an, ob und wie man eine schnelle und verlässliche Messmethode entwickeln könnte. Am Abend legte ich dem netten Vermieter eine Skizze vor, wie mein Messapparat aussehen sollte. Der Mechaniker verstand sofort, worum es ging, und brachte mir schon am folgenden Abend einen Apparat aus hochglanzpoliertem Leichtmetall, der nach meiner Skizze und den angegebenen Maßen gefertigt war. Sofort begann ich mit meinem Experiment und erhielt verlässliche Messungen.

Als der Besitzer der Firma meinen Apparat sah, fragte er, was ich mache. „Ich messe die Qualität der Klebebänder in ein paar Minuten.“ Dann

„Der einzige Ausweg": Rudolf Kauders' karikaturistische Antwort auf die Frage, ob es Hitler möglich sei, deutschen Boden zu verlassen (1943)

führte ich die Messmethode vor. Er war hochzufrieden und kam aus dem Staunen nicht heraus. Wir machten Stichproben zwischen -5° und 40° Celsius, alles stimmte.

Eine Laborantin konnte bald in drei Stunden alle Messungen durchführen, wofür vorher ein halbes Dutzend Angestellte einen ganzen Tag gebraucht hätten. Im Lauf der Zeit verkürzte sich die Messung auf weniger als eine Minute! Die Kontrollmessungen waren sogar noch schneller durchführbar.

Der freundliche Sohn des Vermieters meldete das Patent in meinem Namen an, und der nette Fabriksbesitzer kaufte es mir um 100 Pfund ab. Er verwahrte das Patent und den Apparat im Fabrikstresor. Dem Vermieter, der den Apparat für mich in seiner Freizeit in der Flugzeugfabrik mit Erlaubnis des Vorgesetzten angefertigt hatte, bot ich zehn Pfund Belohnung an, doch der Gentleman lehnte die Bezahlung ab – er habe es gern aus Freundschaft getan und freue sich über meinen Erfolg.

Meinen Freunden im Landarbeiterheim in Nanpantan kaufte ich weitgehend wasserdichte, hohe Schuhe aus gutem Leder. Daraufhin bekam ich den merkwürdigen Spitznamen „Jesus". Mr. Schick war so gerührt und dankbar, dass er eigens für mich einen Marsch komponierte mit dem Titel „Die neuen Schuhe".

Obwohl Rudolf Kauders mit dieser Anstellung nach langer Zeit nun endlich einer qualifizierten Arbeit nachgehen kann, bleibt er nur zwei Monate bei dem Unternehmen. Denn seit dem Frühjahr 1943 ist es den Emigranten möglich, in alle Einheiten der Britischen Armee einzutreten, was unter anderem vom Young Austria, das Rudolf in dessen Niederlassung in Leicester einige Male besucht, stark propagiert wird. Insgesamt melden sich etwa 500 Young Austria-Mitglieder. Rudolf meldet sich mit vier weiteren Emigranten am 3. November 1943 in Leicester bei der zuständigen Stelle und wird am 16. Dezember zur Ausbildung in das „No. 9 Primary Training Centre" der Maryhill Barracks in Glasgow gebracht. Dort trifft er auf weitere Österreicher, zum Teil Freunde, die er schon aus der Internierung und vom Young Austria kennt, und von denen fast alle nach dem Krieg wieder nach Wien zurückkehren.

Im Programmblatt einer Musik- und Tanzveranstaltung in der Kaserne vom 23. Jänner 1944 sind 28 Österreicher als Chormitglieder angeführt; zum Besten gegeben werden unter anderem „Song of Tyrol", „O Jolly Wintertime", ein Schuhplattler und der

Registrierung für die Britische Armee in Leicester am 3. November 1943 (v. l. n. r.): Salo Schlifke, britischer Beamter, Joe Tauber, Max Reinharz (oben), Hans Stern (unten), Rudolf Kauders

Tanz „Ritsch-Ratsch“. Offensichtlich kommen hier auch die Lederhosen noch einmal zum Einsatz.
Rudolf absolviert das Training und bleibt anschließend als technischer Ausbildner für den Waffengebrauch in Glasgow. Doch nach mehreren Monaten wird er ungeduldig. Es drängt ihn, in Deutschland oder Österreich an der Beseitigung des Hitler-Regimes mitzuwirken: „Ich möchte endlich im Kampf eingesetzt werden, sonst ist der Krieg aus und ich bin immer noch da“, beschwert sich Rudolf im Juli 1944 und wird prompt auf einem Schiff mit 4000 Soldaten Richtung Norwegen abkommandiert.
Da der Kriegseinsatz in Überseegebieten nicht auszuschließen ist und die Soldaten nicht als Emigranten erkennbar sein sollen, werden als Sicherheitsmaßnahmen die offizielle Namensänderung für die Kriegsdauer (wobei auch die Möglichkeit besteht, nur für den Einsatz im Feindesland Papiere mit falschem Namen bei sich zu tragen) sowie die Änderung der Eintragungen in den Armeebüchern eingeführt. Rudolf Otto Kauders, wie er vollständig heißt, wählt – wie viele andere auch – ein Pseudonym mit seinen Initialen: Ronald Oliver Kent.

TEIL 3

BURMA

Statt der Küste Norwegens sahen wir Araber in der Wüste.
(Lavierte Federzeichnung, Sommer 1944)

EIN ANTIFASCHIST IM DSCHUNGEL

Wir waren am Weg nach Norwegen mit Winterausrüstung und doppelt gestrickten Wollhauben, als das Schiff plötzlich eine jähe Wende machte und Richtung Süden fuhr. Als wir dann den Suezkanal passierten, war klar, dass unser Ziel in Asien, nicht in Europa lag.

Nach der Landung in Bombay ging es in einer langwierigen Zugsfahrt quer durch Indien nach Kalkutta. Vom Fenster aus sahen wir geschockt die unbeschreibliche Armut, warfen auf einer Brücke unsere Brotrationen aus dem Zug hinunter zu Wäsche waschenden Frauen, die in den Fluss sprangen, um die Laibe herauszuholen. In Kalkutta wurden wir auf Schritt und Tritt von Bettlern umringt. Ich sah, wie Weiße von den Schiffen aus kleine Münzen in weitem Bogen ins tiefe Hafenbecken warfen, um zuzusehen, wie dutzende bettelnde Kinder in das dreckige Wasser sprangen, um nach den Geldstücken zu tauchen.

Ich erlebte aber auch, welche Abscheu die britischen Uniformen bei der Bevölkerung auslösten. Die Unabhängigkeitsbewegung war in vollem Gange, britische Soldaten mussten sich ständig bedroht fühlen. Ich sah, wie einige überfallen und angezündet wurden.

Zu Beginn des Einsatzes in Indien: Rudolfs Einheit mit den typischen Burmahüten (1. Reihe, 2. v. l.: Motteram, stehend, 2. v. l.: Rudolf Kauders)

Im Ausbildungslager Deolali North bei Kalkutta, wo sie nur für ein kurzes Training bleiben, erhalten die Neuankömmlinge endlich die Tropenausrüstung. Rudolf muss sich damit abfinden, bald im Dschungel von Burma[2] zu landen, denn die britischen Truppen benötigen nach den fürchterlichen Schlachten von Imphal und Kohima dringend Verstärkung: Vorsorglich kauft er Dinge ein, die er als eiserne Reserve betrachtet und die ihm helfen sollen, den bevorstehenden Einsatz in Burma zu überstehen; Dinge wie Sicherheitsnadeln, einige Scheren und neuen Vorrat an Mal- und Zeichenmaterial, um den Einsatz seiner Einheit zu dokumentieren. Rasierklingen und Kondome werden in der Britischen Armee ausgeteilt, und man kann sich so viele nehmen, wie man will, also hamstert er. Durch einen glücklichen Zufall be-

2 Der Name der britischen Kolonie „Burma“ wurde bis zur Umbenennung des Landes 1989 durch die Militärjunta in „Myanmar“ beibehalten. Allerdings ist im Deutschen auch weiterhin „Burma“ oder „Birma“ gebräuchlich, hauptsächlich, um damit der politischen Ablehnung des gegenwärtigen Regimes Ausdruck zu verleihen. In diesem Band wird einheitlich die Bezeichnung „Burma“ – wie von Rudolf Kauders vorgegeben – verwendet; ebenso wird „Burmesen“ undifferenziert als Name für die gesamte Bevölkerung dieser britischen Kolonie beibehalten. Im heutigen Burma leben ungefähr 135 verschiedene Völker, die Burmanen stellen etwa zwei Drittel der Einwohner. Rudolf Kauders durchquert aber auch die Gebiete des heutigen Chin State, Kachin State, Shan State und Karen State, wovon einige in den Geschichten angeführt werden. (Laut Angaben von Burma Campaign UK)

kommt er auch Reserveschuhe und so wächst sein Pack auf überdimensionale Maße an. Er hadert zwar mit seinem Schicksal, aber er bereitet sich vor.
Zu diesem Zeitpunkt weiß er nicht, dass andere Freunde, mit denen er gemeinsam in Maryhill Barracks gewesen ist, einen Einsatz in den Tropen verweigert haben. Max Reinharz, der sich mit ihm in Leicester registriert hat, und ein paar weitere Österreicher bekommen Tropenuniformen ausgeteilt, woraufhin diese ihrem Kommandanten unmissverständlich erklären, dass sie als jüdische und politische „Refugees" nur in Europa gegen Hitler eingesetzt werden wollen. In diesem Fall wird ihrem Wunsch ohne Weiteres stattgegeben, während vielen anderen ein Einsatz in Österreich oder Deutschland verwehrt wird.
In ihrem Roman „Vienna" beschreibt Eva Menasse etwa, wie ihr Onkel Kurt Menasse verzweifelt ist, weil er, statt nach Österreich zu kommen, in die Tropen geschickt wird und nichts dagegen tun kann. Angeblich hat sein Vorgesetzter, bei dem er sich beschwert, keinen Einfluss auf die Entscheidung.
Bald darauf, Ende August 1944, überquert Rudolf mit seiner Brigade von Kalkutta kommend bei Ledo schließlich die Grenze nach Burma. Zu diesem Zeitpunkt sind die besiegten japanischen Verbände im Norden Burmas eingeschlossen und bekommen praktisch keinen Nachschub mehr. Langsam werden sie nach Süden abgedrängt und verlieren dabei immer mehr ihrer besetzten Städte in Burma. Dennoch bleiben sie auch auf ihrem Rückzug ein äußerst gefährlicher Gegner, nicht zuletzt, da sie sich Nahrung und Waffen nun immer häufiger durch Angriffe auf die Alliierten beschaffen müssen. Insgesamt ist die japanische Armee noch 100.000 Mann stark.

Der Burmakrieg im Überblick (1942–1945)
Japan tritt im Dezember 1941 in seinem Bestreben, Rohstoffe (vor allem Öl, Kautschuk und Zinn) als auch neuen Siedlungsraum für die Bevölkerung im überfüllten Japan zu erobern und ein panasiatisches Reich zu errichten, an der Seite der Achsenmächte in den Zweiten Weltkrieg ein. Die Japaner haben bereits einen großen Teil Chinas erobert und die Alliierten bis an dessen Südgrenze zurückgedrängt. Nun trachten sie den Nachschub für die Tschiang Kai-schek-Truppen, auf die besonders die Amerikaner als Verbündete setzen, über Burma zu unterbinden, was ihnen auch gelingt. Die japanische Armee vertreibt 1942 mit Hilfe der von ihnen finanzierten und ausgebildeten burmesischen und

indischen nationalistischen Armeen die britischen und chinesischen Truppen aus Burma, kontrolliert fortan die Burmastraße – die wichtigste Transportroute durch Burma –, besetzt das gesamte Land und setzt eine Marionettenverwaltung ein, die den Alliierten den Krieg erklärt.

Sowohl die Japaner als auch die Burma Independence Army (BIA) agieren innerhalb Burmas mit unerhörter Grausamkeit, besonders gegen die Völker der nationalen Minderheiten, die zum Großteil auf der Seite der Briten stehen.

Zwei Gegenoffensiven der Alliierten scheitern völlig, erst durch den Einsatz der Chindits, zuletzt 1943, werden trotz großer Verluste erste beispielhafte Erfolge mit Guerillataktik erzielt, was sich für die Kriegsführung der gesamten konventionellen Britisch-Indischen Armee positiv auswirkt: nicht nur als Signal, dass der Mythos der Japaner als unbesiegbare Dschungelkämpfer gebrochen ist, sondern auch, weil die neuen Guerillataktiken in der Folge äußerst hilfreich sind. Während der Rückhalt für die japanischen Besatzer, die ursprünglich als Verbündete im Kampf für Unabhängigkeit aufgetreten sind, innerhalb der burmesischen Bevölkerung langsam schwindet, erringen die neu aufgestellten Britisch-Indischen Divisionen ab 1943 erste Siege und ab dem Frühjahr 1944 entscheidende Erfolge. Die Einnahme der strategisch wichtigen, japanisch besetzten Städte Imphal und Kohima im indischen Grenzgebiet stellt im Frühsommer 1944 einen Wendepunkt im gesamten Kriegsverlauf in Südostasien dar und leitet die rasche Rückeroberung Burmas durch die Alliierten und die völlige Zerschlagung der japanischen Armee im Laufe des Jahres 1945 ein. Der Burmafeldzug zieht sich über so viele Jahre hin, da in der Monsunzeit die Kriegshandlungen auf beiden Seiten für Monate eingestellt werden und die Trockenzeit abgewartet werden muss.

Rudolf ist Mitglied der „Intelligence Section" (Kundschaftertätigkeiten) der 3000 Mann starken 36. Unabhängigen Brigade. Deren erste Aufgabe ist es, die Lage um Kohima nach dem Sieg der Britisch-Indischen Armee zu erkunden, wobei sie vorerst in keine Kampfhandlungen verwickelt wird, die Lage ist ruhig.

EIN WIENER IN DER UNABHÄNGIGEN BRIGADE

„Was mache ich nur hier in Burma? So weit weg von Österreich und Deutschland, wo ich doch all die Jahre darauf gewartet habe, dort oder zumindest irgendwo in Europa eingesetzt zu werden, um endlich gegen Hitler kämpfen zu können. Nun werde ich wahrscheinlich hier im Schlamm sterben, ohne Sinn, ohne meine Eltern wiederzusehen. Was kann ich denn hier in Burma gegen die Faschisten ausrichten?" Diese Gedanken quälten mich.

Theoretisch war mir zwar klar, dass wir, die Britische Armee, die Japaner, die Verbündeten Nazideutschlands, vom Durchmarsch durch Burma abhalten mussten, um sie am Weiterziehen nach China und Indien zu hindern, aber würde das die Nazitruppen in Europa aufhalten? Meinen Beitrag als Antifaschist hatte ich mir anders vorgestellt.

Vor wenigen Wochen noch auf dem Weg zum Einsatz in Norwegen, fand ich mich nun in den Tropen wieder. In unserer Aufklärungs-Abteilung waren wir nur fünf bis sechs Männer mit einer etwas gehobeneren Ausbildung, dazu ein Dechiffrierer, weiters ein Sergeant der Headquarters-Abteilung und ein burmesischer Übersetzer, der wegen seiner Größe „Lofty" genannt wurde und sich bald als für die Brigade überlebenswichtig herausstellte. Als Mitglied der Headquarters-Gruppe war ich dem Brigadier der gesamten Einheit direkt unterstellt, musste ihm zuerst Meldung machen und kam daher oft mit unserem Sergeant in Konflikt, der den Eindruck hatte, ich würde ihn übergehen.

Unsere Einsätze liefen unter unglaublichen Bedingungen ab, mit schlechten Landkarten, meist aber ganz ohne diese, und ohne Informationen über die nächsten Aktionen der eigenen Brigade. Alles war so streng geheim, dass niemand auf die Idee kam, nach Namen oder Koordinaten für unsere Orientierung zu fragen – wir hätten keine Antwort bekommen.

Kein Wunder, dass einige von uns bald an der Sinnhaftigkeit unserer Aktionen zweifelten. Denn wir wurden in für uns unerklärlichen Mäandern bald weiter in den Süden geschickt, dann wieder in das Hochgebirge im Norden zum Höhentraining, um schließlich, nach langen Gewaltmärschen, wieder weiter nach

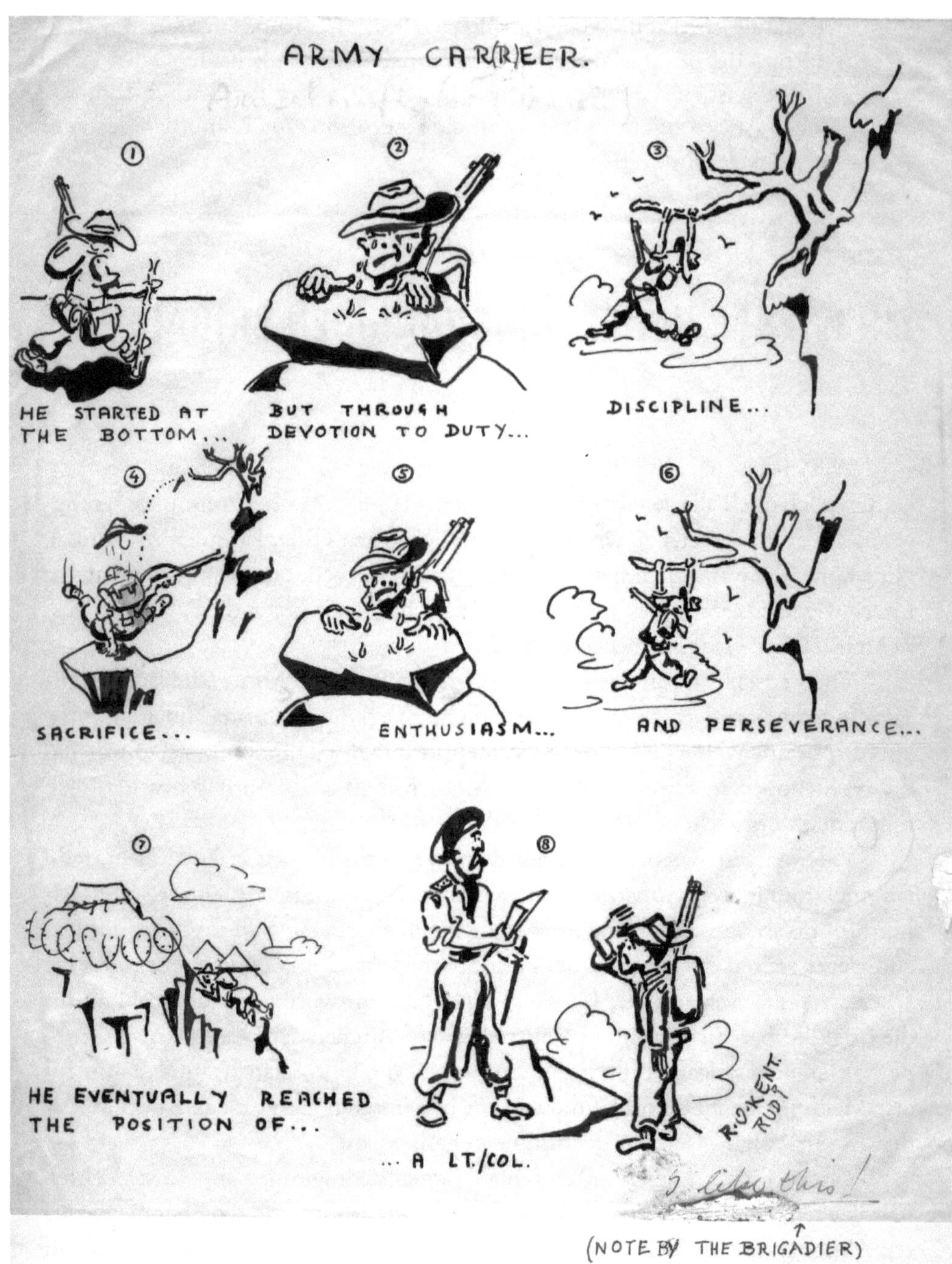

Diese Zeichnung war ganz nach dem Geschmack des Brigadiers, wie seine handschriftliche Notiz („I like this!") rechts unten zeigt. (Cartoon, 1944)

Süden vorzudringen, wie immer hinter den Linien der Japaner, um versprengte Einheiten des Feindes aufzuspüren. Schließlich begannen selbst der Brigadier und andere Vorgesetzte über die „Idioten" im britischen Generalstab zu schimpfen, die sich das Konzept der Unabhängigen Brigaden ausgedacht und uns als einzelne, ungeschützte Einheit in dieses fürchterliche, riesige, unwegsame Gebiet geschickt hätten. Die ganze Mission unserer Brigade würde ihrer Meinung nach nichts bringen, nur Krankheit und Tod für ihre Männer.

Nachdem die ersten Wochen relativ ruhig verlaufen, wird Rudolfs Einheit rasch sowohl mit der Gefährlichkeit von versprengten japanischen Truppen als auch mit den Auswirkungen des feucht-heißen Klimas und den gewaltigen Anstrengungen von Eilmärschen konfrontiert: Krankheiten und Erschöpfung. Schon in den ersten Monaten wird Rudolf klar, dass die Bedingungen des Dschungelkrieges insgesamt mehr Opfer fordern als die Kämpfe. Dazu kommt der Terror, den die Kamikaze-Angriffe versteckter Japaner auf die meist in Ein-Mann-Kolonne marschierenden britischen und indischen Soldaten ausüben.

AUF SCHMALEN PFADEN

Wenn wir auf den schmalen Bergpfaden mit steil aufragenden Felswänden auf der einen und jäh abfallenden Schluchten auf der anderen Seite unterwegs waren, war es unmöglich, auch nur eine Minute stehen zu bleiben, um zu rasten oder die Schuhe wieder zuzubinden. Wer vor Schwäche zusammenbrach, wurde mit einem kräftigen Stoß in den Abgrund gerollt. Nur kranke Offiziere wurden auf ein Maultier gebunden. Wenn einer dann doch starb, wurden die Stricke durchgeschnitten, und der Körper über die Wegkante in die Tiefe gestoßen, ohne Innehalten, ohne Gebet.

Ebenso schmal waren die Pfade im Urwald, die oft nur einen halben Meter breit und von Tierpfaden kaum zu unterscheiden waren. Vielfach mussten sie aus dem Dickicht herausgehackt werden, sodass wir nur langsam vorankamen. Dauernd waren wir in Angst vor japanischen Scharfschützen, die sich direkt über uns in Bäumen versteckten und es beson-

„Ich habe sie gefunden, Sir!" (Federzeichnung, 1944)

ders auf die unter ihnen vorbeimarschierenden Offiziere abgesehen hatten. Diese trugen deshalb keine glänzenden Rangabzeichen auf ihrer Uniform, stattdessen hatten sie winzige Punkte mit Tintenbleistift auf die Schulterschleifen gemalt. Das hatte natürlich auch zur Folge, dass innerhalb der Einheit groß gewachsene Chargen von Kleineren nicht sofort erkannt wurden.

Es war auch kaum möglich, die perfekt getarnten japanischen Scharfschützen in den hohen Baumwipfeln zu erspähen, wohin sie nur mit Steigeisen und Kletterband gelangen konnten. Wir schossen wie wild in die Bäume hinauf, sobald einige Schüsse von dort abgegeben wurden, worauf es oben bald still wurde. Oft blieb der tote Japaner hoch oben im Baum hängen, er hatte sich auf seinem Sitz in einer Astgabel festgebunden. Es gab aber auch Kamikaze-Kämpfer, die sich nicht so weit oben versteckten und sich einfach aus den Bäumen auf die darunter vorbeimarschierenden Soldaten fallen ließen und sie mit ihren Macheten massakrierten. Die ständige Angst vor solchen Angriffen oder vor Snipers, die sich lautlos und mit unwahrscheinlicher Geschwindigkeit seitlich und parallel zu unserer Kolonne im dichten Urwald heranschlichen, zehrte an den Nerven. Die getroffenen, meist schwer verwundeten Kameraden mussten wir im Dschungel zurücklassen. Die Toten konnten nicht einmal verscharrt werden. Die Brigade war stets in Eile, man konnte nicht stehen bleiben, die Nachkommenden drängten nach.

DIE UNAUFFINDBARE BRIGADE

Um dieser gefürchteten Kampfweise der Japaner etwas entgegensetzen zu können, operierte unsere Einheit ebenfalls in einer Art Guerillataktik. Dass wir dabei meistens gezwungenermaßen im Gänsemarsch unterwegs waren, war gleichzeitig die beste Möglichkeit, den Japanern so wenig Angriffsfläche wie möglich zu bieten. Bei ihren Kamikaze-Überfällen konnten sie immer nur wenige töten. Zugleich war unser lang gestreckter Zug auch von erfahrenen Japanern schwer zu entdecken. So konnten wir auch bei groß angelegten feindlichen Angriffen vermeiden, dass unsere Brigade völlig aufgerieben wurde.

Ein beträchtlicher Teil unserer Routen durch den Urwald musste mit Hackmessern freigeschlagen werden. Die Gruppe, die ganz vorne den Pfad durch das Dickicht bahnte, bestand aus athletischen, groß gewachsenen Gurkhas, die einander regelmäßig ablösten. Sie schnitten wie eine Mähmaschine einen Gang durch den Dschungel. Der Erste hackte die dicksten Zweige, Luftwurzeln und zähesten Lianen weg. Dahinter räumte ein Zweiter das abgeschnittene Gewirr zur Seite und entfernte Zweige und dünnere Äste. Der Dritte ebnete den Weg, rollte lose Steinblöcke und morsche Bäume zur Seite. Ein vierter Hüne verscheuchte Schlangen, Taranteln, Warane, manchmal sogar Nashörner, Elefanten, Tiger, Panther und Löwen durch Gebrüll, Steinwürfe und gezielte Schüsse. Auf kreuzenden Ameisenstraßen errichteten sie einen Holzstoß und verbrannten die gefährlichen Insekten.

Leider bedeutete unsere Unauffindbarkeit im Dschungel auch, dass die Aufklärungsflugzeuge der USA – unsere einzige Versorgungsmöglichkeit – uns nur schwer ausfindig machten, und wenn sie uns nicht entdeckten, mitsamt dem Nachschub wieder umkehrten. Nur wenn es der Brigade

Dieses Wortspiel war ein geflügeltes Wort bei den Truppen („drop“ bedeutet sowohl Abwurf als auch Tropfen). (Pinsel-Tuschezeichnung, um 1944)

gelang, eine geeignete Lichtung oder einen kahlen Felsgipfel im Urwald zu finden, waren wir in der Lage, als Signal weiße Zeltplanen am Boden auszubreiten.

Im Urwald blieben trotzdem Fallschirme häufig in den hohen Baumwipfeln hängen, weil es für die Piloten schwierig war, die Schirme in die kleinen Lichtungen hinein punktgenau abzusetzen. Wenn die britischen Soldaten traurig hinaufblickten, wo der unerreichbare Proviant an Schnüren in Containern baumelte, eilte Lofty zu einem der versteckten Urwalddörfer und teilte den Bewohnern die für sie gute Nachricht mit: Die Einheimischen kletterten hinauf in die turmhohen Wipfel und bargen die kostbaren Nahrungsmittel, sobald die Brigade die Lichtung geräumt hatte. Wir waren immer in Eile und mussten sofort weitermarschieren.

Die Einheimischen nahmen auch die Fallschirmfetzen samt den Schnüren mit, denn Fallschirmseide und Stricke waren sehr begehrt. Sie revanchierten sich bei Lofty mit Auskünften über den Standort und die Ausrüstung der japanischen Truppen.

Derartige Informationen konnte ich schon bald selbst auf Burmesisch in Erfahrung bringen, denn Lofty war ein geduldiger Lehrer. Er brachte mir wichtige Fragen bei, etwa: „Wie viele Japaner sind in dieser Richtung?" – „Wie viele Einwohner hat dieses Dorf?" – „Wie lange geht man von hier bis zum nächsten Ort?" – „Wo gibt es Trinkwasser?"

Allerdings musste man Fragen vermeiden, die mit Ja oder Nein zu beantworten waren. Lofty sagte mir, dass viele Völker in Süd- und Ostasien ungern eine solche Frage verneinen, weil sie das als unhöflich empfinden, und außerdem würden sie in die Lage kommen, eine Bitte abzuschlagen. Die Fragen mussten also lauten: „Ich möchte keine Japaner antreffen. Wohin soll ich gehen, damit ich sie nicht treffe?" Die Frage „Ist man dort vor japanischen Truppen sicher?", würde hingegen wahrscheinlich mit Ja beantwortet werden, auch wenn genau das Gegenteil zuträfe.

LOFTY, DER GROSSE

Lofty hatte in Rangun studiert. Er war ein durchtrainierter Burmese, von dem ich viel über das Land erfuhr, nicht nur die wichtigsten Grundlagen verschiedener burmesischer Dialekte. So konnte ich mich mit den Einheimischen notdürftig verständigen und hatte die Möglichkeit, verschiedene Waren gegen Lebensmittel einzutauschen. Einmal hat Loftys Sprachunterricht sogar uns alle gerettet: Die lange Kolonne unserer Brigade marschierte an einem wild gestikulierenden und schreienden alten Bauern vorbei, den man für einen verrückten Bettler hielt und nicht weiter beachtete – dessen Worte ich aber teilweise verstand: Er wollte uns vor einem japanischen Hinterhalt warnen. Wir hatten Glück, denn oft war unklar, welche Stämme noch zu den Japanern hielten, obwohl es nur mehr wenige waren. Die ungeheuren Grausamkeiten der japanischen Besatzungsmacht hatten den nationalistisch gesinnten Burmesen die Augen geöffnet, dass sie von ihnen keine Unterstützung im antikolonialen Befreiungskampf gegen die Briten erhalten würden. Daher waren wir froh, Lofty bei uns zu haben.

Lofty war in unserer Brigade ein wichtiges Mitglied der „Intelligence Section“, aber kein richtiges Mitglied der Armee. Er war direkt dem Brigadier unterstellt, der ihm weitgehend freie Hand ließ. Lofty entfernte sich fast täglich von der Brigade und verschwand auf kaum sichtbaren Pfaden zu den Einheimischen, die auf der Flucht vor den vordringenden Japanern schon vor Jahren ihre Dörfer verlassen hatten. Nun hausten sie im Urwald, gut versteckt in unwegsamen Gegenden, wo sie auf kleinen Lichtungen Garten- und Ackerbau betrieben. Manche Stämme wohnten in Pfahlbau-Häusern. Die Verbindungswege zwischen diesen „Flucht-Dörfern“ waren nur schwer zu erkennen, denn sie waren nur etwa einen halben Meter breit und unterschieden sich kaum von Tierpfaden: Elefantenwege waren breiter, die Fährten von anderen Wildtieren waren schmäler, oft nur einen viertel Meter breit. Lofty nahm mich häufig auf solchen Wegen zu den Einheimischen mit. Der Brigadier war einverstanden, wahrscheinlich betrachtete er mich als eine Art Kontrolle über die Aktivitäten von Lofty, der fast Zivilist war und viele Freiheiten genoss.

MEIN PRIVATER NACHSCHUB

Die Frage, ob es Eier gab, wurde von den einheimischen Frauen stets bejaht. Ich lächelte freundlich, zog eine Sicherheitsnadel als Bezahlung hervor, und bald darauf kehrte die Frau mit einem vollen Korb zurück.

Lofty erklärte mir, dass meine direkte Frage „Ze u schiithele?" („Haben Sie Eier?") nicht sehr höflich war, weil sie die angesprochene Person sozusagen zum Bejahen zwang. Das war aber kein allzu schwerer Fehler, weil die Frauen sehr viele der ganz gewöhnlichen Hühnereier hatten, aber keine der seltenen Sicherheitsnadeln. Man kannte mich schon viele Kilometer im Umkreis, mein Ruf als Wanderhändler war mir vorausgeeilt. Lächelnd antwortete man mir: „Ze u schiithi!" („Eier habe ich!").

Lofty hatte mir einen höflicheren Satz vorgeschlagen: „Bitte, ich brauche einige Hühnereier, wo und bei wem kann ich sie bekommen?" Aber die Tonhöhen und die Tonmelodie waren ziemlich schwer einzuhalten, und Lofty bekam einen Lachanfall, als ich den Satz nachplapperte und etwa Folgendes sagte: „Bitte, ich würde gerne ein bisschen den Mond ohrfeigen. Wo und bei wem kann ich meine Notdurft verrichten?"

Sicherheitsnadeln waren sehr hoch im Kurs, weil sie die Wickelkleidung der Frauen und Männer zusätzlich zum Knoten zusammenhielten. Manche Frauen hängten sie wie ein Schmuckstück an ihre Halskette, andere steckten sie wie eine Brosche an ihr Gewand. Tatsächlich hatten Sicherheitsnadeln den Status eines Luxusartikels, weil sie so selten geworden waren. Einmal erhielt ich sogar ein ausgewachsenes Schwein für ein paar Stück. Ich führte das Schwein an einem Strick, zuerst zog ich es, dann zog es mich. Endlich machte die Brigade halt, und die Küchenabteilung bereitete sich auf Schweinsbraten vor – da riss der Strick am Hals des Schweins. Es flüchtete sofort in das dichte Unterholz und verkroch sich zwei oder drei Meter tief im Gestrüpp. Ich bemühte mich, zu dem Tier vorzudringen – vergeblich! Wenn ich mit der Machete die Zweige weghackte und näher kam, zog es sich wieder ein paar Schritte zurück. Mit der Schnauze voran pflügte es sich wie ein Bagger durch den Dschungel. Der Klügere gibt nach, dachte ich und entschuldigte mich bei den enttäuschten Kameraden.

Ein anderes Mal fand ich einen kanadischen Uniform-Wintermantel am Wegrand. Ich zögerte, nahm ihn aber doch. Er wog schätzungsweise fünf Kilogramm. Die Kameraden spotteten, weil ich etwas mitschleppte, das bei minus 35 Grad nützlich gewesen wäre, nicht aber bei plus 35 Grad.

Kurze Zeit später tauschte ich den Mantel gegen eine Ziege ein, die wir noch am selben Abend verspeisten. Ich galt bereits als „Armeelieferant" für Eier, Palmzuckerkugeln und Hühner. Aber eine ganze Ziege für ein paar Sicherheitsnadeln und einen alten Uniformmantel! Ich hatte ein schlechtes Gewissen – das war ja eine ungerechte Ausbeutung der durch Unterdrückung und Kriegswirren geplagten Menschen. Ich fragte Lofty: „Was machen die Leute mit dem Wintermantel bei dieser Hitze?" – „Die glauben, sie haben dich bei diesem Tauschhandel betrogen. Sie schneiden die goldglänzenden Messingknöpfe ab und verwenden sie als begehrten Schmuck. Den Kragen werden sie eintauschen wie auch die einzelnen Teile des restlichen Mantels. So ein dicker Stoff ist hier nicht zu bekommen und viel mehr wert als die dünnen Baumwollstoffe."

BEI DEN KACHIN

Als wir uns im Quellgebiet des größten Stromes befanden, des Irawadi, im dichten und feuchten Regenwald, trafen wir auf Angehörige des größten Volkes der „Kachin", die Verbündete der Briten waren.

Ich erinnere mich, wie Lofty mir feierlich mitteilte, wir seien bei einem „Fürsten" eingeladen, dem Oberhaupt mehrerer Kachingruppen. Ich meldete mich von meiner Einheit ab und folgte Lofty durchs Dickicht und über Abhänge zu einer Lichtung im Urwald. Der Palast, den ich erwartet hatte, bestand aus einem sehr geräumigen Pfahlbau, umgeben von einer weiten Veranda, auf der kleine Kinder mit unglaublicher Geschicklichkeit über die lockeren Bodenbalken mit den vielen Spalten liefen. Wir wurden von der Großfamilie herzlich begrüßt und zu einem reichhaltigen Mahl an einem niedrigen Tisch eingeladen, um den alle auf dem Boden saßen. Gierig ergriff ich eine große Schüssel mit Wasser und trank die zwei Liter auf einen Zug aus. „Das war das Wasser zum Händereinigen", raunte mir Lofty zu. Dann aß ich Berge von fingergroßen gebratenen Fischen samt Augen, Flossen und Gräten, ähnlich unseren Steckerlfischen. Die Gastgeber lächelten und schoben mir ständig Schüsseln und Körbchen mit Reis und Gemüse, exotischem Obst und Palmzuckerkugeln zu, die wie Milchschokolade aussahen und vorzüglich schmeckten. So hungrig und durstig wie damals in Burma bin ich nie wieder gewesen. In winzigen Porzellanschalen gab es

Auch nur ein Traum … (Federzeichnung, 1944)

heißen grünen Tee zu trinken, den ich jeweils in einem Zug hinunterstürzte. Sofort wurde die Schale nachgefüllt. Das ging so weiter im Sekundentakt, bis endlich nach zwei Dutzend Schalen Tee mein schrecklich großer Durst gestillt war. Nach dem Essen verteilte ich einige Sicherheitsnadeln, die die Gastgeber mit Freudenausbrüchen entgegennahmen, als ob es sich um geschliffene Diamanten handelte. Die Fürstenfamilie war übrigens ungemein gebildet, sie kannten Wien dem Namen nach und berühmte österreichische Musiker waren ihnen ein Begriff. Mich als Österreicher und Begleiter von Lofty behandelten sie sehr freundschaftlich, aber die Britische Armee betrachteten sie nur als kurzfristigen Verbündeten und notwendiges Übel, um die verhassten Japaner zu vertreiben. Diese Haltung habe ich bei vielen Burmesen festgestellt. Als wir uns wieder auf den Weg machten, bekam ich als Abschiedsgeschenk einen schönen, lebendigen Hahn, den ich hoch oben auf meinem Pack festband.

Auf unserem Rückweg vom Fürstenpaar sammelte ich wie schon oft zuvor die von erschöpften britischen und indischen Soldaten einfach weggeworfenen Handgranaten ein, bis fast zum Hals hinauf stapelte sich bald mein Vorrat unter der Uniformbluse. Ich stöhnte unter der Last, brachte es aber nicht fertig, diese teuren Dinge einfach liegen zu lassen.

Üblicherweise zuckten die Vorgesetzten nur mit den Schultern und empfahlen mir, die weggeworfenen Handgranaten und sogar Gewehre einfach nicht zu bemerken. Niemand fühlte sich zuständig. Als ich diesmal gar eine Panzerfaust neben dem Weg liegen sah, fragte ich Lofty: „Gibt es hier Stämme in der Gegend, die gegen die japanischen Truppen Guerillakrieg führen?“ – „Selbstverständlich“, antwortete er, „überall im Land formiert sich die ‚Burmesische Rote Armee’, sie greift jetzt auch schon an vielen Stellen in die Kämpfe gegen die japanischen Truppen ein.“

Dann vertraute mir Lofty an, dass er mit dieser Armee nicht nur in Verbindung stand, sondern selbst ein hoher Offizier dieser patriotischen Truppen war. Überall gäbe es Kontaktleute, Nachrichten würden über hunderte Kilometer problemlos weitergeleitet. Selbstverständlich würden seine Leute sämtliche Handgranaten gerne übernehmen. Meistens erbeuteten sie die Waffen von überfallenen Japanern, aber es gäbe auch heimliche Tauschgeschäfte mit den Soldaten der Tschiang Kai-schek-Truppen: Waffen gegen Lebensmittel, Zigaretten, Gebrauchs- und Wertgegenstände. „Aber nichts ist offiziell. Die ‚Burmesische Rote Armee’ ist noch geheim. Behalt das alles bitte für dich“, bat mich Lofty.

Psychisch und physisch erleichtert, übergab ich ihm mein gehamstertes Waffenarsenal. Er füllte es in einen Sack und verschwand damit seitwärts im Urwald.

Als Rudolf im Sommer 1944 in Burma eintrifft, sind burmesische antijapanische Guerilla-Truppen bereits verdeckt aktiv. Erst ab Mai 1945 formell mit den Alliierten verbündet, kooperieren sie schon die letzten 18 Monate vor Kriegsende inoffiziell mit den Alliierten, aber sie bleiben im Hintergrund, was sowohl im Interesse der Briten als auch der burmesischen Kämpfer ist, die die Japaner als noch zu gefährlich einschätzen – es ist noch zu früh für ein eigenes Auftreten. Ein Zusammenschluss aus zivilen und militärischen Kräften in einer burmesischen Widerstandsbewegung gegen die Japaner und als Teil der AFPLF („Anti-Fascist People's Liberation Front" unter der Führung des jungen Aung San) wird zwar angestrebt und organisiert, aber geplante Aktionen im Herbst 1944 werden abgesagt, den Alliierten wird die Hauptrolle in der Befreiung überlassen.

DER HAHN AUF MEINEM RÜCKEN

Am späten Nachmittag erreichten wir auf anderen Pfaden den vorderen Teil der Brigade, die im langgezogenen Gänsemarsch unterwegs war, und die Soldaten staunten über den Hahn mit den zusammengebundenen Füßen auf meinem Pack. Ich legte ihm nun ein langes, weiches Band um einen Fuß, wodurch er auf meinen Schultern und meinem Kopf oder hoch oben auf dem Pack herumspazieren konnte.

Mit den Soldaten der Küche hatte ich vereinbart, dass sie bei der nächsten längeren Rast das Tier braten sollten. Alle Leute des Küchenpersonals und der Intelligence Section sollten ein Stück Brathendl bekommen, aber die nächsten Tage gab es keine längere Marschpause. In der Zwischenzeit mästete ich den Hahn mit einem Teil meiner kargen Ration und fütterte ihn mit vorgekautem Maultierfutter, sogar kostbares Trinkwasser aus meinem Tschagel gab ich ihm löffelweise. Dieser Wasserbehälter aus dicht gewebtem Stoff war ähnlich wie die Feuerwehrschläuche außen stets feucht und kühlte so durch Verdunstungskälte das Wasser. Als wir endlich eine Nacht in einem großen Zeltlager verbrachten, band ich meinen Hahn mit einer langen Leine an den Zeltpfosten, sodass er Gräser picken und Insekten fressen konnte. Er fühlte sich augenscheinlich wohl und ließ sich von

Der hässliche Kanister als Teekessel und der lebende Hahn: Very unbritish! (Federzeichnung, 1944)

mir sogar fangen und streicheln. Ich aber war traurig, weil er nun bald geschlachtet würde.

Bevor es aber dazu kommen konnte, wurden in der Ferne japanische Soldaten entdeckt. Der Brigadier wollte diesmal auf jeden Fall einen Kampf vermeiden, denn unsere Aufgabe bestand in erster Linie darin, möglichst unbemerkt und schnell weiter in ein bestimmtes Gebiet vorzustoßen, um dort der gefürchteten japanischen „Tigerdivision" aus groß gewachsenen Elitesoldaten den Rückzug abzuschneiden. Diese Division bestand aus lauter Soldaten ab einer Größe von 1,80 Meter. Die Japaner bildeten ihre Divisionen nach der Körpergröße der Soldaten, sodass Kleidung und Stiefel alle dieselbe Größe hatten, was die Versorgung sehr vereinfachte.

Inzwischen waren die Japaner näher gekommen, ohne uns zu bemerken, und so mussten wir lautlos in unseren Schützengräben verharren und hoffen, dass sie vorbeiziehen würden. Stundenlang lagen wir so, als uns mein Hahn in der tiefen Nacht fast zum Verhängnis wurde. Er begann plötzlich zu krähen, verzweifelt versuchte ich den mit den Flügeln wild umher schlagenden Vogel zu fassen, ihn zu ersticken, er krächzte weiter. Ich kramte mit der Hand nach meinem Messer. Es half nichts, ich musste meinem Tier die Kehle durchschneiden. Ich sägte und sägte, spürte das warme Blut, aber immer noch kamen Laute, bis ich mich auf den zappelnden Hahn draufsetzte, dann verstummte er endlich.

Alle hatten befürchtet, durch den Hahn entdeckt zu werden, nun herrschte Ruhe, und wir konnten bis zum Morgen noch etwas schlafen. Als ich die Augen öffnete, stand der Brigadier vor mir. Hochrot im Gesicht schrie er mich an und drohte mit dem Kriegsgericht. Zerknirscht erhob ich mich von meinem toten Hahn. Er bestand aus zwei Teilen, einem abgesägten Bein und dem restlichen Körper. Nachträglich musste ich mir eingestehen, dass diese Episode nicht unwesentlich zum häufig gespannten Verhältnis zu meinem Brigadier beigetragen hatte.

Da Rudolf über mathematisches und technisches Wissen verfügt, wird er zum Auskundschaften und Plänezeichnen von geeigneten Plätzen für die viele Quadratkilometer großen Nachtlager eingesetzt. Dadurch ist er über große Strecken alleine unterwegs, was nicht ungefährlich ist. Andererseits hat seine Zugehörigkeit zur „Intelligence Section, Headquarters" auch Vorteile: Er muss sich immer in unmittelbarer Nähe des Brigadiers aufhalten, und der ist im Nachtlager an sicherster Stelle untergebracht; an den unsicheren Außenrändern, bei den vier Geschützen an den Ecken des Lagers, befinden sich die Unterkünfte der indischen Soldaten.

FAST ALLEIN IM DSCHUNGEL

In der Trockenzeit war der Dschungelboden in den höheren Regionen steinhart, weshalb meine Aufgabe, geeignete Plätze für Nachtlager zu suchen, die Wege dorthin zu markieren und die Quartiere in den Lagern einzuteilen, besonders anstrengend war.

Ich war einige Kilometer weit von unserer Unabhängigen Brigade entfernt und damit beschäftigt, kleine rote Fähnchen auf zugespitzten Bambusstäben zu befestigen, die ich als Wegmarkierungen in den Boden rammte. Zum Glück war die Wasserstelle, die ich ausgekundschaftet hatte, noch nicht versiegt, sonst hätte die erschöpfte Brigade die Nacht durchmarschieren müssen.

Ich war mit einem Stapel länglicher Schwarzweiß-Fotos ausgerüstet, die kurz vorher von einem Piloten der berühmten „American Volunteer Group“ aus einem Dakota-Flugzeug an einem Fallschirm abgeworfen worden waren. Dankbar dachte ich an diese Piloten, an deren Luftaufnahmen ich mich zu orientieren versuchte. Mit der rechten Hand schlug und schnitt ich einen engen Pfad durch das Unterholz und zwängte mich möglichst schnell durch.

Ab und zu versuchte ich, durch den Feldstecher die Umgebung zu erkunden, doch der Blick reichte nicht weit, und nirgends gab es besondere Anhaltspunkte. Angst hatte ich keine – was mich heute wundert –, ganz allein im feindlichen Urwald! Aber damals dachte ich, dass die Japaner nicht diese ganze ungeheure Fläche des Dschungels durchstreifen konnten – sie hatten ja kaum genug Soldaten, um die Garnisonen in den Dörfern und Städten besetztzuhalten.

Als ich gerade kniend ein Fähnchen in den Schlitz am oberen Ende eines Bambuspfahls steckte, starrte ich in den Lauf eines japanischen Gewehrs, das ein kleiner, ausgemergelter japanischer Soldat direkt in mein Gesicht hielt. Ich konnte zum Glück mit einer raschen Bewegung das Gewehr packen und mit einem kräftigen Ruck über meine Schulter ins Dickicht schleudern. Dann hielt ich beide Handgelenke des jungen Japaners fest und staunte, wie dünn sie waren.

Er blickte mich erschrocken an. „Hunger?“, fragte ich ihn. „Ja, hungrig!“ Zögernd starrte er die Palmzuckerkugel an, die ich aus meiner Vorratstasche genommen hatte. Wahrscheinlich dachte er, ich wollte ihn vergiften, also holte ich eine zweite Kugel hervor und steckte sie in meinen Mund. Nun lächelte er und begann die Delikatesse zu lutschen.

Dann erklärte ich ihm im üblichen Pidgin English: „Englische Brigade, viele Soldaten, kommen. Ich muss arbeiten. Du helfen? Oder davonlaufen? Was du willst." Mir war klar, dass er als einzelner Japaner im Urwald keine Chance hatte, weil er als Deserteur von den eigenen Leuten sofort erschossen worden wäre. Er blickte unschlüssig umher, dann sagte er: „Ich helfen." Ich reichte ihm alle meine Utensilien, außer natürlich Hammer und Machete, und er reichte mir nacheinander die Fähnchen. So machte ich mit seiner Hilfe raschere Fortschritte.

Ich erfuhr von ihm, dass zahlreiche versprengte Japaner in kleinen Gruppen durch den Dschungel nach Westen vordringen und sich an einem bestimmten Ort sammeln sollten. Tatsächlich waren für uns auch diese kleinen Gruppen sehr gefährlich und verzögerten unseren Vormarsch. Er war mit drei Kameraden aufgebrochen, die aber vor Erschöpfung und Hunger zurückgeblieben waren.

Ich gab ihm einen Schluck Wasser aus meinem indischen Tschagel, und er meinte, man habe ihm beim Militär erklärt, „Asien den Asiaten", und das habe ihn angespornt. Ich setzte ihm auseinander, dass Japan auf Seiten der Deutschen kämpfe, die Juden und Zigeuner einsperren und töten. Davon wusste er nichts. „In Japan keine Juden, ich Juden nicht kenne." – „Willst du weglaufen? Oder hier bei uns bleiben, bei den Maultieren, als Kriegsgefangener?" – „Kriegsgefangener", antwortete er. Dann wollte er wissen, was die Deutschen über die Japaner denken. Ich erklärte ihm, dass die Regierung und die meisten Deutschen nationalsozialistisch sind und sich einbilden, dass sie zur so genannten „arischen Rasse" gehören, zu den blonden, blauäugigen Menschen, der „Herrenrasse", und dass sie alle anderen Völker für minderwertig halten, so auch die Japaner. „Keine guten Freunde!", sagte ich zu ihm.

Endlich, es war Nachmittag und die Hitze war unerträglich, fand ich eine Lichtung, gerade groß genug für Fallschirm-Abwürfe. Nun begann das Abstecken des Nachtlagers für die nachkommende Brigade. Der japanische Kriegsgefangene half mir beim Einhämmern der Bambuspflöcke und dem Anheften der vorbereiteten Kärtchen für die Quartiere und die Verbindungswege. Mein Vertrauen war inzwischen so groß geworden, dass ich ihm meinen Hammer überließ, während ich den Lageplan des Platzes für das Hauptquartier zeichnete. Plötzlich tauchten Japaner in der Lichtung auf – zwei Soldaten, die einen verletzten Kameraden stützten.

Als sie uns bemerkten, setzten sie den Kranken behutsam an einen Baum und zielten mit den Gewehren auf mich. Ich erfasste schnell den kleinen Japaner, duckte mich hinter ihn und hielt ihn als Schutzschild vor meinen Körper. Die beiden Angreifer senkten ihre Gewehre und kamen vorsichtig näher.

Mein Japaner rief ihnen einige Sätze zu. Sie blieben stehen, stützten sich auf ihre Gewehre und besprachen sich mit meinem Kriegsgefangenen. Da verließ ich meine Deckung und bot den beiden je eine Palmzuckerkugel an. Sie nahmen mein Geschenk aber erst an, als ich es meinem Japaner zur Weitergabe überreichte. Nach etwa zehn Minuten bat mein Kriegsgefangener um eine weitere Palmzuckerkugel. Es war meine letzte. Dann gaben sie dem Verwundeten den Leckerbissen und führten ihn zu mir. Mein Japaner dolmetschte: „Alle drei deine Kriegsgefangenen, bitte!"

Ich legte ihre Gewehre und ihre Munition in ein Gebüsch. Da zielten plötzlich burmesische Freischärler auf die vier Japaner. Ich schrie: „Nicht schießen!", und stellte mich schützend vor die kleine Gruppe. „Das sind meine Kriegsgefangenen!" Staunend kamen die Guerilla-Kämpfer näher. Einer sagte: „Wir haben natürlich gedacht, du wärst der Kriegsgefangene der vier Japaner."

Ich stellte mich als Vorhut der Unabhängigen Brigade vor, übergab ihnen die Waffen der Japaner und bat sie um Essen. Dann blieb ich mit den vier Gefangenen allein und wartete müde auf meine Brigade.

BEI DEN CHIN

Eines Tages begleitete ich Lofty in das Haus eines Dorfältesten, in dem zahlreiche Jagdtrophäen standen. Das Jagen galt neben dem Kämpfen als größtes Vergnügen und war die Leidenschaft der Chin. Ich bat wie üblich um Trinkwasser und trank so viel ich konnte. Zum Dank kramte ich in meinem Pack und holte eine Flasche Whisky hervor. Den schleppte ich schon seit der Ausbildung in Indien mit, weil ich große (übrigens begründete) Angst hatte, von einer Giftschlange gebissen zu werden. Ich erinnerte mich an den Reklamevers:

Bei Schlangenbiss hilft Alkohol,
obwohl das Saufen hässlich;
bei Hühneraugen „LEBEWOHL“,
ganz schmerzlos und verlässlich.

Damals, in Deolali North, dachte ich, ich würde wohl beides brauchen, erhältlich war aber nur der Alkohol, während ich von der mir aus Österreich vertrauten Hühneraugensalbe „Lebewohl“ nur träumen konnte. Inzwischen war mir das Zusatzgewicht der vollen Flasche schon lästig, und ich hatte noch keine Schlange angetroffen. So entschloss ich mich, dem sympathischen Gastgeber den Whisky zu schenken. „Wofür?“, fragten die Leute. „Fürs Wasser“, antwortete ich. Da liefen sie zum Brunnen und kamen mit Kürbisschüsseln voll Wasser zurück. „Da ist Wasser. Hast du noch Whisky?“ Sie schütteten das Wasser in meinen leeren Konservenkanister, der als Teekessel für die Intelligence Section diente und ungefähr 30 Liter fasste. Aus Draht hatten wir in der Section einen Henkel gebastelt, ähnlich wie bei einem Tragekorb. Wenn genug Zeit war, machten wir ein kleines Lagerfeuer und kochten Tee. Ich hatte chinesischen Ziegeltee gegen Sicherheitsnadeln eingetauscht. Statt die unschöne „Teekanne“ nach dem ersten Teekochen liegen zu lassen, hängte ich sie oben an meinen Gewehrlauf, meistens aber ans leichte Maschinengewehr. Die Kameraden lehnten meinen Vorschlag einmütig ab, dass wir uns mit dem Tragen abwechseln sollten; ein britischer Soldat würde sich für ein derartig entwürdigendes Verhalten schämen, nur ich täte das ungeniert, weil ich eben ein Ausländer sei, ohne das nötige Ehrgefühl für die Britische Armee. „Aber den Tee trinkt ihr gern aus der hässlichen Kanne“, bemerkte ich ironisch. „Das ist was anderes: Die Briten sind eben Teetrinker, nicht aber Teekanister-Kulis.“ Ächzend schleppte ich die fast volle Kanne zu meiner Einheit zurück. Lofty lachte, aber er trug sie einen Teil des Weges.

Nicht nur sein Interesse und seine Kontakte zur einheimischen Bevölkerung unterscheiden Rudolf von den meisten englischen Soldaten, sondern auch seine Sonderstellung als Österreicher in der Britischen Armee, der sich wenig um Vorschriften, Regeln und Etikette schert, die den Briten so wichtig sind. „Ich habe mir oft gedacht, ich pfeif‘ auf das, was der Offizier sagt, ich mach‘, was ich für richtig finde, wenn es hart auf hart geht“ – was einem britischen Soldaten aufgrund seiner Ausbildung und Tradition niemals in den Sinn gekommen wäre. Seine Unangepasstheit und sein selbstbestimmtes Handeln helfen Rudi sicher auch dabei zu überleben. Seine dauernden Überlegungen, wie man Ausrüstung und Militärroutine verbessern könne, verhelfen ihm zu Lösungen wie genagelten Schuhen, den geliebten Teepausen mit seiner Gruppe und immer wieder zu Zusatzrationen. Um für alle Eventualitäten gerüstet zu sein, schleppt er viele Kilogramm Extragepäck mit und ist so in mancher Hinsicht autark, abgesehen davon, dass ihm sein Übergepäck auch als Handelsware dient. Sein manchmal skurriler Humor verschafft ihm eine Sonderstellung, empört aber häufig die Vorgesetzten.

HOSENTRÄGER UND KONDOME

Als Rekrut in Großbritannien hatte ich einen Vorgesetzten, der sehr großen Wert auf möglichst weiße Hosenträger legte. Nach dem Drill, zum Beispiel Robben im Schlamm, waren sie natürlich braungrau. Eifrige „Bullshitter", die sich hervortun wollten, schrubbten ihre Hosenträger mit Holzasche. Diese Musterknaben wurden beim Appell gelobt und dienten als Herzeige-Beispiele. Mit meinen grau getönten Hosenträgern war ich wohl das Anti-Beispiel. Meine Verteidigung war: „Die Hosenträger sind von Haus aus grau, nicht schneeweiß. Ich hab sie mehrmals mit Seife und heißem Wasser gewaschen. Mehr als sauber gibt es nicht. Die ‚Bull-shitter' bleichen sie in der Sonne, das ist unfair." Der Vorgesetzte duldete keine Widerrede. Da fiel mir ein, dass die Verpackung meiner Zahnpasta schneeweiße Zähne versprach. Ich schmierte mit dem Daumen großzügig Zahnpasta auf die Außenseite der Träger. „Aha, es geht also doch. Das schönste Weiß, das ich bisher gesehen habe!", rief der Drill-Sergeant triumphierend. Eines Tages fragte er mich vertraulich, wie ich das fertigbrachte. Lachend sagte ich: „Zahnpasta draufschmieren!" Da wurde er wütend. „Das – das – das ist – Betrug ist das, jawohl, Fälschung, ein unsauberer Trick! Sofort abwaschen!" Auch nach dem Abwaschen waren die Träger noch heller als bei der Konkurrenz.

Später in Burma stand ich eines Tages am Ufer des Chindwin, etwa einen Meter vom Brigadier entfernt, da rief er plötzlich: „Eine Sicherheitsnadel! Ein Königreich für eine Sicherheitsnadel!" Er hielt seine Hose fest, die ihm bis zum Gesäß hinuntergerutscht war. Bevor er seinen Satz noch ganz fertig gerufen hatte, hielt ich ihm bereits eine Sicherheitsnadel vor die

Nase und sagte: „Und wo ist das Königreich?“ Er starrte ungläubig auf die Sicherheitsnadel und fragte: „Wo haben Sie die denn her mitten im Urwald?“ – „In Indien vorsorglich eingekauft“, sagte ich lächelnd.

Ich erbat mir die abgerissenen Hosenträgerknöpfe und steckte sie in meine prall gefüllten Taschen. „Dafür krieg ich mindestens eine Handvoll Palmzuckerkugeln“, meinte ich. „Sie kommen mir vor wie ein Hausierer“, spottete er. „Es fehlt Ihnen nur noch der Bauchladen!“ – „Bitte sehr, hab ich hier“, entgegnete ich triumphierend, öffnete die obersten Knöpfe meiner Militärbluse und zeigte ihm Bleistifte, Radiergummi, Bleistiftspitzer, Reißnägel, einige weich gewordene dicke Kerzen, Feuerzeuge, Schnurknäuel, Schuhbänder, einige Scheren, Taschenmesser, Zahnpasta sowie mehrere Packungen Kondome.

Er schüttelte den Kopf. „Schutzgummis – mir fehlen die Worte!“ – „Nicht für mich! Die Burmesen reißen sich darum.“ – „Was – die achten auf Geburtenregelung?“ – „Nein, sie benützen das Zeug an Stelle von kleinen Flaschen mit Verschluss. Sie geben Salz hinein, Gewürze, Schmuck, alles Mögliche. Der Inhalt wird darin nicht feucht, Ameisen kommen auch nicht hinein.“

Wir haben übrigens im britischen Ausbildungslager in Deolali bei Kalkutta Kondome mit Salz anfüllen und außen an der Patronentasche tragen müssen. Jeden Morgen beim Rapport hatten wir einen Löffel voll Kochsalz vor den Augen der Offiziere zu schlucken, damit wir besser schwitzen konnten. Wasser haben wir erst danach bekommen, damit niemand schwindeln konnte. Manche haben trotzdem das Salz insgeheim ausgespuckt. Die Idee der Verwendung von Kondomen als Behälter ist also nicht auf meinem Mist gewachsen.

Rudolf ist als Kundschafter sehr häufig allein in menschenleeren Gebieten unterwegs. Angesichts der Tatsache, dass er jederzeit auf versteckte japanische Patrouillen stoßen kann, ist er relativ arglos. Eines Tages, als er wieder einmal kilometerweit an einem Fluss entlangmarschiert – „Ich sollte herausfinden, ob Japaner in der Nähe sind.“ – beschließt er, die Gelegenheit zu nutzen und seine gesamte Kleidung zu waschen. Er breitet sie am Flussufer zum Trocknen aus und geht nackt, nur mit dem Gewehr, ein Stück weiter. In der argen Hitze steigt er ins Wasser und schwimmt bis zu einer Stelle, wo der Fluss eine jähe Biegung macht. Da sieht er, dass jenseits der Biegung ein Schwimmer auftaucht. „Endlich ein Burmese! Den kann ich fragen.“ Der andere Schwimmer dürfte Rudolf ebenfalls für einen Burmesen gehalten haben, doch nach einigen Tempi erkennen beide ihren Fehler und kraulen mit aller Kraft zurück ans Ufer auf ihrer Seite der Flussbiegung. Rudolf hat vor lauter Scham, das Gewehr gegen alle Vorschriften weggelegt zu haben, bis ins hohe Alter diese Geschichte nie so erzählt. Dem Japaner ging es vermutlich ähnlich.

MIT SPIESSCHEN GEGEN DIE FEINDE

Jeder Soldat musste ein unhandliches Bündel zugespitzter Bambusspieße auf seinem Tornister festgebunden mittragen, um sie nachts rund um das Zelt als eine Art „Natur-Stacheldrahtverhau" gegen heranrobbende Japaner schräg in den Boden zu rammen. Nicht nur misstraute ich dieser Methode, die vierzig Zentimeter langen Spießchen waren auch höchst lästig zu transportieren. Nicht selten hörte man „Damn you!" und „So sorry!", wenn einer dem anderen beim Vorbeigehen die Wange damit zerkratzte. Da ich ständig das leichte Maschinengewehr und den daran baumelnden leeren Teekanister trug, steckte ich das Bündel in die Kanne, wo die Spieße niemanden gefährdeten. Auch das wurde kritisiert: „Du kommst daher, ärger als ein Zigeuner! Vorn wie eine Frau im neunten Monat, ein Schwert in einer Windel eingewickelt oben auf dem Pack, und am Gewehrlauf hängt ein rostiger Kübel mit Bambusstecken! Und so einer schimpft sich Soldat!" Das verpackte Schwert, auch ein Geschenk, war mein größter Schatz, der Griff mit Halbedelsteinen besetzt, aber noch lästiger als die Spieße, weil es ständig zwischen den Baumstämmen hängenblieb.

Die Spieße hätten einem Kameraden beinahe das Leben gekostet: Er wollte mich und mein Maultier, an dessen Schwanz ich mich völlig unbritisch einen steilen, schmalen Gebirgssteig hinaufziehen ließ, überholen, obwohl links ein beinahe lotrechter, bodenloser Abgrund drohte. Als sich der zurückgebliebene Soldat nun anschickte, mich zu überholen, machte ich mich bereitwillig dünn, indem ich mich an den Steinhang presste. Als er aber an dem Tier schon fast vorbei war, wankte entweder er oder das Maultier. Die Bambusspieße stachen das Tier in die Haut. Es schien auf dem engen Pfad urplötzlich einen Tanz aufzuführen, es grölte vor Schmerz und Angst, schubste den Widersacher, und schon rutschte dieser mit einem Fuß ins Leere. Ich ließ mich fallen, klammerte mich mit der rechten Hand in einer Ritze am Weg fest und fasste den Pack des Abstürzenden mit der linken Hand. So hielt ich ihn fest, aber ich spürte, wie ich auf dem steinigen Boden langsam zum Abgrund rutschte. Im letzten Augenblick kam uns ein Maultiertreiber von weiter hinten zu Hilfe. Zu zweit zogen wir den Ärmsten auf den Weg zurück. „Die verdammten Spieße!", fluchte er, wagte aber nicht, sie wegzuwerfen. Dankbar akzeptierte er dann sogar meine unkonventionelle Lösung, den Bambusspießen einfach die Wollmütze aus der ursprünglichen Winterausrüstung überzustülpen, die ich noch mit mir trug.

RUHR

Die Flüsse in Burma waren mit Cholera, Typhus und besonders Ruhr verseucht. Nur manche Quellen und Bäche führten Trinkwasser. Ich sah tote Rinder und massenhaft Leichen von Soldaten und burmesischen Zivilisten im Chindwin und Irawadi treiben. Trotz aller Warnungen tranken viele der Soldaten, die durch Wassermangel dem Verdursten nahe waren, das Flusswasser, in dem neben ihnen stehende Maultiere gierig tranken. Eine Ruhrepidemie brach in der Brigade aus, Gesunde steckten sich sehr rasch an. Unsere Vorräte an Kalziumhypochlorid, einer festen Verbindung von Kalk mit Chlorbleichlauge, waren längst aufgebraucht. Wenn man einen nussgroßen Brocken ins Wasser warf und umrührte, entstand eine stark nach Chlor riechende, keimtötende Brühe. Ich erinnere mich, dass ich einmal nassen Sand in einem ausgetrockneten Flussbett ausgrub, mit dem Chlorkalk sterilisierte und eine dunkelbraune sandige Flüssigkeit erhielt! Ich stellte mir in einer Art Selbsthypnose vor, in einem Wiener Kaffeehaus zu sitzen und eine Schale Trinkschokolade zu genießen. Ich spürte den Sand zwischen den Zähnen, als ich den Brei schluckte – vergleichbar mit dem Röntgenkontrastmittel, nur ätzend und sandig noch dazu. Das Schreckliche an der Ruhr war, dass wir mit dem Stuhl zugleich viel Wasser ausschieden, von dem wir aber nicht genug im Körper hatten.

Die Brigade hatte einen breiten Fluss überquert und einen Brückenkopf gebildet. Ich grub meinen Schützengraben am Rande des Lagers, möglichst nahe einer Sandfläche, die den Uferwall bildete. Sooft ich meine Notdurft verrichten musste, robbte ich eilig aus dem Lagerbereich hinaus

„Sentry" mit „dysentry", Wache mit Durchfall (Cartoon, 1944)

auf das ungeschützte, sandige Ufergebiet, zog die Hose in Bauchlage zu den Kniekehlen hinunter, sprang in Knie- und sofort in Hockestellung. Ehe ich soweit war, spritzten schon Sandgarben rund um mich empor, Maschinengewehrsalven und gezielte Schüsse von Scharfschützen. Mir blieb nichts anderes übrig, als wieder in Bauchlage zu hechten, damit das feindliche Feuer aufhörte. Mein verzweifelter Vorschlag, Nachttöpfe in den Schützengräben zuzulassen, wurde als „unbritisch" vehement abgelehnt.

Zwischen den Schützengräben und ab und zu leider auch in ihnen schlugen feindliche Raketen ein, haushohe nasse Sandsäulen schossen empor, der Lärm der Kanonen und der explodierenden Geschosse schmerzte in den Ohren. Ich musste häufig den Schützengraben noch tiefer ausschaufeln, weil durch die Erschütterungen die Böschungen nachgaben und Sand herabrieselte. Schließlich waren die Wände eher flach statt senkrecht, der Graben breit wie eine Schüssel, und am Boden sammelte sich Grundwasser an. Ich füllte eine leere Zehn-Liter-Dose mit Sand, gab eine Schicht Schlamm darüber und benützte diesen Haufen als erhöhten Kopfpolster. So schlief ich im Trommelfeuer der Geschütze ein. Ich erwachte mit Schüttelfrost. Ich war im Wasser gelegen! Die Nächte waren in dieser Gegend zu dieser Zeit kühl, ich fror in meiner nassen Kleidung und bekam schnell eine Halsentzündung. Damals war gerade eine Lieferung von Tabletten des neu entwickelten Sulfonamids Sulfaguanidin eingetroffen. Von der Versorgungseinheit erhielt ich eine Menge dieser Tabletten. Der Offizier schüttete sie in meine beiden Handflächen und sagte: „Drei Tabletten täglich, mit viel Wasser!" – „Ich hab kein Wasser!" – „Ich auch nicht! Schluck halt jetzt alle Pillen auf einmal mit dem bisschen restlichen Wasser!" Jeder Schluck schmerzte schrecklich. Zwei Dutzend Mal würgte ich die großen Tabletten hintereinander hinunter. „Hoffentlich überleb ich das", dachte ich. Ich war mir nicht sicher: Drohte mir der Tod durch Tablettenvergiftung? Durch Halsentzündung? Durch Ruhr? Durch Austrocknung? Oder doch durch alles zusammen?

Warum klappte der Nachschub von Trinkwasser nicht? Der Tagesbedarf der Brigade samt Maultieren betrug schätzungsweise 20 bis 30 Tonnen oder ebenso viele Kubikmeter, die mit Fallschirmen abgeworfen werden mussten. Die Versorgungsflugzeuge kamen aber nicht täglich, sondern meist nur einmal wöchentlich. Die Soldaten, die an Wasser- und Nahrungsmangel gestorben waren, schätzte ich auf mindestens ein Viertel. Die Verluste durch Ruhr, Cholera und Typhus waren mindestens ebenso hoch. Unser Gänsemarschzug war zuletzt auf ein Drittel der ursprünglichen Länge geschrumpft. Ich hatte täglich die Länge unseres Zuges mit Schritten abgemessen, daraus auf die Anzahl der Soldaten geschlossen und in meinem Kriegstagebuch vermerkt. Es war offensichtlich: Tatsächliche Kämpfe forderten viel weniger Tote als die fürchterlichen Bedingungen in Burma.

DONAUWALZER

Mir fällt oft das schreckliche Erlebnis ein, als ich aufwachte und plötzlich alleine im feindlichen Urwald war, von der Brigade keine Spur! Zwei Pfade kreuzten sich vor mir – das ergab vier Möglichkeiten. Was war geschehen?

Langsam kehrten Bruchstücke der Erinnerung zurück. Ich war schon wochenlang krank, beim Gehen wankte und torkelte ich, bei jedem Schritt wurde es mir buchstäblich schwarz vor den Augen. Ich hatte Ruhr und fast kein Trinkwasser, meine Zunge fühlte sich an wie ein trockener Klumpen, der Puls jagte mir in den Schläfen und ich hatte seit zwei Wochen kaum geschlafen: Man hatte nämlich den Collegeboy, meinen Gefährten im Schützengraben, durch einen noch schwerer an Ruhr erkrankten Soldaten ersetzt, der nur dahindöste, sodass ich zusätzlich zu meiner Nachtwache gegen die lautlos heranschleichenden Japaner auch seine halten musste – zwei Mal je vier Stunden durchhalten.

Heute früh war ich nicht aufgestanden, konnte die Augen kaum öffnen – schlief ich so fest oder war ich ohnmächtig? Erst gegen Mittag war ich aufgewacht, in der Nähe eines Baumes liegend, das Gewehr lehnte neben mir. Dort war ich während der Nacht nicht gewesen, von allein hatte ich meinen Schützengraben nicht verlassen: Man hatte mich herausgetragen und woanders hingelegt. Ich suchte die tiefe Grube auf. Mein Kamerad lag noch darin. Er regte sich nicht, er atmete nicht – tot. An der Ruhr gestorben.

Nach dem todähnlichen Schlaf fühlte ich mich etwas besser. Ich beschloss, dem breitesten Pfad zu folgen, aber ich war ziemlich verwirrt: War das der Weg, auf dem die Brigade gestern hierher gekommen war? Ich machte mich auf die Suche, bald erschöpft, hungrig und vor allem ohne einen Tropfen Wasser in meinem Tschagel.

Auf dem ganzen Weg hatte ich kein Lebewesen zu Gesicht bekommen, konnte mich aber andererseits nicht so richtig nach irgendeinem menschlichen Wesen sehnen, denn angeblich gab es in der Umgebung japanische Dschungelkämpfer. Für diesen Fall hielt ich eine Handgranate bereit. In dem Dickicht, das oft bis an den Fluss reichte, war das Gewehr von geringem Nutzen. Ich hoffte, Fußspuren von meiner Einheit zu finden, aber, obwohl ich das Flussufer genau untersucht hatte, war nichts zu finden.

Als der Fluss eine jähe Wendung machte, sah ich eine kleine Lichtung. Ein Reisfeld! Ich atmete auf und halblaut begann ich die burmesischen

Worte vor mich hinzumurmeln, die ich an den erstbesten Einheimischen richten würde: „Haben Sie Weiße vorbeimarschieren gesehen? In welche Richtung sind sie gegangen?“ Da, endlich! Ein uralter Bauer stand da und bündelte Reisstroh zusammen.

Ich ging sofort auf ihn zu und sprach ihn mit einem Lächeln an. Er schien meine Fragen zu verstehen, dann aber blickte er auf mein Gewehr und sein Gesichtsausdruck wurde wieder finster. „Leute mit Gewehr nicht gut“, sagte er. „Japaner nicht gut“, warf ich ein. – „Beide nicht gut“, war seine lakonische Antwort. Ich erfuhr nach und nach, dass seine ganze Dorfgemeinschaft in den Kriegshandlungen umgekommen war. Er sah weder in den Engländern noch in den Japanern seine Freunde. „Burma soll burmesisch sein, nicht englisch, nicht japanisch.“ Burma heißt einfach „das Land“, es bedarf keines besonderen Namens für seine Bewohner. Für sie ist es eben ihr Land, ihre Heimat, Burma, das Land.

Nach meinen eindringlichen Fragen deutete der Alte endlich in eine bestimmte Richtung. Ich wandte mich schon zum Gehen, doch dann drehte ich mich noch einmal um. Ich war so froh, endlich auf der richtigen Fährte zu sein, dass es mir auf ein paar Minuten mehr nicht ankommen sollte. Ich wollte dem alten Burmesen etwas Freundliches sagen, und komischerweise fiel mir nichts Besseres ein als folgendes Kompliment: „Ihr Burmesen könnt sehr gut kochen! Ich esse lieber eure Kost als die englische.“ Sein Antlitz hellte sich auf. Ich lobte noch den vortrefflichen Geschmack des Reises und die burmesische Sitte, so viele verschiedene Speisen für eine Mahlzeit zuzubereiten. Zum Schluss erwähnte ich, dass ich mich auf dem Gebiet des Feinschmeckens etwas auskenne, da ich aus einem Land käme, wo man auch solche Sorgfalt für das Essen aufwende.

Das schien großen Eindruck auf ihn zu machen. Mit der einen Hand griff er sich auf die Stirn, mit der anderen zeigte er auf mich und fast kreischend klang seine Stimme. „Was, Sie kein Engländer?“ – „Nein“, sagte ich grinsend, und Heimatliebe wallte in mir hoch. Obwohl ich kaum vermuten konnte, dass dieser alte Burmese je etwas von Österreich gehört hatte, pfiff ich mit einiger Anstrengung die ersten Takte des Donauwalzers. Dann musste ich aufhören, denn erstens waren meine Lippen sehr trocken, und zweitens konnte ich das Lachen kaum zurückhalten.

Dann geschah das Unfassbare: Das zerfurchte Gesicht mit den unzähligen Stirnfalten, den vorstehenden Backenknochen, den weißen Barthaaren in der Mitte des Kinns und an beiden Wangen, die schwarzen funkelnden Augen, die dunkle Haut mit eigenartigen Tätowierungen bedeckt, lange ungekämmte Haare, die Mundhöhle rot vom Saft der Betelnuss – ein geheimnisvolles, unergründliches Antlitz – hellte sich ein wenig auf, und plötzlich fing der Alte mit einer merkwürdigen Fistelstimme zu summen an: den Donauwalzer. Die Melodie war zwar etwas orientalisch angehaucht, aber unverkennbar Johann Strauss.

Von einer Schallplatte hatte er die Weise gelernt, weil sie ihm so gut gefallen hatte. „Und von dort kommen Sie her, wo man dieses Lied singt?", fragte er. Er war ganz aufgeregt und wollte mich in sein Haus einladen. Ich aber musste weitergehen. „Nein, nein, nein!", schrie er. – „Ja, ja, ja!", schrie ich lachend zurück. Er aber lief mir nach, fasste mich am Rock und ließ einen Wortschwall los, von dem ich nur das Wort „dschapani" (Japaner) verstand.

Endlich dämmerte es mir. Der Alte hatte mich für einen Engländer gehalten, einen jener Fremden, die ihm, wie er sagte, sein Land wegnehmen wollten. Und so hatte er mich in die falsche Richtung geschickt, den Japanern geradewegs in die Arme.

Bald darauf traf ich auf meine Einheit und wurde stürmisch begrüßt: Selten kommt nach so langer Zeit noch ein Verirrter zurück. Bei mir dachte ich: „Manchmal ist es doch gut, Österreicher zu sein."

Seltsame Allianzen prägen die Auseinandersetzungen in Burma und Indien. So kämpfen etwa Inder auf Seiten der Alliierten in der Britisch-Indischen Armee und treffen in Burma auf ihre Landsleute aus der Indian National Army (INA), die von den Japanern finanziert und ausgebildet wird und sich als Befreiungsarmee von den britischen Kolonialherren versteht. Sie stehen unter Führung des charismatischen bengalischen „Freiheitskämpfers" Subhash Bose, der, mit Unterstützung Hitlers, auch ein indisches Freiwilligencorps aufstellt, das als „Legion Freies Indien" auf deutscher Seite kämpfen soll. Die INA-Kämpfer, die den japanischen Vorstoß in Burma unterstützen, sind in Schlachten immer wieder höchst erstaunt, von indischen Soldaten auf Seite der Briten beschossen und nicht als Befreier gefeiert zu werden. Gegen Ende des Krieges kommt es jedoch immer öfter zu Verbrüderungen zwischen Indern aus den feindlichen Armeen. Im ebenfalls am Kriegsgeschehen in Burma beteiligten China wiederum bekämpfen sich die Truppen von Tschiang Kai-schek und Mao Zedong untereinander, während beide Verbündete der Alliierten gegen die Japaner sind.

Die Burmesen, genauer gesagt die Burmanen, sind geschlossen für die Japaner, die mit ihrer „antiimperialistischen“ Propaganda gegen die Briten vorerst leichtes Spiel haben, während die ethnischen Minderheiten, besonders die „wilden Bergvölker“ der Karen und Chin eine wichtige Stütze für die Briten sind. Es gibt nur ganz wenige Anführer der nationalen Befreiungsbewegung, die den Hauptfeind in den mit Hitler verbündeten Japanern sehen und eine zwischenzeitliche Allianz mit den Briten für vernünftig erachten. Sie können sich aber nicht durchsetzen und werden auch von den Briten nicht ernstgenommen.

Spätestens 1943 beginnt allerdings der Rückhalt der Japaner bei den Burmesen zu schwinden: Die unwahrscheinliche Grausamkeit der Besatzer mit Folter und Terror gegen die Zivilbevölkerung sowie die Ausplünderung Burmas führen den Burmesen die wahren imperialistischen Absichten der Japaner vor Augen. Auch die sichtbaren Erfolge der Briten bewegen Teile der BDA (Burma Defence Army) zu Meutereien und Absetzbewegungen.

Die japanische Propaganda hat ihre anfängliche Wirkung längst verloren. Die Burmesen hassen die Japaner bereits als neue Besatzer. Unbeeindruckt von dieser schwindenden Unterstützung sind diese bis zum Kriegsende fest davon überzeugt, dass sie die besseren Karten haben und glauben, dass die Burmesen unter keinen Umständen jemals wieder die Briten in ihr Land lassen werden. Mit Flugblättern wollen sie indische Soldaten aus der Britischen Armee zum Überlaufen bewegen. In einem Fall sind solche Flugblätter auch inhaltlich von besonderem Interesse, was die größenwahnsinnigen Ziele der Japaner angeht: Rudolf erfährt im Herbst 1944, dass in eroberten japanischen Stellungen kistenweise Flugblätter gefunden worden sind, offenbar von den Japanern lange Zeit vorsorglich mitgeschleppt. Es ist ein Aufruf an die indische Bevölkerung, sich der japanischen Armee anzuschließen, der ungefähr so lautet:

Kämpft mit uns in eurer Heimat gegen die britischen Imperialisten und geht mit uns nach Europa! Wir werden durch ganz Indien und Asien bis in die Türkei marschieren und uns in Deutschland mit den siegreichen Hitlertruppen vereinigen!

Für Rudolf sind diese Flugblätter eine gewisse Bestätigung dafür, dass sein Einsatz mit der Britischen Armee wichtig ist, um die Japaner als Verbündete Hitler-Deutschlands aufzuhalten, dass also sein Beitrag sinnvoll ist, auch wenn er nicht in Europa stattfindet.

SO EIN ZUFALL!

Bei kleineren Gefechten und bei unseren Angriffen machten wir häufig Kriegsgefangene. Wir hatten gehört, dass die Japaner sehr oft darauf verzichteten und die Feinde gleich töteten. Aus Sorge, meine Vorgesetzten könnten vielleicht auf den Gedanken kommen, Gleiches mit Gleichem zu vergelten, drängte ich immer darauf, die gefangenen Japaner bei den Maultiertreibern einzusetzen. Sie würden nicht davonlaufen, denn sie wussten, das wäre ihr sicherer Tod. Sie könnten sich nützlich machen und Spaten und Schaufeln tragen. Andererseits waren auch unsere Gurkha-Kämpfer dafür bekannt, im Kampf die Japaner zu köpfen, und so war ich immer erleichtert, wenn die Gurkhas nach einem Einsatz mit lebendigen Feinden zurückkamen.

Eines Tages wartete eine große Gruppe Kriegsgefangener samt Maultieren und Ausrüstung am Rand eines freien Platzes, der als Abwurfstelle für den Nachschub ausersehen war. Auf der anderen Seite des Platzes standen die britischen und indischen Soldaten unserer Brigade. Plötzlich kam ein kleiner Wirbelsturm auf die Lichtung zu. Ich bemerkte, wie die Decken der Maultiere hoch in die Luft gewirbelt wurden. Als die Soldaten hinaufblickten, stürzte plötzlich ein indischer Maultiertreiber aus der Gruppe der japanischen Kriegsgefangenen in die Mitte des freien Platzes, und von der anderen Seite eilte ein indischer Maultiertreiber aus unserer Brigade auf ihn zu. Die beiden umarmten einander und schrien auf Urdu: „Bruder, lieber Bruder!"

Da in Indien Armut und Elend herrschten, viele Menschen hungerten und verhungerten, meldeten sich in ihrer Verzweiflung viele landlose Bauern, Obdachlose und Bettler zu den britischen Streitkräften, andere Hoffnungslose strömten ins japanische Heer, ließen sich von der Propaganda „Asien den Asiaten" einnehmen oder wurden zwangsrekrutiert. Auf beiden Seiten wurden Inder oft als Maultiertreiber eingesetzt.

Die beiden indischen Maultiertreiber aus den feindlichen Armeen weinten vor Glück. Sie hatten sich in einem Winkel des Urwaldes gefunden und durften zusammenbleiben. Alle Kriegsgefangenen, inklusive der gesamten japanischen Maultiereinheit aus Indern, wurden in unsere Brigade eingegliedert, ihre Maultiere umgepackt, überladene Maultiere unserer Brigade dann von einem Teil der Last befreit und die japanischen Tiere damit beladen.

DIE UNSICHTBARE KANONE

Kaum hatten wir das Lager aufgeschlagen, explodierte eine Granate. Die Soldaten stürzten in die Schützengräben, und ich beeilte mich, mit dem Feldstecher die Gegend abzusuchen, konnte jedoch nichts Verdächtiges finden. Später schlug eine zweite Granate ein. Zum Glück war das Lager so geräumig ausgelegt, weitläufig wie eine Kleinstadt, dass es auch diesmal keine Verwundeten oder Toten gab. Gleich nach dem ersten Beschuss hatte ich ein Blatt Papier auf die Pappendeckel-Unterlage geklemmt, mir den Feldstecher umgehängt und den Kompass eingesteckt. Den Befehl, den Ursprung des Angriffs zu finden, brauchte ich gar nicht abzuwarten, denn als Zeichner und Kundschafter war ich ohnehin dafür vorgesehen. Unser Lager befand sich an einer breiten Stelle des Hochtales. Die Kanonenschüsse waren vom nordöstlichen Berghang gekommen, wo das Tal noch etwa drei Kilometer breit war. Also stieg ich auf den gegenüberliegenden Berg, um von dort aus meine Beobachtungen anzustellen. Unterhalb des Bergkammes erreichte ich zwischen Buschwerk und Bäumen eine Lichtung aus schütter bewachsenem, felsigem Gelände. Von hier konnte ich die Silhouette der gegenüberliegenden Bergkette genau abzeichnen und alle Merkmale wie unterschiedlich geformte Felsbrocken und Baumgruppen einsetzen.

Über eine Stunde war ich schon auf meinem Aussichtsposten, die Sonne war höher gestiegen, und ich sah mich in Gedanken im Wienerwald, auf der „Nase" des Leopoldsberges, dem steilsten Abhang in der Umgebung von Wien. Oft waren wir Buben den Steilhang hinaufgeklettert und immer hatten wir lose Steinbrocken losgetreten ... Plötzlich riss mich ein scharfer, lauter Knall aus meinen Tagträumen, etwa 50 Meter weiter unter mir flogen Steinbrocken aus einer Staubwolke empor. Schnell packte ich das Zeichenpapier und rannte um mein Leben. Wieder erschallte das Krachen der Detonation, gefolgt vom Knall des Kanonenschusses. Als ich über den Grat auf die rettende andere Seite des Berges stürzte, sah ich noch hinter mir ein grelles Licht auf der gegenüberliegenden Bergflanke aufblitzen. Ich duckte mich, stolperte und rollte einige Meter weit bergab. Nach ein paar Sekunden erhob sich ein Feuerwerk aus Erdreich und Steinen genau dort, wo ich gesessen war. Donnerndes Krachen ertönte. Auf meiner Seite jenseits des Bergkammes fielen nur kleine Steinchen herab. Ich setzte mich kurz auf den Boden, um mich von meinem Schock zu erholen. Dann hetzte ich so schnell wie möglich zurück zu unserem Lager, um einer eventuellen japanischen Patrouille zu entgehen.

Die Kameraden begrüßten mich mit einem lauten Hallo: „Wir haben geglaubt, du kommst nie wieder zurück, so wie es da oben zwei Mal gekracht hat." Mein Vorgesetzter fragte sofort: „Warum sind Sie ohne Gewehr weggegangen? Sie wissen ja, das ist streng verboten." – „Es hätte mir nichts genützt. Im Gegenteil, es hätte mich nur behindert, und ich bin sicher, die feindliche Artillerie hat mich lange Zeit für einen Zivilisten gehalten. Ich hab nämlich meine Militärbluse am Weg ausgezogen. So habe ich in Ruhe die Konturen der Bergflanke einzeichnen können. Und sehen Sie, von da, wo ich das Kreuz gemacht habe, ist geschossen worden. Mit meinem Gewehr hätten sie mich vielleicht gleich als feindlichen Soldaten erkannt und mich sofort abgeschossen." Der Vorgesetzte blickte prüfend auf meine Skizze: „Und wieso können wir an der eingezeichneten Stelle von hier aus keine Kanone sehen?" Ich stutzte verlegen und erwiderte kleinlaut: „Das weiß ich noch nicht, aber ich hab eine Idee ..."

Die ungefähre Position hatte ich ja schon vom gegenüberliegenden Berghang abschätzen können, aber da sie so gut getarnt und dadurch unzerstörbar war, musste der Schleier des Geheimnisses durch genaue mathematische Berechnungen gelüftet werden. Mittels komplizierter Flugbahnberechnungen und Schallmessungen der feindlichen Kanonenschüsse mit Hilfe von drei an verschiedenen Stellen platzierten Telefonisten konnte ich die Position des Geschützes eruieren. Als ich fertig war, machte sich sofort ein Dutzend Gurkhas auf den Weg zu der unsichtbaren japanischen Kanone. Sie machten einen großen Umweg, um den steilen Berg mit der Geschützstellung auf seiner Rückseite zu besteigen. Auf dem Gipfelkamm legten sie sich an der berechneten Stelle auf die Lauer und blickten angestrengt auf den Abhang hinunter. Plötzlich – direkt aus der Bergflanke – schob sich etwa 50 Meter talwärts langsam ein Kanonenrohr ein kleines Stück hervor und schwenkte in die Richtung, wo in einigen Kilometern Entfernung unser Lager völlig ungeschützt im Talkessel zu sehen war. Die Gurkha-Soldaten stürmten hinunter Richtung Kanonenrohr, schwangen ihre Krummschwerter und stießen ein ohrenbetäubendes Geschrei aus. In wilder Hast flüchteten einige japanische Artilleristen aus der mit einem Lianenvorhang getarnten Höhle, verfolgt von den brüllenden Gurkhas. Keiner der Japaner entkam seinem schrecklichen Schicksal. Dann holten die Gurkhas den Vorrat an Geschoßen aus der Höhle und warfen ihn den Abhang hinunter, schraubten einen wichtigen Bestandteil der Kanone ab, die auf einem Feldbahngleis zum Ausgang des Verstecks gezogen werden konnte, um das Rohr nach links auf unser Lager schwenken zu können, und vergruben ihn, damit die Japaner später das Geschütz nicht mehr verwenden konnten.

Die Vorgesetzten und der Brigadier hatten nicht ganz geglaubt, dass meine geometrisch ermittelte Position des feindlichen Geschützes so haargenau mit den Tatsachen übereinstimmen würde. Nachdem ich meine Berechnungen erklärt hatte, gratulierte mir der Brigadier: „Was das noch für eine Katastrophe hätte werden können, wenn Sie nicht … Ich werde Sie, wenn wir aus diesem Land draußen sind, für das Victoria Cross vorschlagen! Das haben Sie sich verdient!"

DIE GURKHAS

Die Gurkhas waren das Rückgrat der Brigade. Wir hätten noch mehr von ihnen gebraucht! Sie hatten es am schwersten, klagten aber nie, sondern waren stets fröhlich. Im Zivilberuf waren viele von ihnen Sherpas, die den Ruhm ihren Herren überlassen und für sie die schwere Ausrüstung hinauf zu den Gipfeln des Himalaya schleppen – und das nicht nur einmal, sondern regelmäßig. Angeblich können sie bergauf noch schneller laufen als bergab!

Fast täglich wurde ein Gurkha zum Rapport des Brigadiers gerufen, in so hoher Wertschätzung standen diese Soldaten aus Nepal. Sie wurden einmal im Jahr in ihren jeweiligen Heimatort abkommandiert. „Urlaub zur Sicherung der Nachkommenschaft, keine Widerrede, los Abmarsch!" Manchmal, besonders vor einer Schlacht, kam es vor, dass der Gurkha ausnahmsweise um Aufschub bat. So eine Bitte wurde aber selten gewährt. Die Briten benötigten nämlich dringend den Nachwuchs und fürchteten, dass das British Empire ohne sie ernstlich gefährdet wäre.

Rund drei Monate dauerte der Weg nach Hause, rund 1500 Kilometer Luftlinie. Der Himalaja mit seinen 4000 bis 5000 Meter hohen Pässen in Nord-Süd-Richtung und den engen und tiefen Flusstälern wurde von den Gurkhas einfach umgangen, oder die schwierige Route über einige wenige Pässe gewählt. Die nördliche Route um den Himalaja herum nach Lhasa war zwar ein Riesenumweg, aber nicht so beschwerlich. Im Norden von Burma nahmen sie erst einmal die Assamstraße und dann die uralte lange Karawanenroute bis Lhasa. Entlang des Oberlaufs des Brahmaputra nach Westen gelangten sie über Pässe quer durch den Himalaja nach Katmandu. Entweder musste man den Brahmaputra überqueren oder ihn westlich von seinen Ursprungsquellen umgehen.

Soeben hatte ein sehr netter Gurkha einen solchen Urlaub angetreten. Er ließ vorerst seine Uniform, Bewaffnung und Ausrüstung bei seiner Einheit, nur sein Krummschwert behielt er. Dann schlüpfte er in sein Zivilgewand und bereitete seinen Bergstock und seine Wegzehrung vor – eine geniale Erfindung!

Wer kann sich schon eine Art zwei Meter lange „Salami" als Wanderstab vorstellen? Ein etwa vier bis fünf Zentimeter starkes Bambusrohr wurde mit einem langen, scharfen Metallstab ausgehöhlt, bis auf eine Handbreit aus Vollholz am unteren Ende, das zugespitzt und im offenen Feuer gehärtet wurde. Die geschwärzte Spitze gab Halt am unebenen Boden, diente aber auch als Speer- und Lanzenspitze. Gepökeltes Fleisch, Reis, Gewürze und Pflanzenöl wurden zu einer Pasta gerieben und in den hohlen Bambusstab gestopft. Das obere Ende wurde mit einem Stöpsel verschlossen.

Auf der Reise hielt der Gurkha an einem Lagerfeuer das untere Ende des Stockes in die Flammen, bis die hölzerne Rinde abgebrannt und verkohlt war und nur die innere feuchte Haut übrig blieb. Dann schnitt er das mehrere Finger breite Stück ab, verschloss das Rohr unten mit einem neuen zugespitzten Holzpflock und verzehrte die Bratwurst. Die Wurst bzw. der Bergstock wurde mit der Zeit immer kürzer. Wenn er nach mehreren Wochen nur mehr bis zum Oberschenkel reichte, bastelte er eine Verlängerung, denn auf seiner Route wuchs fast überall Bambus. Nach etwa 2000 Kilometer schnellem Fußmarsch kam er zu Hause frisch und fröhlich an, reparierte die Schäden an der Behausung, liebkoste seine Familie, sorgte im Auftrag der Britischen Armee für Nachwuchs und machte sich bald wieder auf den Weg zurück zur Brigade, die er nach etwa einem halben Jahr im Dschungel wieder aufspürte. „Urlaub beendet, zum Dienst angetreten, Befehl ausgeführt!" Da war er wieder, freudig begrüßt von seiner Einheit. Hurra!

Als ich ihn neugierig über seine Reise ausfragte, erzählte er mir Erstaunliches: „Auf Karawanenwegen gehe ich oft elf Stunden am Tag, mit einer Stunde Rast zwischendurch, da komme ich auf über 30 Meilen pro Tag. Manche Strecken leg ich sogar im Laufschritt zurück. Im Urwald und im Gebirge geht es natürlich viel langsamer, aber ich kenne schon viele Steige und Pfade sehr gut, denn ich mache das schon seit vielen Jahren, jedes Mal hin und zurück." – „Kommst du nicht ganz erschöpft zu Hause an?" –

„Nein, nur glücklich! Ich strenge mich ja nicht allzu sehr an. Wenn ich dann aber sehr bald wieder von zu Hause weg muss, ist das schon schwer für mich, am meisten aber für meine Familie. Aber sie freut sich auch über meinen Sold, mit dem sie ganz gut leben kann – und ich freue mich dann schon aufs Kämpfen und auf meine Freunde in der Brigade." Er machte sich eigentlich wenig Sorgen, weil die vielen Götter, Geister, Dämonen, Heiligen und die persönlichen Gottheiten auf ihn Acht gaben. „In der hinduistischen Sekte, zu der ich gehöre, ist viel vom Islam dabei. Die Hindu-Religion hat viele verschiedene Glaubensrichtungen, es gibt keine einheitliche Lehre wie in eurem Christentum. Unser Glaube an die Erlösung und an die Seelenwanderung ist uns besonders wichtig."

Irgendwie machte ich mir trotzdem Sorgen um diesen freundlichen Gurkha. Ein halbes Jahr später berichtete mir Lofty, dass er nicht zurückgekehrt war, sondern von einer japanischen Streife, nur eine Tagesreise von unserer Brigade entfernt, erschossen worden war.

GLATZE MIT ZOPF

Ich war häufig bei der Gruppe der Gurkhas, die die Vorhut bildete. Wir verständigten uns ganz gut auf Englisch. Sie waren scheinbar froh und dankbar, dass sie bei der Brigade kämpfen durften, denn nur derjenige, der im Kampf stirbt, hat Aussicht sofort in den Siebenten Himmel zu kommen, erklärten sie mir. Aber kurz vor dem ersehnten Paradies ist eine tiefe Schlucht, darüber liegt ein riesiges Schwert als Brücke. Darüber muss man schreiten, aber für jede Sünde im Leben strauchelt man. Die gütige Gottheit rettet jedoch den Sünder jedes Mal, knapp bevor er das Gleichgewicht ganz verliert und abstürzt, indem sie ihn beim Schopf packt. Deshalb haben Gurkhas auf dem glattrasierten Schädel ein langes Haarbüschel, etwa zwei bis drei Finger dick, das von der Mitte des Kopfes bis zur Schulter herabhängt.

Mit meinem manchmal dämlichen Sinn für Humor bat ich um eine solche Frisur, denn wer will nicht in den Siebenten Himmel kommen? Für einen der nächsten Tage erwarteten wir eine große Kampfhandlung am Irawadi, unser Lager war nahe am Ufer angelegt und eine gefährliche Flussüberquerung stand bevor. Die Gurkhas waren also begeistert von

Glatze mit Zopf ... (Feder-, Pinsel-, Tuschearbeit, 1945)

meiner Idee. Sie hatten eigene Scheren und Rasiermesser. Bald hatte ich eine spiegelglatte Glatze mit einem dünnen, kurzen Schopf in der Mitte. Jedes Mal, wenn ich in den Taschenspiegel blickte, bekam ich einen Lachanfall.

Bei den Gurkhas herrschte große Heiterkeit! Als ich in meiner Abteilung erschien, wurde ich mit schallendem Gelächter begrüßt. Ein ernster, konservativer Vorgesetzter schrie mich jedoch empört an: „Was hast du dir dabei gedacht, Himmeldonnerwetter! Wir sind in einem blutigen Krieg, nicht in einem Kasperltheater!" – „Sie könnten doch froh sein, dass wenigstens einer den Humor nicht verloren hat", erwiderte ich wütend. „Ich zeig dich an beim Militärgericht, nach dem Krieg! So eine Unverschämtheit!“, brüllte er. Meine taktlose Direktheit hatte mir wieder einmal Probleme gemacht.

Das Lachen fror den Kameraden förmlich im Gesicht ein, auch mir. Ich wartete, bis sich sein Zorn gelegt hatte, dann versuchte ich eine Entschuldigung: „Tut mir leid, dass ich Sie so geärgert habe. Das war nicht meine Absicht. Ich habe halt gedacht, Lachen tut uns allen gut. Ist es nicht wunderbar, wenn jemand in all dieser Scheiße die Kraft aufbringt, herzlich zu lachen?“ – „Also, ich sehe das nicht so, aber vielleicht ... hmm ... so gesehen, Schwamm drüber.“

Diese Mischung aus jugendlich ausgelassenem „practical joke“ und Galgenhumor ist schwer nachzuvollziehen, Rudi selbst erklärt seine Haltung folgendermaßen: „Ich hab mir nicht gedacht, dass ich diesen Krieg überlebe, aber die verbleibende Zeit wollte ich mir und meinen Kameraden so erträglich wie möglich machen.“ Das Grauen des Erlebten ist ohnehin für alle unauslöschlich: wie das Bild eines ihrer Kameraden, der bei einem Artillerieangriff ein abgetrenntes Bein durch die Luft rotieren sieht und erst in dem Augenblick zu Boden stürzt, als er erkennt, dass es sein eigenes ist. Sein Leben lang hat Rudolf quälende Albträume von diesen Ereignissen sowie vom Anblick des rotgefärbten Flusses, in dem hunderte Leichen vorbeitreiben. Am meisten macht ihm die Erinnerung an die Nacht im überfluteten Schützengraben zu schaffen, in der er nur knapp dem Erstickungstod entgeht („Die Schlacht am Irawadi“). Zeitlebens hat er davon Flashbacks, obwohl er diese Geschichte immer und immer wieder erzählt.

In einer Reihe von Karikaturen beschäftigt sich Rudolf mit der Situation in Europa, um seine Kameraden zu informieren. (Zeichnung, 1944)

FLUSSÜBERQUERUNG

Die Brigade musste immer wieder Ströme mit Schlauchbooten überqueren. Die Lasten wurden dann den Maultieren abgenommen und in Boote umgeladen, die Tiere mussten schwimmen.

Nach vielen Monaten und einer Reihe von Kampfhandlungen, als unsere Brigade schon sehr dezimiert war, erhielten wir endlich Verstärkung von jungen, unerfahrenen Rekruten, die nach äußerst kurzer Ausbildungszeit in der Nähe unseres Lagers aber am gegenüberliegenden Ufer des Chindwin abgesetzt wurden. Für solche Truppentransporte wurden meist Flugzeuge verwendet, die jeweils einen „Anhänger" an einer Leine hatten, einen „Glider", also ein Gleitflugzeug ohne Motor, das im Wesentlichen wie eine etwa zimmergroße Kiste aussah, worin die Soldaten dicht gedrängt saßen. Auf diese Weise konnten viele Soldaten auf einmal befördert werden, allerdings auf Kosten der Fluggeschwindigkeit.

Meine Aufgabe in dieser Nacht war es nun, die Rekruten in Booten vom Ufer aus zu unserem gegenüberliegenden Brückenkopf zu bringen. Ich watete im seichten Teil des Flusses und zog jeweils zwei vollbesetzte Schlauchboote mit sechs Mann bis fast zur Flussmitte, wo mir das Wasser schon bis zum Hals reichte. Von dort musste ich den Rest der Strecke schwimmen, und die Insassen mussten rudern, um nicht abgetrieben zu werden, denn weiter stromabwärts lauerten japanische Scharfschützen. Am anderen Ufer angekommen, führte ich die Neulinge wieder stromaufwärts bis zur Abzweigung zu unserem Lager. Bei der dritten Tour, die ich gut gelaunt durchführte und dabei versuchte, die Neuen etwas aufzuheitern, fragte mich einer der hungrigen und durstigen Rekruten im Boot, die offensichtlich auf ihren Einsatz nicht vorbereitet waren und todunglücklich über ihre Situation herumjammerten: „Gibt es da drüben eine NAAFI-Kantine?" Ich bekam einen Lachanfall, denn die Gegend war so was von einem unmöglichen Ort für eine der beliebten „Navy, Army and Air Force Institutes"-Kantinen, und sagte fröhlich: „Leider nein. Nur Sand, Schlangen, Skorpione, Taranteln, Blutegeln, Moskitos. Und bald vielleicht noch Japaner, die uns umzingeln werden!"

Die Schlachten in Zentralburma – Jänner bis März 1945
Die Entscheidungsschlachten um Meiktila und Mandalay, ohne die die Befreiung von Rangun nicht möglich gewesen wäre, finden im vergleichsweise offenen Gelände in Zentralburma statt und werden um die letzten Bollwerke der Japaner geführt, wo diese sämtliche Truppen zusammengezogen und ihre Vorräte an Waffen und Nahrung an diesen strategisch wichtigsten Orten gelagert haben. Die gesamte Britisch-Indische Armee muss südwärts durch dieses Gebiet bewegt werden, um nach Rangun zu gelangen. Davor müssen sie die Japaner bei Meiktila endgültig schlagen, um sie nicht unter weiteren großen Verlusten bis in den Süden Burmas verfolgen zu müssen.
Dies gelingt unter anderem mit Hilfe der berühmten Täuschungsaktion „Cloak" (Mantel) von General Slim im Februar und März 1945, die sogar die Errichtung eines „echten" gefälschten Hauptquartiers beinhaltet, mit eigens vorbereiteten, falschen

Nachrichten, die von den Japanern als echte Meldungen akzeptiert werden. Slim täuscht einen Vormarsch auf Mandalay vor, aber sein Hauptschlag ist gegen Meiktila gerichtet, wofür er den Irawadi überqueren muss, um dann im Eiltempo die motorisierten Einheiten nach Meiktila zu schicken.

Für diese großangelegten Flussüberquerungen, fast unter den Augen der überlegenen, in der Nähe zusammengezogenen japanischen Einheiten, werden Ablenkungsmanöver durchgeführt, so auch am 13. Februar: Ein Truppenverband, in den der Beschreibung Rudolfs nach vermutlich auch die Unabhängige 36. Brigade eingebunden ist, setzt in ca. 20 Kilometern Entfernung an einer etwas schmaleren Stelle des Irawadi über und lenkt somit die Aufmerksamkeit von der Hauptstreitmacht ab.

Wahrscheinlich ist es dasselbe Manöver, an dem zu diesem Zeitpunkt ein anderer Österreicher, den Rudolf von der Ausbildung in Glasgow her gut kennt, beteiligt ist: Kurt Menasse setzt mit der 17. Indischen Division mit 8000 Mann als Teil der Hauptmacht in einiger Entfernung an einer sehr breiten Stelle über den Fluss. Der damals 22-jährige Menasse beschreibt das Ereignis in einem Brief vom 16. Mai 1945 an seine Frau in England folgendermaßen:

Erst am Irawadi, wo damals die Front verlief, erfuhren wir endlich unsere Aufgabe. […] Wir sollten durch den Brückenkopf gelangen, danach 80 Meilen hinter den Linien der Japaner Meiktila einnehmen, dort aushalten, bis Entsatz von den hinter uns nachrückenden Truppen ankommen würde, und dabei keine Japaner entkommen lassen. […] Die japanische Aufklärung muss jedoch sehr schlecht gearbeitet haben. Ich glaube nicht, dass die Japaner früher als am Vorabend unserer Flussüberquerung überhaupt wussten, wo der Hauptschlag erfolgen würde. An diesem Abend, gerade bevor es dunkel wurde, kamen sechs japanische Flugzeuge, warfen einen Blick auf uns und warfen einige Bomben ab – konnten aber nicht viel mehr ausrichten und zogen wieder ab. Am nächsten Morgen passierten wir schon die feindlichen Linien, überquerten den Fluss und dann kam unsere erste Nacht in voller Aktion mit Geschützfeuer.

(Auszug aus dem Brief von Kurt Menasse, Seite 2 und 3. Übersetzung aus dem englischen Original von L. Kauders)

down our way after Mandalay
was taken (that being the only
way the Japs from Mandalay
could take) The idea was not to
let any Jap get away. The Jap
intelligence must have worked
pretty badly however and until
the night before we actually
crossed the river I don't think
they knew where the main blow
was going to be struck. That night
just before getting dark 6 Jap planes
came over and had a good look
at us, dropped a few bombs but
could not really do much harm,
so they went home again. Next
morning we passed through the
lines, crossed the river and had
our first night in action with
guns blazing away and believe
me the first night you can't sleep
very well. I did not anyhow.
Then we started a big push,
just crashing along the main
road with all we had, tanks

Seite 3 des Briefes von Kurt Menasse vom 16. Mai 1945 (Bildnachweis: Peter Menasse)

DIE SCHLACHT AM IRAWADI

Nachdem wir den Irawadi an einer weniger breiten Stelle, an der er nicht einmal doppelt so breit war wie die Donau, überquert hatten, lagen wir in unseren Schützengräben ganz knapp an der Uferböschung und sahen in der Entfernung das Leuchten des britischen Granatenfeuers am Himmel. Es musste dort ziemlich wilde Kämpfe geben, denn das Aufleuchten und Blitzen hielt an und hörte gar nicht mehr auf. Uns war klar, dass wir gerade beobachteten, wie in einiger Entfernung große Verbände den Irawadi überquerten, während wir hier als Teil des Ablenkungsmanövers den Japanern ausgesetzt waren. Bei uns hatten die Angriffe schon begonnen, aber wir rechneten mit Schlimmerem und warteten in den Schützengräben, aus denen wir lange nicht herauskommen sollten.

Meines Wissens verwendete unsere Brigade nie ein zusammenhängendes System von Gräben wie die Japaner, sondern nur rechteckige Gruben für je zwei Soldaten oder annähernd quadratische Löcher für je ein „hohes Tier". Man musste mit dem Gewehr am Rücken aus dem eigenen

Kurt Menasse bei den „Black Cats", der 17. Infanteriedivision, Teil der 14. Armee, oft als „Forgotten Army" bezeichnet (Bildnachweis: Peter Menasse)

Graben herauskriechen und zu anderen Gruben robben, um dort eine Anweisung oder einen Befehl zu empfangen. Während mancher Gefechte gab es in den Kampfpausen ein ziemliches Gewimmel. Andererseits wurden die Schützengräben absichtlich sehr weit verstreut angelegt, um größere Verluste bei Angriffen zu vermeiden. Allerdings erleichterte das den Japanern, in der Nacht in unser Lager einzudringen.

Als dann in der Nacht der Brückenkopf unserer Brigade von starken feindlichen Truppen belagert und angegriffen wurde, befand ich mich allein in einem tiefen Loch im sandigen Ufergelände. Nach einem heftigen japanischen Artilleriefeuer durchbrachen feindliche Verbände unseren äußeren Verteidigungsgürtel, vier schwere Maschinengewehre und einige Elite-Gurkha-Regimenter. In dem finsteren Wirrwarr des Angriffs flüchteten plötzlich massenhaft indische Soldaten und Maultierführer quer durchs Gelände. Plötzlich fiel ein Inder in meinen Graben und auf mich drauf. Ich war froh, wie immer einen besonders tiefen Graben ausgehoben zu haben. Viele Inder waren schon zu erschöpft gewesen und hatten überhaupt keinen Schützengraben angelegt. Im Laufe des Gefechts stürzten jedoch immer mehr Soldaten, hauptsächlich Inder, aber auch Briten und sogar Japaner in meine „Fallgrube“, in der ich zuunterst lag. „Raus, raus aus meinem Graben! Runter von mir!“, schrie ich, stemmte mich verzweifelt mit den Armen gegen die drückende Last ab, um nicht im knöcheltiefen Wasser am Boden des Grabens zu ersticken, aber immer weiter purzelten neue Soldaten auf die anderen drauf, und ich wurde noch weiter hinuntergedrückt. Viele Stunden lag ich so im Wasser und rang nach ein bisschen Luft. Als der Morgen anbrach und die Kämpfe vorbei waren, verließ ein ungebetener Gast nach dem anderen meine Grube.

Mir tat der Rücken weh und ich war nur knapp dem Erstickungstod entgangen. Müde nahm ich einem japanischen Soldaten, der unschlüssig neben meinem Graben saß, das Gewehr ab. Die Brigade hatte die nächtliche Schlacht gewonnen. Die eingedrungenen Japaner waren eingekreist und gefangen genommen worden. Es gab viele Gefallene, vor allem unter den Angreifern. Um überhaupt wieder aus meinem Graben zu gelangen, hatte ich aus leeren Kanistern eine Treppe an der einen Schmalseite gebaut. Die sandigen Böschungen gaben bei der geringsten Berührung nach wie bei Dünen. Ich hatte die unteren Benutzer meines Schützengrabens schließlich hinaufschieben und -stoßen müssen. Sie fühlten sich anscheinend wohl bei mir und zögerten, mich zu verlassen. Oben angekommen, fand ich meine Kameraden in froher Siegesstimmung, sie spöttelten: „Du wirst wegen Desertation angezeigt!“ – „Wieso das?“ – „Weil dein Schützengraben so tief ist!“

Während die Hauptmacht der Britischen Armee nach der erfolgreichen Flussüberquerung ihrem Auftrag gemäß auf Meiktila vorstößt, macht sich auch die Unabhängige Brigade auf den Weg nach Süden.
Kurt Menasse setzt in seinem Brief mit der Beschreibung des Kampfes um Meiktila fort: *[Nach der Flussüberquerung] stießen wir entlang der Hauptstraße vor, mit Panzern und Lastwägen und allem, was wir an Fahrzeugen hatten, ließen die Japaner hinter uns zurück und links und rechts der Straße. So ging es Tag für Tag vorwärts. Wir nahmen sämtliche Städte und Dörfer in Überraschungsangriffen ein […]. Wir brauchten keine drei Wochen bis Meiktila,* wo allerdings wochenlange, harte Kämpfe mit den Japanern folgen, bevor tatsächlich Entsatz ankommt.
In diesen Frühlingsmonaten des Jahres 1945 ist Rudolf noch immer zu Fuß und inzwischen mit seinem letzten Ersatzpaar Schuhen unterwegs, seine Brigade wird allerdings nicht in Meiktila eingesetzt und bleibt von weiteren großen Schlachten verschont. Sie werden aber weiterhin von versprengten japanischen Einheiten immer wieder angegriffen, die mehr und mehr zu den großen Städten an der Hauptlinie der Bahn und Straße nach Rangun Richtung Süden abgedrängt werden.

DIE SCHUHE AN DEN FÜSSEN

Die Füße sind das Wichtigste beim Marschieren. Unsere Soldaten hatten aber nur das eine Paar hohe Schuhe, das sie an den Füßen trugen. Wie lange hält ein Paar Schuhe im gebirgigen Urwald? Keine 1000 Kilometer. Und wie weit marschierte die Brigade? Wahrscheinlich 3000 bis 5000 Kilometer. Ich legte als Kundschafter und Lagerplanzeichner noch viel größere Strecken zurück als die anderen.

Im Juni des Jahres 1944 kam ich in das riesige Militärlager Deolali North bei Kalkutta. Es befand sich in einer Steppe fast ohne Vegetation, denn wilde Esel hatten die meisten Grasbüschel abgeweidet. Als ich eines Morgens meine Schuhe anziehen wollte, bemerkte ich zu meinem Schrecken, dass die Sohlen nur aus einer papierdünnen Außenhaut bestanden, der innere Lederteil war hohl. Termiten hatten während der Nacht meine Schuhsohlen aufgefressen. Zuerst ärgerte ich mich, schließlich aber muss-

Veröffentlichung in der Militärzeitschrift SEAC (Feder-, Pinsel-, Tuschearbeit, 1945)

te ich herzlich lachen. Die Termiten schienen Humor zu haben, sie hatten mich drangekriegt! Denn, nachdem ich beide Schuhe angezogen hatte und ein paar Schritte gegangen war, bemerkte ich, dass ich trotz der Schuhe barfuß war. Ich bekam ein Paar neue Schuhe, die aber viel zu groß waren, und als ich sie auf eine kleinere Nummer umtauschen wollte, war der zuständige Soldat nicht im Vorratsmagazin. Sein Vertreter wollte im Winkel des Zeltes weiter dösen und sagte: „Help yourself." Ich probierte mehrere Schuhe, dann nahm ich drei Paar mit, um sie jeweils längere Zeit auszuprobieren. Erst wenn ich ganz sicher war, wollte ich die beiden anderen zurücktragen.

Endlich, nach einem Nachtmarsch, wusste ich, welches Paar Schuhe mir am angenehmsten war. Als ich dann die beiden nicht so gut passenden zurückgeben wollte, schlief der Stellvertreter des Magazineurs wieder im Winkel des Zeltes. Ich weckte ihn, und er murmelte verschlafen: „Verschwinde mitsamt den verdammten Schuhen. Ich kenn mich nicht aus, der Chef ist nicht da. Und kreuze hier nicht wieder auf!"

So kam es, dass ich – vielleicht als Einziger – zwei Paar hohe Schuhe in meinem Pack hatte, als die Brigade die Grenze zu Burma überschritt. Ich versah die Sohlen vorsorglich mit Extranägeln und umwickelte sie zur Schonung noch mit Fetzen aus entbehrlichen Kleidungsstücken. Und trotz allem kam ich mit meinen drei Paaren nicht ganz durch. Kurz vor Kriegsende lösten sich auch vom letzten Paar die Sohlen vorne vom Oberleder, und bald bekam ich eitrige Zehen. Im Feldlazarett wurden mir im August 1945 mit einer Beißzange ohne Narkose hintereinander alle zehn vereiterten Fußnägel gezogen.

Anderen Soldaten war es viel früher so ergangen. Die Briten waren aber so stolz, dass sie ihre Schuhe sogar noch putzten, obwohl sie gar keine Sohlen mehr hatten. Ich fragte einen von ihnen: „Warum hast du Stiefel ohne Sohlen an?“ – „Weil die Sohlen durchgetreten sind.“ – „Tun die Fußsohlen nicht weh?“ – „Doch, sehr sogar! Die Socken sind auch ganz durchgetreten, ich gehe auf nackten Fußsohlen!“ – „Wie kannst du das aushalten?“

„Ich weiß selbst nicht, meine Fußsohlen sind ganz wund und eitrig. Ich glaube, ich habe mich irgendwie daran gewöhnt, ich spüre schon fast keinen Schmerz mehr. Anfangs bin ich auf den Zehenspitzen gegangen, aber sie waren bald blutig.“ – „Das ist ja schrecklich! Warum wirfst du die unnützen Schuhe, ich meine, das zerfranste Oberleder nicht einfach weg und wickelst dir Stofflappen um die Füße?“ – „Daran habe ich auch schon gedacht. Aber wie schaut das aus in der Britischen Armee!“

Diese Einstellung hatten alle „Bloßfüßigen“, die ich befragte. Die Vorgesetzten bedauerten die Leidenden, achteten sie aber für ihr ehrenhaftes Durchhalten. Später sah ich viele von ihnen am Wegrand liegen. Auf den eitrigen, nackten Sohlen wimmelte es von Ameisen und Fliegen, auf den Knöcheln hing noch das Oberleder. Einige dieser Helden lebten noch. Sie hatten ihren Spruch auf den Kokarden vorn an der Mütze in hohem Ansehen gehalten: „Honi soit qui mal y pense!“ („Beschämt sei, wer schlecht darüber denkt!“).

DIE „WUNDERWAFFE" AUS BRÜNN

Während meiner Ausbildungszeit in Maryhill-Barracks in Glasgow Anfang 1944 hatte die Kompanie bei einer Waffenübung den praktischen Umgang mit dem Bren-Gun trainiert. Wir standen damals vor einer großen Sandgrube, so groß wie ein Fußballfeld. Am anderen Ende standen mehrere leere Kanister in großen Abständen nebeneinander. Nacheinander zielten die Rekruten mit dem Bren-Gun, mit dem man auch einzelne Schüsse abgeben konnte, aus der Hüfte auf den ersten Kanister. Vor mir hatte noch niemand einen Treffer erzielt. Ich gab drei Schüsse ab, beim letzten wackelte der Kanister. „Getroffen", murmelte ich. Der Übungsleiter aber sagte: „Unmöglich! Das war der Wind – ein Zufall. Schieß noch einmal, drei Schuss auf den zweiten Kanister von rechts!" Ich zielte kurz, presste das Gewehr ganz fest an meine rechte Hüfte, drückte ab – der dritte Schuss traf das Ziel. Der Vorgesetzte schüttelte verdutzt den Kopf und kam langsam näher. Ein Kamerad trat schnell an mich heran und flüsterte: „Sei nicht dumm, schieß daneben! Sonst kommst du zu den Snipers, den Scharfschützen. Die leben nicht lang, der Feind schießt sie bald ab." – „Noch einmal drei Schuss auf den dritten Kanister!" Ich zielte absichtlich zu hoch, dann zu tief. Der Vorgesetzte, der schon mein Soldbuch verlangt hatte, gab es mir triumphierend zurück. „Wie ich gesagt habe, reiner Zufall. Niemand kann aus der Hüfte so genau zielen und treffen. Ich auch nicht."

In Burma bekam unsere Intelligence Section ein Bren-Gun, für das ich verantwortlich war. Wenn wir mit feindlichen Angriffen rechneten, trug ich es immer schussbereit an meiner rechten Hüfte, sonst den ganzen Feldzug lang an einem breiten Gurt entweder über der rechten oder der linken Schulter, wo es mich beim Gehen behinderte und mir eine ganze Menge blauer Flecken eintrug. Den Reservelauf trug ich auch, den brauchte man, wenn das Rohr durch anhaltendes Schießen rotglühend heiß wurde. Man konnte die Waffe blitzschnell zerlegen, aber beim Auswechseln durfte man sich dann in der Aufregung und Eile die Hand nicht verbrennen. Ich fand dieses Maschinengewehr wirklich bewundernswert. „Bren" steht übrigens für Brno-Enfield, denn es wurde in Brünn entwickelt. Die Briten waren so zufrieden damit, dass sie es in Lizenz von der Waffenfabrik Enfield herstellen ließen.

Aber nicht nur ich war von dem Gewehr begeistert. Lofty erzählte mir, dass eines Tages bei einer Gruppe japanischer Soldaten, die sich erge-

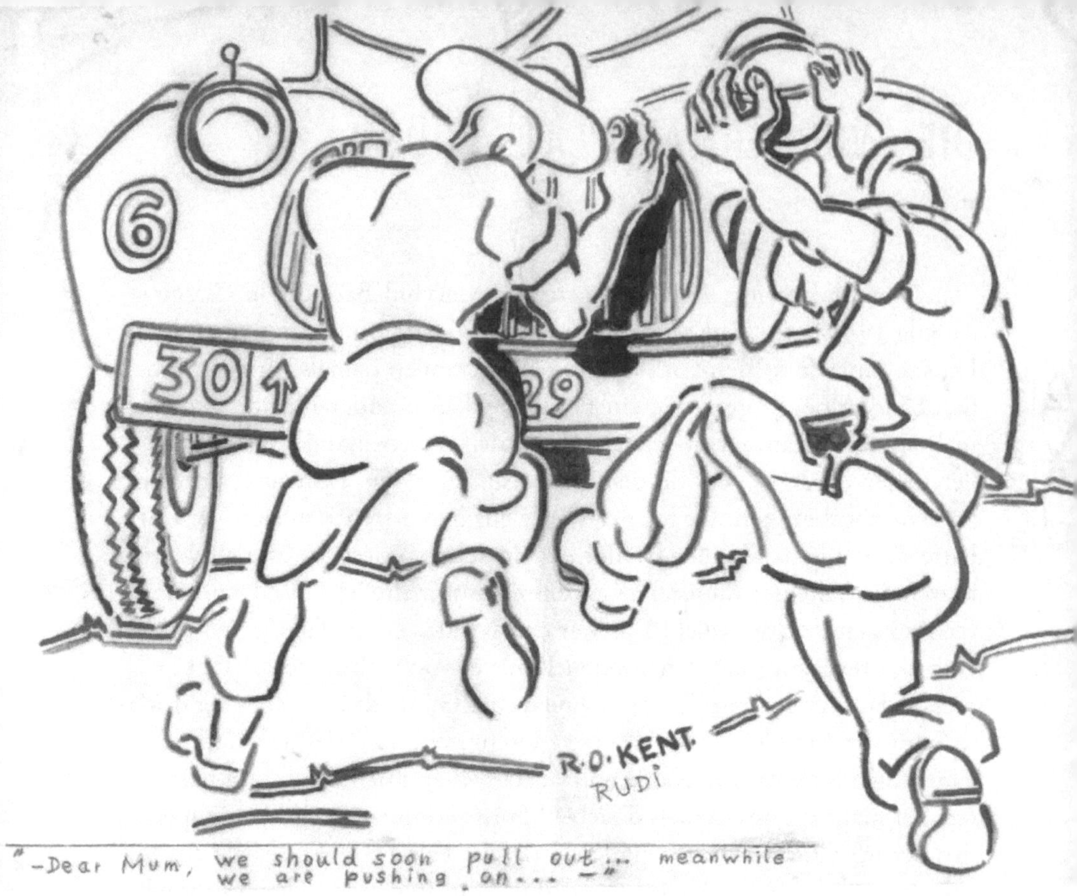

„Liebe Mutter, wir werden bald abziehen …" (Wortspiel: „Pull out" heißt auch „herausziehen") (Feder-Tuschezeichnung, 1945)

ben hatte, ein nachgebautes Bren-Gun gefunden wurde. Es sah genauso aus wie das Original, nur die eingestanzte japanische Sonne verriet es als Kopie. Merkwürdigerweise war darauf auch die Bezeichnung Bren zu sehen. Die britischen Soldaten spotteten: „Warum steht Bren drauf, glaubt ihr, dass es so besser schießt?" Der japanische Offizier brauste auf: „Solche Trottel sind wir nicht, aber das Kopieren ist für uns keine Schande. Das Bren-Gun ist ein wunderbares Produkt, und wir kopieren nur erstklassige Sachen! Aus Respekt haben wir den Namen beibehalten!"

ENDLICH NEUE GEWEHRE!

Gegen Ende des Krieges erhielt jeder Soldat ein Sturmgewehr, das Sten-Gun, das gegenüber den bis dahin verwendeten Gewehren aus dem Ersten Weltkrieg überwältigende Vorteile hatte. Es war vollautomatisch, leicht, kurz, billig und hatte nur ein Patronenmagazin. Der Rahmen einschließlich Schaft bestand aus etwa fingerdickem, schwarzlackiertem Stahl. Die drei beweglichen Teile waren die Druckfeder, der silberglänzende, zylindrische Bolzen und die Einstellschraube zur Regulierung der Schießgeschwindigkeit. Dieses genial entwickelte Sturmgewehr konnte bei Bedarf in Sekundenschnelle in seine Einzelteile zerlegt werden. Wenn der Lauf zu heiß wurde, konnte er für einige Zeit durch einen zweiten ersetzt werden; wenn die Druckfeder brach oder der Lauf zu sehr abgenützt war, ließen sich diese Teile problemlos auswechseln.

Ich bedauerte nur, dass es nicht schon früher erfunden worden war und daher nicht am Anfang des Krieges an die Infanterie in Burma verteilt werden konnte. Ich ergänzte mein Exemplar durch einen passenden Gummistöpsel am Ende des Gewehrlaufes und versiegelte den innovativen Verschluss mit einem weich gelutschten Kaugummi, sodass kein Regenwasser in den Lauf gelangen konnte.

Die Vorteile des Sturmgewehrs zeigten sich vor allem im Nahkampf: Im Dschungel kann man Feinde erst sehen, wenn sie ziemlich nahe sind. Es kommt daher meistens zu Kämpfen Mann gegen Mann. Da muss ein Soldat schnell sein um zu überleben! Und unser altes Gewehr aus dem Ersten Weltkrieg erwies sich im Dickicht als störrisches Ungetüm! (Die indischen Divisionen waren grundsätzlich nur mit diesen alten Waffen aus dem Ersten Weltkrieg ausgerüstet.)

Im Angesicht des heranstürmenden Feindes musste man erstens das Gewehr von der Schulter nehmen, wobei es leicht irgendwo am Tornister hängen bleiben konnte; sodann stellte man es zweitens mit dem Schaft fest auf den Boden – dabei war Kraft notwendig, um das Gewirr von Zweigen, Lianen und Luftwurzeln zu durchstoßen (einige Male war ich so ungeschickt, dass der Gewehrkolben mit voller Wucht auf meiner Schuhspitze landete und meine schmerzenden, eitrigen Zehen quetschte); drittens folgte der Griff nach dem Bajonett auf der rechten Hinterbacke, wobei man den Gewehrlauf von der rechten in die linke Hand hinüberwechselte, um die rechte frei zu bekommen und um die Haltevorrichtung der Bajonettschneide zu öffnen, das Bajonett herauszuziehen (ohne sich zu schneiden); viertens es endlich auf dem Gewehrlauf aufzusetzen; dann fünftens den inzwischen auf dem Kopf verrutschten Stahlhelm von vorn nach hinten zu schieben; sechstens das Gewehr zu laden; siebtens zu schauen, wo der angreifende Feind war; achtens ihn auch zu finden; neuntens das Gewehr waagrecht in Bauchhöhe nach vorn zu halten und „hurra!“ zu brüllen; zehntens das Gewehr des angreifenden Feindes mit meinem rasch in senkrechte Lage zu bringen und von meinem Körper abzuwehren; elftens, wenn der Feind seinerseits mein nach vorn gerichtetes Gewehr bereits vor mir laut Punkt zehn seitlich abgelenkt hatte, blieb mir nichts anderes übrig, als ihm einen Fußtritt zwischen die Beine oder in den Unterleib zu versetzen, sodass mein Gegner auf den Rücken fiel (vorausgesetzt, dass nicht ich selbst durch den Rückstoß nach hinten fiel, was mir leider einmal passierte). – Alle diese Handgriffe sollten natürlich im Idealfall im Bruchteil einer Sekunde vollzogen sein! Mein Glück war, dass der Feind auch erst dann, wenn er uns zu Gesicht bekam – und nicht früher –, sein Gewehr von der Schulter nahm und seinerseits nach Punkt eins bis elf vorgehen musste.

Das neue Gewehr war nur etwa einen halben Meter lang, also bloß ein Drittel der Länge unseres vorigen samt aufgepflanztem Bajonett! Ich war ganz froh, dass das Sten-Gun kein Bajonett hatte, denn ich hielt ein solches nicht nur für altmodisch, sondern auch für grausam. Im Grunde war ich gegen Gewalt und gegen Grausamkeiten und hatte mir schon seit Beginn meines Einsatzes eine Methode zurechtgelegt, wie ich es vermeiden konnte, einen Feind zu töten. Ich war ein bisschen wie mein Vater, der auch im Ersten Weltkrieg hoch über die Feinde hinweggezielt hatte. Ich habe es einfach nicht fertig gebracht, jemanden bewusst zu töten. Ich zielte also stets auf die Füße meines Gegners, wodurch der Feind zwar außer Gefecht gesetzt war, in der Regel aber bald in der Lage war, als kriegsgefangener Maultiertreiber am Ende der Brigade mitzuhumpeln. Der Überlegenheit unserer Soldaten aufgrund des modernen Sten-Guns konnten die schlecht ausgerüsteten Japaner weder mit Kamikaze-Angriffen noch mit besonderer Grausamkeit viel entgegensetzen.

DER MONSUNREGEN 1945

Die feuchte Hitze von 25 bis 30 Grad ist schon schwer auszuhalten, aber die Monsunzeit mit den pausenlosen Regengüssen ist eine Tortur. Da der lehmige Boden das Wasser nicht durchlässt, werden ebene Flächen mindestens einen halben Meter hoch überflutet. Über Abhänge ergießen sich Sturzbäche! Das Szenario lässt sich so wiedergeben: Man steht bis zu den Knien im Schlamm, wird nass bis auf die Haut, der Rucksack wird drei Mal so schwer, auf den Schuhsohlen klebt eine faustdicke Erdschicht, bei jedem Schritt gluckst der Schlamm und hält den Schuh fest. Manchmal bleibt dieser auch in der aufgeweichten Erde stecken, und der Fuß schlüpft heraus! In der Regel dauert der Platzregen ununterbrochen drei Monate an, nach dem Mai fängt die nasse Hölle an! Keine Gelegenheit zum Trocknen, alles tropft und trieft, die nasse Kleidung reibt und scheuert, die Haut wird

„Im knietiefen Schlamm und Wasser wateten wir oft, aber es gab tatsächlich eine Schlacht, in der die Stellungen auf beiden Seiten erst nach einer einen Meter hohen Überflutung geräumt wurden." (Tinte, 1945)

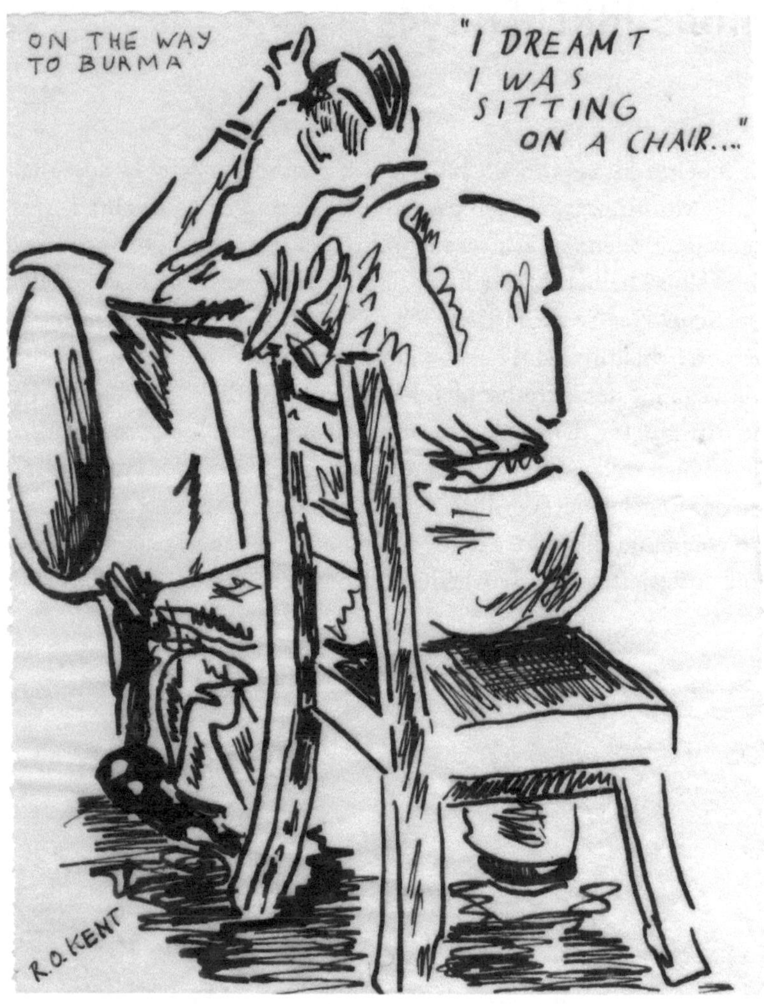

„Ich konnte von einem bequemen Sitz nur träumen …“
(Feder-Tuschezeichnung, 1944)

wund, Moskitos stechen, worauf viele an Malaria erkranken – gottlob, es gibt Medikamente. Wenn man ausrutscht, darf man nicht im Schlamm liegen bleiben, sondern muss sich sofort aufrichten, auch wenn alles weh tut. Der Pack auf dem Rücken wird sonst noch schwerer im Schlamm, aber zum Aufstützen findet man keinen festen Boden, also muss man sich sofort aufsetzen oder hinknien, sonst erstickt oder ertrinkt man in dem kniehohen Tümpel! Und Vorsicht, man rutscht leicht ab, hinunter in einen Abgrund, der nasse Boden ist glitschig und rutschig wie Glatteis! Es gibt nur einen Trost: Der Feind ist genauso nass.

MOTTERAM, DER COLLEGEBOY

Mein magerer, leicht gebeugt gehender Kamerad in der Intelligence Section, der mit mir den Schützengraben und das Zelt teilte, war kaum zwanzig Jahre alt und hat trotz seiner schwachen Konstitution und wider Erwarten den Krieg überlebt. Wider Erwarten deshalb, weil dieser unheimlich gläubige Bursche stets oben am Rand des Schützengrabens saß und in der Bibel las. Selbst unter Beschuss ließ er sich nicht dazu bewegen, in den Schützengraben zu springen. Sein Argument war, dass ihm nichts passieren könne, er lese ja in der Bibel, und damit er es auch bequem hatte, saß er dabei auf einem niedrigen Holzschemel, den er auf sein Pack geschnürt mittrug. Erst als ihm eine Kugel ein Schemelbein unter dem Allerwertesten wegschoss, wurde er etwas vorsichtiger. Bei all seiner Frömmigkeit war er ein fürchterlicher Rassist und wollte mit den indischen Soldaten keinen Kontakt, sprach von ihnen als „minderwertig". Natürlich versuchte ich ihn zu bekehren, aber es half nichts. Wenigstens konnte ich ihn gegen Ende des Krieges ziemlich ärgern, als ich auf dem Geschäftsschild eines Ladens den indischen Namen MOTTIRAM entdeckte. „Siehst du, dein Name ist sogar mit einem indischen Namen verwandt, du solltest nicht so überheblich gegenüber den Indern sein!" Zornig bestand er darauf, dass die Namen durch das „I" doch völlig unterschiedlich seien. Übrigens ist Motteram der einzige Name von allen, der mir in Erinnerung geblieben ist.

DER 6. AUGUST 1945

Zusätzlich zu meinem Geschwür, dem „Jungle sore" auf meinem rechten Bein, einer kaum überstandenen Ruhr und einer Halsentzündung hatte ich schon längere Zeit geschwollene, vereiterte Zehen. Nun lag ich in einem Lazarett, einem großen Zeltlager auf einem Hügel. Der Schmerz war zehnfach. Ein Sanitäter kam mit einer gewöhnlichen Beißzange. Ich lag auf dem Rücken, sein Helfer drückte meine Schultern nieder, und ohne schmerzlindernde Mittel – ich zählte von 9 bis 0 – wurden alle zehn Fußnägel ausgerissen! Ein Soldat schreit nicht. Stöhnen ist erlaubt. Alles geht vorbei.

Im Lazarett flatterte und knatterte das Zeltdach wie ein Segel im Wind, und es regnete in Strömen. Ich beneidete die Brigade, die in einem geschützten Tal ein großes Lager errichtet hatte und wo jeder Soldat in seinem eigenen Zelt schlief. Was für ein trostloser, langweiliger 25. Geburtstag, dachte ich bekümmert. Da wurde uns plötzlich mitgeteilt: „Eine Atombombe ist heute, am 6. August 1945, auf Hiroshima abgeworfen worden. Das bedeutet, der Krieg ist zu Ende!" Der zweite Abwurf, auf Nagasaki, folgte einige Tage später. Die sowjetrussischen Truppen waren schon vorher, ohne auf Widerstand zu stoßen, weit in japanisch besetztes Gebiet vorgedrungen.

Als ich am nächsten Tag aus dem Lazarett entlassen wurde und zu meiner Einheit zurückkehrte, hörte ich von den Kameraden nur: „Wir haben dich beneidet! Du warst oben auf dem Berg, als bei uns da unten der Monsunsturm das ganze Zeltlager verwüstet und alle Zelte kilometerweit verweht hat. Wir sind samt unserer Ausrüstung völlig durchnässt und durcheinander gewirbelt worden, haben nachher stundenlang unsere Sachen suchen müssen. Die reißenden Fluten haben sogar einen LKW voll Nachschub mitsamt dem Fahrer weggespült." So vergaß ich einen Augenblick lang sogar den Schmerz in meinen nagellosen Zehen.

Der Atombombenabwurf an meinem Geburtstag aber stellte alles in den Hintergrund.

KULTUR IM BAMBUSSAAL

Einige Tage nach Kriegsende fragte ich, wohin die Brigade jetzt gehe, und die offizielle Antwort lautete: „Wir verfolgen die flüchtenden Japaner und werden bald Japan besetzen!" Das Gesicht des Collegeboys strahlte. Er sagte zu mir: „Fein, da werde ich Japanisch lernen. Das ist eine Weltsprache, viel wichtiger als dein Urdu und Burmesisch." Ich war enttäuscht … Im Lager der Division erhielt ich die ehrenvolle Aufgabe, eine riesige, neu eröffnete Bambushalle auszugestalten, die als Club für alle Armeeangehörigen und als Kantine dienen sollte. Ich hatte während der Feldzüge Skizzen und Karikaturen in Windeseile, manchmal in einer Marschpause angefertigt und viele davon an die Redaktion der Armeezeitung des „South East Asia Command" (SEAC) geschickt. Mit dem Nachschub für die Unabhängige Brigade wurden immer wieder auch Exemplare dieser Zeitschrift abge-

Victory-in-Japan Day (Feder-, Pinsel-, Tuschearbeit, 1945)

worfen. Jeder Soldat las die Zeitung, oft beim Marschieren, und ich freute mich, wenn einer beim Anblick meiner Cartoons auflachte.

Während sich die meisten Soldaten in den befreiten umliegenden Orten vergnügten, fertigte ich also täglich von früh bis spät große Plakate mit humoristischen Inhalten an, ähnlich meinen Karikaturen, aber auch Wandzeitungen mit Informationen über Geschichte und Geographie des Kriegsgebietes, über die Alliierten und die Besiegten, über den Verlauf des Krieges in Südostasien und Europa. Ich arbeitete mit Tusche und Pinsel auf großen Zeichenblättern. Sogar hohe Offiziere verbrachten viel Zeit mit dem Lesen der Texte und dem Betrachten der Bilder und Landkarten, mit denen ich alle Wände der Halle ausgeschmückt hatte. Material hatte ich genug, denn einige Zeitschriften und Bücher hatte ich mir schon bald nach der Ankunft in Indien verschafft, einige Zeitungsartikel waren mit der Militärpost für uns abgeworfen worden, aber nun hatte ich alle Zeitungen auf einmal zur Verfügung, die uns im Dschungel nie erreicht hatten. Uralte Postsendungen, die uns monatelang vergeblich nachgefolgt waren, trafen erst jetzt ein. In diesen Tagen traf ich bei einer Siegesparade in einer befreiten Stadt einen alten Bekannten: Harry Sychrovsky, der später ein bekannter Indienexperte und Schriftsteller wurde, winkte mir zu: „Rudi, was machst denn du da? Und wie schaust denn du aus?“, und zeigte auf meine dick bandagierten Füße.

Einer von mehreren Kommentaren zum Krieg in Europa (Ende 1943 oder 1944)

ZURÜCK NACH ENGLAND

In einer Zeitung fand ich zufällig einen Vermerk, der auf mich zutraf: Österreicher, die bei den britischen Streitkräften dienten, durften auf Wunsch in ihrem Heimatland abrüsten. Ich beantragte sofort „Compassionate Leave", Urlaub aus besonderen persönlichen Gründen, um über London nach Wien versetzt zu werden. Mit dem Zeitungsausschnitt in der Hand meldete ich meinen Wunsch bei der vorgesetzten Stelle an. „Was, Sie wollen uns verlassen? Warum denn? Sie bekommen ja sofort die britische Staatsbürgerschaft! Wien ist ein Trümmerhaufen, die Leute haben nichts zu essen, nichts zu heizen … Sie haben sich so angestrengt, so viel mitgemacht in Burma! Jetzt könnten Sie sich ausruhen im besetzten Japan." Ich antwortete direkt und geradeheraus ungefähr so: „Nein, das ist nichts für mich und ehrlich gesagt, ich glaube, mit der Kolonialzeit ist es bald zu Ende. In Indien habe ich Aufstände miterlebt, und auch in ganz Südostasien gärt es. Alle Kolonien wollen die Unabhängigkeit, und die Britische Armee steht jetzt in diesem Konflikt, der mich aber nicht mehr betrifft. Ich bin ein Antifaschist und habe mitgeholfen, gegen das faschistische Japan zu kämpfen, ein Kampf für die Aufrechterhaltung von Kolonien interessiert mich

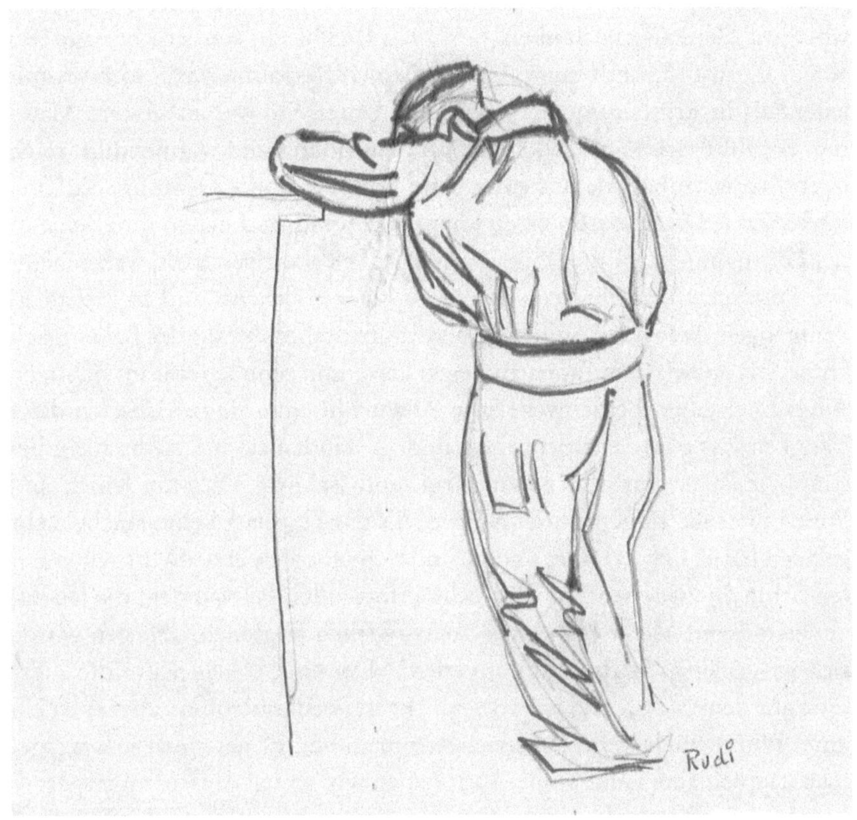

„Homesick" – „Es dauert noch, bis ich wieder zurück nach Europa komme." (Federzeichnung, 1945)

nicht. Die Briten, Franzosen und die USA werden meiner Ansicht nach letztlich den Kampf um die Kolonien und Einflussgebiete verlieren. Für mich ist der Krieg vorbei!"

Es dauerte noch einige Wochen, bis mein Gesuch bewilligt war und ich meine lange Rückreise nach England antreten konnte. Lofty hatte sich schon früher von mir verabschiedet. Was wohl aus ihm geworden war? Vielleicht sogar ein Minister? Ich kannte nur seinen Spitznamen; als „Lofty", der „Große, Hochgewachsene", war er in der Brigade bekannt. Er war ein guter Freund, er hatte mich nie enttäuscht, nie war er schlecht gelaunt gewesen ... Immer hoffte ich, eines Tages noch etwas von ihm zu hören.

Über die Rückreise nach Indien weiß ich nicht mehr viel, ich erinnere mich nur mehr an ein paar Einzelheiten im Flugzeug und an die Schiffsreise nach England: Ich flog in einer vom Kampf zerzausten Dakota. Stellenweise flatterten Tuchfetzen im Luftzug. Dieser Flugzeugtyp war nicht, wie etwa die deutsche Junkers Ju52, aus Wellblech, sondern bestand aus einem Gerüst, das mit einer Art Segelleinen bespannt war – so ist es mir jedenfalls in Erinnerung geblieben. Die Unterseite war aus festem Material, es fühlte sich hart an. Ich saß auf dem Boden und war bemüht, mich irgendwo festzuhalten. Auf einer Seite war eine breite Öffnung, die Türe fehlte. Zwei US-Soldaten saßen knapp am Rand und ließen ihre Beine in der Luft baumeln. Hinter ihnen waren große Pakete gestapelt, wahrscheinlich Postsäcke. Das Flugzeug flog in geringer Höhe. Ab und zu kreiste es, dann zogen die beiden Soldaten, ohne aufzustehen, einen der Ballen nach vorne, bis er zwischen ihnen zu liegen kam, und schoben ihn im richtigen Augenblick über die Schwelle zum Abwurf hinaus. Sie verrichteten diese Tätigkeit lässig und entspannt. Ab und zu standen sie auf, suchten ein bestimmtes Paket, das weiter hinten lag, und „schickten" es mit Knien und Füßen über die Bodenkante ins Freie. Als das Flugzeug keine Fracht mehr geladen hatte, flog es höher und befand sich plötzlich in der Mitte einer tiefen Schlucht zwischen fast senkrecht aufragenden Felswänden, die ich auf einige tausend Meter Höhe schätzte. Ängstlich fragte ich: „Fliegen wir da richtig – oder hat sich der Pilot verirrt?" Der eine Soldat nahm die Zigarette aus dem Mund und antwortete: „Er ist wieder besoffen, aber er ist ein guter Pilot – auch wenn er zu viel getrunken hat. Er hat einen Umweg gemacht, spielt aber keine Rolle. Sprit haben wir genug! Außerdem erspart er uns das Überfliegen der hohen Gebirge. Er orientiert sich an den Flüssen."

Vielleicht schlüpften wir durch eine Ost-West-Lücke quer durch eine der mächtigen Gebirgsketten. „Haben Sie keine Angst, aus dem Flugzeug zu fallen?", fragte ich keineswegs beruhigt. „Aber nein! Bis jetzt ist uns nichts passiert, und wir machen das schon ein paar Jahre lang. Der Luftzug kühlt uns schön ab." – „Dürfen Sie im Flugzeug rauchen?" – „Nein, natürlich nicht! Streng verboten! Aber wer soll uns hier oben kontrollieren?"

Von Kalkutta aus führte mich eine lange Schiffsreise mit einem Truppentransporter zurück nach England. Im Gepäck hatte ich meine Karikaturen, viele Zeitungsausschnitte der SEAC-Soldatenzeitung, in der sie veröffentlicht worden waren, und wohin ich immer Kopien geschickt hatte, und mein Kriegstagebuch. Lofty hatte mir geraten, es gut zu verschlüsseln, damit die Japaner im Falle meiner Gefangennahme nichts damit anfangen könnten. Also hatte ich eine Mischung aus altmodischer deutscher Kurrentschrift mit stenografischen Kürzeln und einem Zahlencode erfunden. Leider ist dieses Tagebuch bald nach meiner Ankunft in England verloren gegangen.

TEIL 4

ÜBER ENGLAND ZURÜCK NACH ÖSTERREICH

Rudis Bruder Paul mit dem 64-jährigen Vater vor dem Riesenrad, einem Wahrzeichen der Stadt Wien, 1949

Nach der Rückkehr aus Burma kommt es in England bald zum Wiedersehen mit seinen Brüdern: Der jüngste Bruder Hermann, der während des Krieges im protestantischen Kinder- und Jugendheim für Flüchtlinge in Riversmead untergebracht war, arbeitet nun in Birmingham als technischer Zeichner. Er erfährt von einer Frau im Büro, dass sein Bruder Paul in der Zuckerrübenfabrik in Kidderminster (Grafschaft Hereford and Worcester) arbeitet und im nahe gelegenen Kriegsgefangenenlager inhaftiert ist. Hermann erinnert sich:

Ich fuhr sofort dorthin, ließ Paul von einem Mithäftling an den Stacheldrahtzaun holen und kurz darauf stand er da, strahlte und erzählte mir, wieso er hier war: Er war bei den Eltern in Wien geblieben, war schließlich mit vielen anderen ‚Mischlingen' zur Organisation Todt für Festungsbau und Gleisarbeiten in Frankreich eingezogen worden. Knapp vor Kriegsende hatte er sich zur Résistance durchschlagen können. Schließlich wurde er von den Amerikanern aufgegriffen und an die Briten überstellt, die ihn als Kriegsgefangengen nach England brachten.

Mitten in unserem Gespräch kam der Lagerkommandant wütend heran, fuhr mich brüsk an, dass ohne schriftliche Genehmigung des Kriegsministeriums gar nichts ginge und es ihm egal sei, ob Paul mein Bruder wäre. Er würde mich auf der Stelle festnehmen, wenn ich mich dem Zaun noch einmal auf eine Meile nähere. Rudi war schon aus Burma zurück und wollte sofort nach Kidderminster fahren, als ich ihm davon erzählte. Meinen Hinweis auf die nötigen Formulare tat er mit einem schlichten ‚bullshit' ab, und tatsächlich wirkte seine Uniform mit dem typischen breitkrempigen Burma-Hut Wunder für Vorzugsbehandlung jeder Art. Nun waren wir also wieder zu dritt in England vereint und glücklich. (Auszug aus Hermann Kauders' Artikel „ESSEX 1988" in der Broschüre „Burgeoning amid the alien corn" von Audrey O'Dell, S. 80; Übersetzung von L. Kauders)

Hermann ist schließlich auch an einer weiteren wichtigen Zusammenführung in Rudolfs Leben beteiligt, nämlich dem Kennenlernen seiner zukünftigen Ehefrau Mela.

SWISS COTTAGE

Im System der Londoner U-Bahn gibt es die „Circle Line“, die einen großen Kreis beschreibt. Nach meiner Rückkehr aus Burma stand ich 1946 in einem Zug dieser Linie und hielt mich am Haltegriff fest. Da fragte mich ein ängstlich und schüchtern dreinblickendes Mädchen, etwa 150 cm groß, auf Englisch: „Entschuldigen Sie, wo muss ich aussteigen, um nach Swiss Cottage zu kommen?“ Ich antwortete: „Sie müssen in der Baker Street umsteigen und dann weiterfahren zur Station Swiss Cottage.“ – „Da steht Baker Street!“ – „Stimmt, da müssen wir aussteigen. Ich will zufällig auch dorthin.“ In diesem Augenblick fuhr der Zug ab. „Macht nichts“, tröstete ich das Fräulein, „das Beste ist, wir fahren einmal rundherum und kommen wieder hierher. Das ist nämlich eine Kreislinie.“ – „Ich weiß, ich bin soeben schon einmal im Kreis gefahren, weil ich aus Birmingham komme und mich hier nicht auskenne.“ – „Haben Sie nicht gefragt?“ – „Nein, ich habe mich nicht getraut.“ – „Aber mich haben Sie doch gefragt …“ – „Zu Ihnen hatte ich gleich Zutrauen. Sie schauen nämlich einem Burschen ähnlich, den ich aus Birmingham kenne. Er ist ein Flüchtling aus Österreich wie ich.“ Diese Unterhaltung führten wir auf Englisch und nun fügte sie noch hinzu: „Do you happen to be an Austrian?“ – „Ja“, lachte ich, „dann können wir ja jetzt Deutsch reden. Wie heißt denn Ihr Bekannter?“ – „Hermann.“ – „Und der Familienname?“ – „Kauders.“ – „Das ist mein jüngster Bruder – was für ein Zufall!“

Mela war im Alter von 15 Jahren dank der Hilfsbereitschaft und Großzügigkeit von Mrs. Dixon, einer Cadbury-Erbin und bekannten Quäkerin

In England macht Rudolfs „Burmahut“ Eindruck.

Hochzeitsfoto: Mela und Rudolf am 30. August 1946

und Philanthropin, nach England eingereist, während ihre Eltern auf der Flucht aus Österreich über die Schweiz in Lissabon gestrandet waren und von dort nicht weiterkonnten. Mrs. Dixon, diese mitfühlende Wohltäterin, residierte in einem riesigen Mansion House in einem Park und ermöglichte Mela den Schulabschluss, eine Ausbildung an einer Business School und nahm sie überhaupt wie ein eigenes Kind auf. 1939 half sie dann mit, auch die Eltern nach England zu holen. Mela arbeitete zunächst in Birmingham, zuletzt in London als Sekretärin einer Transportfirma.

Wir kamen uns bald näher, und ich zog in die Mädchenwohngemeinschaft ein, in der sie zu dieser Zeit wohnte. Nach einem gemeinsamen Urlaub meldete ich uns beim Standesbeamten an, und zwar für den Tag, an dem sie ihren 23. Geburtstag feierte. „Warum gerade an ihrem Geburtstag?", fragte der Beamte. „Weil ich vergesslich bin. Da brauche ich mir nur ein Datum zu merken." – „Das ist in diesem Jahr aber ein Donnerstag und da haben wir geschlossen." – „Dann nehmen wir halt den Mittwoch."

Mrs. Dixon, die Mela jahrelang regelrecht verwöhnt hatte, hat uns zu einer großen „Wedding Party" mit prominenten und illustren Gästen eingeladen – und noch viele Jahre danach Essenspakete nach Wien geschickt.

Im Spätherbst 1946 ist es soweit. Die letzten Reisevorbereitungen werden getroffen. Während Rudolf sich darauf freut, nach so vielen Jahren endlich seine Eltern wiederzusehen, hat Mela niemanden mehr in Wien – einige Verwandte sind in Konzentrationslagern ermordet worden, andere sind nach Amerika geflohen. Sie selbst wäre auf der Flucht mit ihrer Mutter und ihrem damals 10-jährigen Bruder Julius von einem Schweizer Zollbeamten beinahe schon nach Deutschland zurückgeschickt worden.[3] Wehmütig nimmt sie nun Abschied von ihrer Mutter, ihren Brüdern und den anderen Familienmitgliedern, die in England Aufnahme gefunden haben, und von ihrem englischen Freundeskreis, denn sie ist längst in ihrem Gastland England verwurzelt und fühlt sich der englischen Sprache vertrauter als der deutschen.

DIE ÜBERFAHRT

Mein Bruder Paul war schon aus der Kriegsgefangenschaft entlassen worden und nach Wien zurückgekehrt. Er wohnte in einem zur Hälfte zerbombten Zinshaus im zweiten Bezirk bei unseren in Not ausharrenden und hungernden Eltern. Die Post nach Österreich funktionierte erstaunlicherweise. Ich fragte in einem Brief, was ich bei meiner Rückkehr mitbringen sollte. Die Antwort lautete: ein zwei Meter langes Ofenrohr und Brot. Die Briefmarke stammte noch aus der Kriegszeit. Der Hitlerkopf war mit schwarzer Stempelfarbe überdruckt. Wahrscheinlich war jedes österreichische Postamt angewiesen, einen solchen „Korrekturstempel" aus einem Korkstöpsel zu basteln.

In Großbritannien war fast alles zu haben, nur österreichische Typen von Ofenrohren und österreichisches Brot natürlich nicht. Ich fand aber einen Spengler, der ein Rohr nach Maß fertigte. Ich packte das Rohr und die Brotlaibe in meinen großen Seesack und fuhr mit Mela zum Hafen, wo wir erfuhren, dass die Fähre wegen des hohen Seegangs nicht abfahren könne. Ich fand ein Motorboot und einen Kapitän, der mit uns den Ärmelkanal zu bezwingen bereit war. Mitten auf der Strecke wollte der Kapitän, unterstützt von meiner ängstlichen, seekranken Frau, umkehren. Ich überrede-

3 Die Fluchtgeschichte von Mela Kauders, geb. Katz und ihrer Familie ist mit über 100 Dokumenten (Heinrich Katz und Familie, siehe auch Lilli Katz) aus dem Staatsarchiv Basel-Stadt belegt und wurde historisch bereits bearbeitet.
In der Gedenkstätte Riehen, Basel-Stadt, ist die Familiengeschichte Katz/Lande als Teil der Dauerausstellung einzusehen.

te ihn weiterzufahren. Glücklicherweise erreichten wir heil einen französischen Hafen und wurden wie Helden gefeiert.

Meine Gattin und ich fuhren mit einem Zug, der voll war mit britischen, US-amerikanischen und französischen Soldaten, weiter Richtung Tirol. Dort wurden wir in eine Kaserne eingewiesen. Mela war die einzige Frau weit und breit. Wir bekamen einen Raum für uns. Nun öffneten wir den Koffer. Während der Überfahrt war er durch die hohen Wellen hin- und hergeschleudert worden. Er hatte einen Riss bekommen und das dadurch eingedrungene Meerwasser hatte Rostflecken auf meinen neuen Hemden verursacht. Der Koffer war zum Glück versichert, sodass ich den Schaden ersetzt bekam.

Bald fuhren wir mit dem Zug weiter nach Wien, was ein Jahr nach Kriegsende ein abenteuerliches Unterfangen war. Es gab nur wenige unbeschädigte Lokomotiven und Waggons, es herrschte Mangel an Kohle, die Gleise, Brücken und Tunnels mussten instand gesetzt werden, weite Strecken waren nur eingleisig befahrbar. Züge mit Nahrungsmitteln und Kohle hatten meist Vorrang. Das alles galt besonders für Österreich. Ich glaube, wir fuhren mit einem der ersten Züge von Tirol nach Wien.

Als sich der Zug bereits in Bewegung gesetzt hatte, fiel mir auf, dass mein Seesack nirgends im Abteil zu sehen war. Ich hatte ihn in der Kaserne vergessen. Da fiel mein Blick durch das Fenster auf ein breites Feld, an dessen Ende die Kaserne zu sehen war.

„Bleib da sitzen!", rief ich Mela zu und eilte aus dem Abteil nach vorne zur Lokomotive. Zum Glück waren alle Waggons miteinander durch Plattformen verbunden. Dann musste ich nur noch über den Kohlenberg klettern und stand vor dem verdutzten Heizer und dem Lokführer. Statt einer Begrüßung griff ich in die Hosentaschen und reichte jedem ein Paket mit 20 Zigaretten. Damals war das ein großartiges Trinkgeld.

„Bleiben Sie sofort stehen! Ich muss da hinüber zur Kaserne! Ich habe etwas Wichtiges vergessen! Ich bin gleich wieder zurück, dann kriegen Sie beide noch ein Packerl Zigaretten. Ja nicht ohne mich abfahren!" Die Bremsen kreischten, Dampf zischte. Ich sprang von der Lokomotive, rannte querfeldein, packte in der Kaserne den Seesack und das Gewehr und rannte zurück zum Zug. Ich reichte dem Lokführer die beiden versprochenen Zigarettenpackerl und sauste weiter zu meinem Waggon. Ich stieg ein, als ob nichts gewesen wäre. Ich war überglücklich! Ich drückte mich in den Winkel beim Fenster und stellte mich schlafend. Nichts, rein gar nichts geschah. Wahrscheinlich hatte jeder andere Sorgen, als mich zur Verantwortung zu ziehen. Noch viel erleichterter war allerdings Mela, die befürchtet hatte, allein in die uns fremd gewordene Stadt fahren zu müssen.

ANKUNFT IN WIEN

Ein Freund in England hatte mir auf einem Zettel die Adresse seiner Mutter und Schwester aufgeschrieben. Das bombenbeschädigte Haus stand im vierten Bezirk. Im Hof lag ein Schutthaufen, der bis in den ersten Stock reichte. Sie ließen uns im Kabinett wohnen. Der Winter 1946/47 war ganz besonders hart.

Ich war noch mehrere Wochen Angehöriger der britischen Truppen und hatte die Erlaubnis, privat mit meiner Gattin zu wohnen. Man war froh, mich nicht in einer Kaserne unterbringen zu müssen. Das Mittagessen holte ich täglich von einer militärischen Stelle ab, und wir hatten zu zweit eine wunderbare Mahlzeit. In die Kantine konnte ich einkehren, so oft ich wollte.

Zwei Tage nach meiner Ankunft fuhr ich in den zweiten Bezirk, um meine Eltern und meinen Bruder wieder zu sehen. Sie wohnten in einem zur Hälfte zerbombten Haus, hatten nur zwei Räume und einen kleinen eisernen Ofen, an den ich sogleich das aus England mitgebrachte Ofenrohr montierte.

Neugierig ging ich nun zu einer verschlossenen Tür. „Nicht aufmachen!“, rief meine Mutter aufgeregt. Ich erwartete eine Rumpelkammer, aber eisiger Schrecken durchfuhr mich. Mit einem Fuß war ich ins Leere gestiegen. Vier Stockwerke tiefer war der Boden, von Trümmern bedeckt.

Ende 1946 ging ich ins Wohnungsamt und wollte eine neue Unterkunft für meine Eltern, meinen Bruder sowie für Mela und mich beantragen. Ich trug (bis Anfang 1947) immer noch meine Uniform, zum Teil deshalb, weil ich sonst nichts anzuziehen hatte. „Was wollen S‘ denn?“, fragte mich der Referent. „Eine oder zwei Wohnungen.“ – „Sie sind doch englischer Soldat!“ – „Ja, aber auch ein Österreicher. Bald werde ich wieder Zivilist sein. Meine Eltern und mein Bruder wohnen in einer Bombenruine, das Dach ist eingestürzt und es regnet rein.“ – „Sagen S‘ Ihrem Offizier, er soll ein neues Dach drauf setzen lassen, dann können S‘ mitsamt Ihrer Familie dort wohnen.“ – „Die Ruine kann jeden Augenblick einstürzen“, gab ich zu bedenken. „Wir können nichts machen. Wir haben kein Baumaterial, kein Geld, nichts“, entgegnete der Referent. „Wozu stellt man sich bei Ihnen dann eigentlich an?“ – „Immerhin können wir Sie vormerken. Man darf die Hoffnung nicht aufgeben.“

Rudolfs Vater (rechts unten) 1945 mit Amerikanern: Da er perfekt Englisch sprach, arbeitete er als Übersetzer für die Amerikaner.

Ein Bekannter bot uns schließlich an, ins Erdgeschoß einer Villa mit Garten einzuziehen. Mela und ich konnten unser Glück kaum fassen. Zu beiden Seiten des stattlichen Gebäudes führte je ein breiter Weg zur Gartenfront. Das Parterre bestand zum Großteil aus einem riesigen Ballsaal mit einem schönen Parkettboden. Die straßenseitige Front hatte prunkvolle breite Glastüren, desgleichen die Gartenfront.

Mela mit Tochter Lilian

Wir zogen sofort ein, was bedeutete, dass wir unsere Mäntel auszogen und den Seesack und den Koffer in je einen Winkel stellten. Kein einziges Möbelstück war da. Immerhin ergatterten wir ein zusammenklappbares Strandbett, allmählich auch andere Einrichtungsgegenstände.

Als wir unser erstes Baby bekamen, schickte uns Agnes, die frühere Hausgehilfin von Melas Eltern, einen Sack Erdäpfel auf einem Handwagerl, das ihr braver Mann vom Burgenland bis nach Wien zog. Mit auf dem Wagen saß Mimi, die Schwester von Agnes, unser zukünftiges Kindermädchen.

Mela bekam einen Posten, ich studierte Technische Chemie zu Ende, und der Engel Mimi erledigte alles andere. Sie kaufte ein, kochte und kümmerte sich liebevoll um unser Baby.

DER SCHLEICH

Unmittelbar nach Kriegsende war praktisch alles knapp außer Schutt und Trümmern. Die Schichten knapp unter der Oberfläche wurden mit Stangen durchwühlt, man fand brauchbares Material wie Metallteile, Kleiderfetzen, Holzstücke und Ziegelsteine, von denen man den anhaftenden Mörtel abklopfte. Holz diente als Brennstoff, verbogenes Blech wurde geradegeklopft. Aus Mangel an Schaufeln und Krampen waren diese „Bodenschätze" aber nicht jedem Wiener zugänglich.

Alles, was nicht dem Eigenbedarf diente, wurde im Schleichhandel angeboten. Durch Mundpropaganda und handschriftliche Mitteilungen auf Alleebäumen und Bretterzäunen erfuhr man, wo Pappendeckel als Glasscheibenersatz, Töpfe, aus Stahlhelmen zurechtgehämmert, Möbel aus Plünderungen oder Brennholz aus abmontierten Eisenbahnschwellen still gelegter Gleise zu haben waren. Manche Sachen stammten aus heilgebliebenem, herübergerettetem Bestand, die der Besitzer gegen lebensnotwendige Artikel eintauschen musste. Als diese Quellen versiegten, begann die Welle der Hamster-Touristik. Fast jeder Wiener war mit einem Rucksack unterwegs zu den Bauern in Niederösterreich. Schmuck, Uhren, entbehrliche Luxusartikel wurden gegen Erdäpfel, Schmalz, Milch, Eier und andere Grundnahrungsmittel eingetauscht. Bäuerinnen trugen plötzlich Halsketten und sonstigen Schmuck bei der Arbeit im Stall und vor allem beim Gottesdienst in der Kirche, während andererseits manches Kleinkind vor dem Verhungern gerettet wurde.

Allmählich hatten die Wiener weniger Wertsachen zum Eintauschen, und die Nachfrage der Bauern war beinahe gesättigt, was das Hamstern beschwerlicher gestaltete. Größere und schwerere Sachen wie Küchenwaagen, Kinderspielzeug, Nachttöpfe oder Bücher mussten zu den Bauern getragen werden.

Neben seinem Studium verdient sich Rudolf Geld mit Übersetzungen und mit launigen Kolumnen in der österreichischen Presse. Besonders liegen ihm Sozialreportagen am Herzen. Knapp nach dem Tod des berühmten Wiener Originals „Baron-Karl" recherchiert er in dessen „Heimatbezirk" Favoriten bei Bekannten und Verwandten dieses außergewöhnlichen, hochbegabten und beliebten Sandlers. Nach seinem bewegenden und sozialkritischen Bericht auf der ersten Seite der Zeitschrift „Die Woche" werden wegen des großen Interesses sogar 5000 Stück nachgedruckt. Außerdem schreibt er über den bekannten Freistilringer Adi Berber, greift populärwissenschaftliche Themen aus den Bereichen Chemie und Physik auf, analysiert die Lage der Hochschüler in Wien und berichtet in einer Serie „Aus dem Gerichtssaal", wofür er auch Karikaturen anfertigt.
Im Zuge dieser Arbeiten erweisen sich die guten Kontakte zu den Briten einmal sogar als Nachteil, weil die alliierte Besatzung der Sowjets Spionage wittert ...

AUF DER FLUCHT

Eines Tages sagte ein Bekannter zu mir: „Ich bin so aufgeregt! Ich hätte einen guten Posten in Aussicht bei der Sowjetischen Mineralölverwaltung, als Energiebeauftragter, aber vorher muss ich eine Aufnahmeprüfung machen. Ich hab keine blasse Ahnung von Energie. Aber ein guter Freund hat mir verraten, was zur Prüfung kommt: ein Querschnitt von einer Dampflokomotive. Kennst du dich da aus?" Ich bejahte. „So ein Glück! Kannst du mir das aufzeichnen und erklären? Das lern ich dann gleich auswendig!"

Ich hatte zwar Gewissensbisse, dass ich dadurch diesen Großbetrieb – aus dem später die Österreichische Mineralölverwaltung, kurz: OMV, hervorging – sozusagen schädige, doch meine Hilfsbereitschaft siegte. Bald erfuhr ich, dass er die Prüfung tatsächlich geschafft hatte und angestellt wurde.

Während ich dem Bekannten geduldig erklärte, wo sich der Wasserdampf und wo sich die Rauchgase im Dampfkessel befinden, brachte der freundliche Briefträger Bargeld für die Übersetzung eines Fachartikels über den gerade erfundenen Mixer aus dem Englischen.

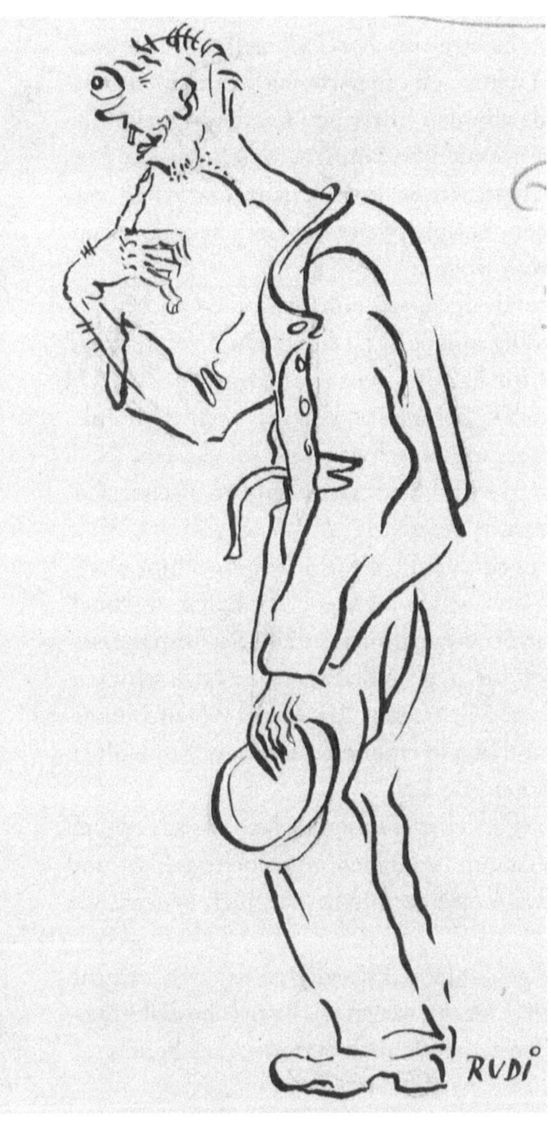

„Der Kibitz", „Der Richter" und „Der Angeklagte" veröffentlicht in der Zeitschrift „Die Woche" (Zeichnungen, 1948)

Der Artikel erschien in einer österreichischen Fachzeitschrift des sozialistischen Vorwärts-Verlages, bei dem auch die „Arbeiter-Zeitung“ herausgegeben wurde. Der Verlag wurde von den britischen Besatzungsbehörden kontrolliert. Um mein Studium beenden zu können, waren wir auf Einkünfte angewiesen. Neben Kurzgeschichten in Wochenzeitschriften veröffentlichte ich auch Illustrationen, beispielsweise für Gerichtsreportagen. Mein Pseudonym war damals „Karl Roland“.

Einige Tage nach der Geldsendung läutete stürmisch die Glocke. Unsere gute Bekannte Helli kam völlig aufgelöst zu uns. „Du wirst verfolgt! Schnell, packt das Dringendste! Ihr habt nur ein paar Minuten Zeit! Du bist angezeigt worden als englischer Spion! Ihr kommt nach Sibirien!“, keuchte sie. Durch den Hinterausgang verschwand sie im Garten. Helli war als Dolmetscherin, Übersetzerin und Sekretärin beim russischen General in der örtlichen Kommandantur beschäftigt.

„Weil du auch immer in der britischen Uniform herumgerannt bist!“, schimpfte Mela, während wir unsere Sachen packten. Wir eilten so schnell und unauffällig wie möglich zur Straßenbahnhaltestelle Richtung Zentrum. In der Bahn atmeten wir tief durch, als plötzlich eine riesige schwarze Limousine in der Ferne auftauchte. Mir stockte der Atem. Plötzlich überholte das Auto die Straßenbahn und bog in eine Seitengasse ab. Zum Glück waren wir mittlerweile auf britischem Boden.

Wir wohnten zwei Tage lang in einer Pension. Nach verschiedenen Erkundungen wurde das Missverständnis auf Behördenebene geklärt und das Ergebnis der russischen Verwaltung übermittelt. Fröhlich kehrten wir zurück.

Später traf ich den von mir geschulten „Energiebeauftragten“. Er gab offen zu, mich angezeigt zu haben. Er hatte wegen des britischen Zahlungsbelegs für den Artikel geglaubt, ich sei tatsächlich ein britischer Spion.

In den Jahren des Wiederaufbaus beginnt auch für Rudolf und seine junge Familie ein neuer Lebensabschnitt in dem Land, aus dem er 1939 ausgezogen ist, um als Befreier und Befreiter zurückkehren zu können. Seine Aufzeichnungen hat er mit Erinnerungen bis zur Mitte der 1950er-Jahre beendet, die Familientradition des Geschichtenerzählens hat er aber weiterhin hochgehalten.

ANHANG

Die britische Kolonie Burma während des Zweiten Weltkriegs (Karte: Lucia Schwarz)

GLOSSAR

A) Dialekt- und Spezialausdrücke

Abwasch: Spülbecken.
Batzerl: kleine Menge, kleine Portion.
Bauernjanker: (Trachten-)Jacke im bäuerlichen Stil.
Bauernschnapsen: siehe „Schnapsen“.
Bensdorp: Traditionsreiches holländisches Schokoladenprodukt, das in Österreich äußerst populär war.
Blechschaffel: kleine Blechwanne.
Budel: Ladentisch.
Dorotheum: größtes Pfand- und Auktionshaus in Wien.
Filzschlapfen: Pantoffeln aus Filz.
Gfraster: Bezeichnung für schlimme Kinder.
Glaserer: Glasermeister.
Goschn: abwertend für Mund.
Graffelwerk: wertloses, qualitätsloses Zeug.
Grätzel: Wohngegend, Kiez.
Greißlerei: traditionelle, kleine Gemischtwarenhandlung für die Bedürfnisse des Alltags (ihre Betreiber nennt man Greißler und Greißlerin).
Gsteaml: kleinwüchsiges Kind.
Häferl: Henkelbecher für Kaffee, Tee etc.
Heurige: Buschenschank.
hockerln: hocken, in der Hocke sitzen.
Kabinett: kleines, meist schmales Nebenzimmer einer Wohnung.
Kalafati: große chinesische Figur im Wiener Prater.
Kieberei: Polizei; dementsprechend bezeichnet man einen Polizisten als Kieberer.
Kinderverzahrer: Jemand, der Kinder verschleppt und (sexuell) missbraucht.
Klumpert: unnützes, wertloses Zeug.
Körberlgeld: Trinkgeld, Nebenverdienst.
kraxeln: (mühsam) steigen, klettern.
Kundenstock: Stammklientel, Kundenkreis.
leiwand: super, großartig.
Matratzengradel: besonders festes Gewebe für den Matratzenbezug.
picken: kleben, haften.

Prater: beliebtes Wiener Ausflugs- und Vergnügungsareal zwischen Donaukanal und Donau (mit dem Schweizerhaus, einem besonders populären Traditionslokal).
Preisschnapsen: siehe „Schnapsen".
Sackerl: Tüte.
Sandler: Obdachloser, verwahrloster Mensch.
Schlagobers: Schlagsahne, süße Sahne.
Schleich: Schwarzmarkt.
Schnapsen: In Österreich beliebtes Kartenspiel, das als „Preisschnapsen" auch bei öffentlichen Preisturnieren ausgetragen wird. Eine erweiterte Form des „Schnapsens" ist das Bauernschnapsen mit vier Teilnehmern.
Schnürlsamt: Cordsamt.
speiben: sich übergeben.
Stiegenhaus: Treppenhaus.
Tröpferlbad: öffentliches Brausebad.
Tschapperl: unbeholfenes Kind, verniedlichend.
Tuchent: Bettdecke.
waschelnass: tropfnass, völlig durchnässt.
Watsche: Ohrfeige.
Zinshaus: Mietshaus.

B) Sacherläuterungen zu Orten, Institutionen und historischen Personen etc. (erfolgen nur in begründeten Ausnahmefällen, z. B. zur britischen Kolonie Burma)

Burma Defence Army (BDA): geht 1942 aus der Burma Independence Army hervor, die als irreguläre Armee wegen ihrer kriminellen Übergriffe gefürchtet ist. Als die Japaner 1943 Burma unter einer Marionettenregierung für „unabhängig" erklären, wird die BDA in Burma National Army (BNA) umbenannt. Im August 1944 schließt sie sich nach Verhandlungen Aung Sans mit Kommunisten und Sozialisten der Anti-Fascist Organisation (AFO), später Anti-Fascist People's League (AFPFL), an. Am 28. März 1945 meutert die BNA gegen die Japaner und tritt den Alliierten bei
Burma Independence Army (BIA): Von den Japanern aufgestellt, finanziert und ausgebildet. Wichtige Unterstützung der japanischen Armee.
Burmanen: Größte Ethnie in Burma. Die Burmanen machen mit ca. 30 Millionen Menschen heute 69 % der Bevölkerung Burmas aus.

Burmastraße: 1938 eröffnet. Wichtigste Überlandverbindung von Kunming (Südchina) nach Lashio (Burma), von wo sie durch die Bahnlinie nach Rangun fortgesetzt wird. Hauptnachschubweg für die Tschiang Kai-schek Truppen im Burmakrieg.

Burmese Red Army: Dieser Name ist Rudolf Kauders so in Erinnerung, wahrscheinlich eine von der BNA unabhängige, kommunistische Guerillatruppe.

Chindits: In Guerillataktik ausgebildete Spezialtruppe, die sich aus britischen und Gurkha-Einheiten zusammensetzte und von einheimischen burmesischen Kundschaftern begleitet wurde. Sie wurden von amerikanischen Soldaten mit Nachschub aus der Luft versorgt, sodass sie in unwegsamem Gelände weit hinter die japanischen Linien vordringen und unerwartete Angriffe durchführen konnten, um Kommunikations- und Nachschublinien zu stören und Flugfelder zu erobern. Die Einheiten waren so klein, dass sie sich danach schnell wieder zurückziehen konnten.

Ethnische Minderheiten in Burma: Die Kachin, Shan, Karen und Chin sind ethnische Minderheiten in Burma, mit einem hohen christianisierten Anteil, während die Burmanen Buddhisten sind.

Gurkha: Eine von vielen nepalesischen Ethnien. Sie wurden seit 1816 in die indische und Britische Armee rekrutiert und galten als zäh und genügsam. Im Zweiten Weltkrieg dienten etwa 10.000 Gurkhas in britischen Divisionen und ca. 50.000 von ihnen in der indischen Armee.

Organisation Todt: Diese Bautruppe, benannt nach ihrem Leiter, dem SA-Obergruppenführer Fritz Todt, wurde 1938 gegründet und war militärisch organisiert. Im Krieg wurde sie hauptsächlich in den von Deutschland okkupierten Gebieten eingesetzt. Bekannt durch den Ausbau des „Westwalls“, des „Atlantikwalls“, Gleisbauarbeiten in Frankreich und andere bauliche Schutz- und Rüstungsprojekte.

LITERATURHINWEISE

Für die Kommentierung der erzählerischen Texte von Rudolf Kauders wurden insbesondere folgende Sekundärquellen herangezogen (nach Abschnitten geordnet):

Teil 1: Wien

Brück, Eva: Kinder unterm Hakenkreuz. Kindheit und Jugend: 1926–1949. Freiburg: Ahriman 1993.

Dokumentationsarchiv des Österreichischen Widerstandes (Hrsg.): Erzählte Geschichte. Berichte von Widerstandskämpfern und Verfolgten I. Wien: Österreichischer Bundesverlag 1985.

Dusek, Peter / Pelinka, Anton / Weinzierl, Erika: Zeitgeschichte im Aufriß. Österreich von 1918 bis in die achtziger Jahre. Wien: Jugend und Volk 1981.

Exenberger, Herbert: Kündigungsgrund Nichtarier. Die Vertreibung jüdischer Mieter aus den Wiener Gemeindebauten in den Jahren 1938–1939. Wien: Picus 1996.

Hösl, Wolfgang / Pirhofer, Gottfried: Wohnen in Wien 1848–1938. Studien zur Konstitution des Massenwohnens. Wien: Deuticke 1988.

Payer, Peter: Zwischenbrücken: Beiträge zur Geschichte des XX. Bezirks / Gebietsbetreuung Brigittenau. Wien: Gebietsbetreuung Brigittenau 1997.

Payer, Peter: Brigittenauer Brücken im 19. und 20. Jahrhundert. Wien: Gebietsbetreuung Brigittenau 2006.

Roth, Joseph: Riviera in Kagran. Wien: Metroverlag 2010.

Verein Bezirksmuseum Brigittenau: Brigittenau gestern heute morgen. Wien: Verein Bezirksmuseum Brigittenau 1999.

Teil 2: England

Bearman, Marietta / Brinson, Charmian / Dove, Richard / Grenville, Anthony / Taylor, Jennifer: Wien – London, hin und retour. Das Austrian Centre in London 1939 bis 1947. Wien: Czernin 2004.

Gillman, Peter / Gillman, Leni: „Collar the lot!“ How Britain interned and expelled its wartime refugees. London: Quartet Books 1980.
Maimann, Helene: Politik im Wartesaal. Österreichische Exilpolitik in Großbritannien 1939 bis 1945. Wien u. a.: Böhlau 1975.
Muchitsch, Wolfgang: Mit Spaten, Waffen und Worten. Die Einbindung österreichischer Flüchtlinge in die britischen Kriegsanstrengungen 1939–1945. Wien u. a.: Europa-Verlag 1992.
Muchitsch, Wolfgang (Bearb.): Österreicher im Exil. Großbritannien 1938–1945. Eine Dokumentation. Hrsg. vom Dokumentationsarchiv des österreichischen Widerstandes. Wien: Österreichischer Bundesverlag 1992.
O'Dell, Audrey: Burgeoning amid the alien corn. New life in a strange country. 1939–1989. Bedford: [Selbstverlag] [o. J.].
Propst, Fritz: Abschied am Westbahnhof. Young Austria – Ein Heldenepos vertriebener Kinder. Wien: Globus 2010.
Scott, John D. / Hughes, Richard: The administration of war production. London: H.M. Stationery Office 1955.
Seyfert, Michael: Im Niemandsland. Deutsche Exilliteratur in britischer Internierung. Ein unbekanntes Kapitel der Kulturgeschichte des Zweiten Weltkrieges. Berlin: Arsenal 1984.

Teil 3: Burma

Bayly, Christopher / Harper, Tim: Forgotten Armies. London: Penguin 2005.
DEKHO!: Journal of the Burma Star Association, Jahrgänge 2004–2011, London.
Kirby, Woodburn S. u. a.: The War against Japan: The Reconquest of Burma. London: HMSO 1965.
Menasse, Eva: Vienna. Roman. München: btb 2003 [insbes. S. 132f.].
Pearson, Michael: End Game Burma. Slim's Masterstroke at Meiktila. Barnsley: Pen & Sword Military 2010.
Rheinisches JournalistInnenbüro / Recherche International e. V. (Hrsg.): „Unsere Opfer zählen nicht“. Die Dritte Welt im Zweiten Weltkrieg. Hamburg u. a.: Assoziation A 2005.
Rooney, David: Burma Victory. Imphal and Kohima March 1944 to May 1945. London: Cassell 2002.
Slim, William Sir: Defeat into Victory. London: Cassell 1956.

http://www.burmastar.org.uk [zuletzt aufgerufen am 10.9.2011]
http://www.bbc.co.uk/history/worldwars/wwtwo [zuletzt aufgerufen am 10.9.2011]

Weitere Quellen

Daten zur Biographie von Rudolf Otto Kauders, geb. 1885, aus der Personalabteilung der WIENER LINIEN.
Telefoninterview mit Regierungsrat Walter Farthofer, vormals Direktionssekretär der WIENER LINIEN, am 22. März 2011 zur Situation der Beschäftigten der Wiener Tramway 1934 und insbesondere der jüdischen Kollegen nach dem „Anschluss" 1938.
E-Mail-Korrespondenz mit David Johnson, Lokalhistoriker aus Low Bentham, zur Quäkergemeinde Low Bentham und Umgebung.
Kauders, Hermann: Alexander Anzendrech. Unveröffentlichter Roman.
Klamper, Hans: Programmblatt der Kulturveranstaltung in Maryhill Barracks (Schottland) vom 23. Jänner 1944.
Interviews mit Fred Gruber und Fritz Propst über deren Internierung auf der Isle of Man

Fotonachweis

Wienbibliothek: Seiten 13, 16, 18, 22, 28, 36, 103, 110, 116, 118, 133, 136, 138, 140, 141, 144, 147, 154, 158, 163, 168, 179, 181, 184, 186, 190, 192, 194, 199, 202, 212, 224, 226, 233, 236, 239, 240, 243, 244, 245, 248, 250, 251, 255, 256, 259, 262, 278, 281, 284, 286, 287, 288, 289, 290, 291, 292, 293, 294, 297, 299, 301, 303, 304, 305, 306, Umschlaginnenseiten.
Lilian und Elisabeth Kauders: Seiten 122 und 124.

Für weitere Informationen wenden Sie sich bitte an: rudolf.exil@gmx.at

PETER PIRKER

ÖSTERREICHER:INNEN IN DER BRITISCHEN ARMEE, 1939–1948[1]

Im Folgenden soll Rudolf Kauders' persönliche Geschichte als Flüchtlingssoldat in der britischen Armee in einen größeren Rahmen gestellt werden, auch um die Besonderheit seiner Erfahrungen in Burma deutlich zu machen. Es kann dabei nur auf einige Aspekte schlaglichtartig eingegangen werden.

Erlauben Sie mir zu Beginn eine allgemeine Bemerkung. Ich möchte vorausschicken, dass ich den in der Exilforschung lange vorherrschenden Fokus auf die Frage des Verhältnisses der Flüchtlinge zu „Österreich" als wenig sinnvoll erachte, wenn ein Ziel der Forschung sein soll, die Erfahrungen, das Denken und das Handeln der 1938 und 1939 aus Österreich vertriebenen Menschen zu untersuchen und ihren Beitrag zur Bekämpfung der Achsenmächte zu verstehen. Der allergrößte Teil der Flüchtlinge musste Österreich wegen des Rassen-Antisemitismus der Nationalsozialisten verlassen, gegen den es in Österreich kein Bollwerk gab, der vielmehr auf fruchtbaren Boden fiel. Nur eine kleine Minderheit war aus politischer Gegnerschaft zum Nationalsozialismus geflohen, bei manchen waren beide Aspekte der Verfolgung ausschlaggebend. In der erzwungenen Emigration gab es sehr viele aus Österreich Vertriebene, deren Lebensperspektive eine Rückkehr nach Österreich schon früh nicht mehr miteinbezog, sondern die ihre Zukunft in Palästina, in Amerika, in England sahen, Menschen, die mit Österreich nichts mehr zu tun haben wollten, Menschen, die der Zukunft ohne bestimmte Pläne, einmal abgesehen davon zu überleben, mit Ungewissheit entgegensahen; andere Flüchtlinge glaubten an eine sozialistische Revolution in Deutschland und Österreich, wieder andere bezeichneten sich dezidiert als Österreich-Patrioten und brachten diese Identität mit viel kulturellem und politischem Aufwand gegenüber den britischen Behörden zum Ausdruck.

1 Der Text beruht auf einem Vortrag des Autors bei der Präsentation der Erstauflage des vorliegenden Buches am 16. November 2011 im Psychosozialen Zentrum ESRA, Wien

All diese Perspektiven können Rationalität in ihrer Zeit beanspruchen, manche erwiesen sich als weniger illusionär als andere. Meines Erachtens ist es müßig, sie etwa daraufhin abzuklopfen, was sie denn für „Österreich" geleistet hätten. Die Antworten darauf sind oft selbst mit politischen Mythologien befrachtet und tendieren in der einen oder anderen Weise zu schiefen Legitimationsdiskursen, deren größtes Defizit es ist, dass sie die Perspektiven der einzelnen Menschen verdecken. Aus diesem Grund halte ich das biographische und auch anekdotische Erzählen, wie es Rudolf Kauders vorführt, für einen Gewinn in der Erfassung und im Verstehen der erzwungenen Emigration und der Vielfalt an Denken, Handeln und Erleben darin.

Rudolf Kauders, dessen Eltern Wiener Tramway-Schaffner waren, flüchtete im Mai 1939 im Alter von 19 Jahren mit Hilfe der Quäker aus Wien, da er den Nazis als „Mischling" galt. Die Eltern blieben und überlebten in Wien. In Großbritannien durchlief Rudolf Kauders die nicht untypische Karriere eines alleinstehenden, jungen männlichen Flüchtlings: Arbeit in der Landwirtschaft, nach der Unterwerfung Westeuropas durch die Deutschen Internierung als „enemy alien", Entlassung aus der Internierung, neuerlich Landarbeit, daneben Fortbildung, schließlich Meldung zur britischen Armee im November 1943. Rudolf Kauders folgte dabei einer Kampagne der Jugendorganisation Young Austria, die er in Leicester mehrfach besuchte. Insgesamt sollen sich 1943 bis zu 500 Mitglieder der Young Austria, einer Volksfrontorganisation der österreichischen Exil-Kommunisten, zur britischen Armee gemeldet haben, nachdem die britische Regierung auch die bewaffneten Einheiten für Flüchtlinge aus Deutschland und Österreich geöffnet hatte.

Wie viele Flüchtlinge österreichischer Herkunft insgesamt in der britischen Armee waren, lässt sich nur ungefähr sagen. Offizielle britische Zahlen liegen nicht vor, denn die ehemaligen Österreicher bildeten keine geschlossenen Einheiten, sondern waren in den britischen Truppen verstreut. Schätzungen zufolge waren es etwa 3.000. Es gab also keine österreichischen Einheiten in der britischen Armee – damit ist ein zentraler Unterschied zu anderen europäischen Ländern unter der NS-Herrschaft angesprochen. Die belgischen und französischen Armeen etwa wurden in England rekonstruiert, es gab die norwegische und tschechoslowakische Armee in Großbritannien. Dabei handelte es sich im Unterschied zu Österreich, das als Staat nicht mehr existierte, um mit Großbritannien verbündete Staaten und um Staaten, deren Armeen nicht in Hitlers Wehrmacht aufgegangen waren, sondern die Widerstand geleistet hatten und sei es nur durch Flucht hochrangiger Militärs. Das ist ein weiterer zentraler Punkt: Es gab keine hochrangigen österreichischen Militärs im Exil – sie hatten im März 1938 fast ausnahmslos den Eid auf Hitler abgelegt. NS-Gegner unter ihnen, die gegen die Wehrmacht kämpfen wollten, hatte der österreichische Bundeskanzler Kurt Schuschnigg bereits im Vorfeld demontiert.

Die Mobilisierung österreichischer Flüchtlinge im Jahr 1943 aus dem Umfeld der Young Austria und des Free Austrian Movement wird oft als Initialzündung hervorgehoben. Es muss aber betont werden, dass es vor dieser Rekrutierungskampagne bereits zwei Wellen von freiwilligen Meldungen von Flüchtlingen aus Österreich zur britischen Armee gegeben hat.

– Die erste Beitrittsphase dauerte von November 1939 bis April 1940, setzte also bald nach Kriegsbeginn ein und reichte bis zum Fall Frankreichs. Die Flüchtlinge wurden allerdings ausschließlich in die im Oktober 1939 neu gebildeten unbewaffneten Pioniereinheiten der britischen Armee aufgenommen. Betont werden muss, dass diese Einheiten sehr wichtige und unverzichtbare Aufgaben für die britischen Kriegsanstrengungen übernahmen, sei es beim Bau von Infrastruktur, sei es bei der Beseitigung von Bombenschäden, sei es beim Verladen von Waffen und Ähnlichem. Der Großteil dieser ersten etwa 630 Flüchtlinge aus Österreich wurde zur Unterstützung der kämpfenden britischen Truppen nach Frankreich verlegt und in der Endphase des britischen Rückzugsgefechts kurzfristig bewaffnet, als sie sich plötzlich und unerwartet an der Front befanden. In letzter Minute konnten diese Einheiten nach England evakuiert werden.
– Nach dem Vordringen der deutschen Armee an den Ärmelkanal grassierte in Großbritannien die Furcht vor einer deutschen Invasion. Bekanntlich begann damit eine Phase der Internierung fast aller deutschsprachiger Flüchtlinge, die nicht in der britischen Armee dienten. Eine Möglichkeit, aus der Internierung entlassen zu werden, war die Meldung zu einer Pioniereinheit. Diese Möglichkeit nahmen weitere 460 österreichische Flüchtlinge wahr. Wir wissen aus vielen Berichten – man kann das auch bei Rudolf Kauders sehr gut nachlesen –, dass die Internierung den Flüchtlingen vollkommen absurd erschien. Ein Teil der Internierten lehnte die Möglichkeit, in eine Pioniereinheit einzutreten, bewusst ab – insbesondere die politisch motivierten Mitglieder und Funktionäre der Young Austria. Sie verlangten die Bildung von bewaffneten österreichischen Einheiten innerhalb der britischen Armee als Symbol für die Existenz einer österreichischen Nation im Exil.

Das britische Kriegsministerium war nicht vollkommen taub auf diesem Ohr und versuchte 1941, die rund 1.000 österreichischen Pioniere in österreichischen Einheiten zu sammeln. Der Versuch scheiterte aber am Widerstand der Betroffenen, die sich – so lautete eine Erklärung – nicht zum Werkzeug von selbsternannten Exil-Politikern machen lassen wollten. Der Wiener Sozialwissenschaftler und ehemalige Mitarbeiter der wirtschaftspsychologischen Forschungsstelle in Wien, Theo Neumann, befand sich in einer der umzuwandelnden Pioniereinheiten. Neumann machte eine Umfrage in seiner Einheit. Alle 60 Befragten verlangten die Zulassung zu bewaffneten Einheiten. Aber nur drei waren für die Bildung rein österreichischer Einheiten. Die Mehrheit der Befragten beabsichtigte nicht, nach Österreich zurückkehren. Sie wollten dezidiert britische Soldaten bleiben, weil sie sich davon den frühen Erwerb der britischen Staatsbürgerschaft erhofften. Ein weiterer großer Teil votierte für die Bildung einer jüdischen Legion unabhängig von der bisherigen Staatsbürgerschaft. Und schließlich sprach sich eine Gruppe für die Bildung einer internationalen antifaschistischen Brigade aus. Angesichts dieses vielfältigen Widerstandes blies das britische Kriegsministerium die Bildung von österreichischen Einheiten sehr rasch ab.

So kam es, dass Flüchtlinge aus Österreich ab 1943 verstreut in allen Einheiten der verschiedenen Waffengattungen der britischen Armee ihren persönlichen Beitrag zur militärischen Niederringung NS-Deutschlands und der Achsenmächte leisteten. Zu erwähnen sind hier auch mehrere hundert Frauen, die in verschiedenen unbewaffneten Hilfseinheiten tätig waren. Die ersten Kampfeinsätze der Flüchtlingssoldaten erfolgten nach der Landung der alliierten Armeen in der Normandie im Sommer 1944. Die Flüchtlinge erklärten bei ihrer Aufnahme in die britische Armee schriftlich, dass sie gewillt seien, an jedem Kriegsschauplatz zu kämpfen. Die wenigsten werden dabei bedacht haben, dass die britische Armee auch im Fernen Osten gegen das mit Deutschland verbündete Japan focht – so war die Überraschung von Rudolf Kauders groß, als er sich auf einem Schiff mit Kurs nach Indien wiederfand. Die britische Armee liebte keine Sonderwünsche – was britischen Soldaten zumutbar war, sollte auch nichtbritischen Angehörigen der Armee zumutbar sein. Zu betonen ist auch, dass Flüchtlinge aus Österreich der britischen Armee nicht nur in England beitraten. Das geschah auch nach der alliierten Landung in Nordafrika, wo sich etwa ehemalige Spanienkämpfer befanden. Vor allem ist hier aber die Jüdische Brigade zu nennen, die in Palästina aufgestellt wurde und zu Kriegsende in Tarvis in Nordostitalien stationiert war. Von dort aus gelang es ihr, zehntausende Überlebende aus den Konzentrationslagern nach Palästina zu evakuieren.

In der politischen Beurteilung der Haltung der ÖsterreicherInnen während des Krieges war das britische Außenamt weniger am Exil interessiert als am Verhalten der Soldaten österreichischer Herkunft in der Wehrmacht. Das Free Austrian Movement behauptete 1943, dass es in Österreich bereits aktiven Massenwiderstand gebe und die österreichischen Soldaten weithin zur Desertion aus der Wehrmacht bereit seien. Diese Darstellung konnte durch empirische Untersuchungen verschiedener britischer Ministerien und Geheimdienststellen jedoch nicht verifiziert werden. Im April 1944 erklärte ein leitender Beamter des britischen Außenamtes etwa: „Am meisten entmutigend in der ganzen Österreich-Frage ist der Enthusiasmus, mit dem die österreichischen Soldaten in der deutschen Armee kämpfen." Die Situation änderte sich graduell nach der erfolgreichen Landung der Alliierten in der Normandie. Die Abteilung für psychologische Kriegsführung des britischen Außenamtes machte im Oktober 1944 ein Experiment: Sie ließ über Wehrmachtstruppen in Frankreich deutschsprachige Flugzettel abwerfen, die von der Gründung eines Österreichischen Freiheitskorps aus Deserteuren und Kriegsgefangenen kündeten. In den folgenden Wochen meldeten sich in britischen Kriegsgefangenenlagern in Nordostfrankreich 1.300 Wehrmachtssoldaten, die sich diesem österreichischen Freiheitskorps anschließen wollten. Auch an anderen Kriegsschauplätzen gab es ähnliche Phänomene in ähnlicher Größenordnung. Das Experiment bestätigt die Ergebnisse jüngerer Forschungen, dass sich die Masse der österreichischen Wehrmachtssoldaten erst in alliierter Kriegsgefangenschaft und erst gegen oder nach Kriegsende wieder mit Österreich zu identifizieren begann – als die Niederlage NS-Deutschlands offensichtlich war und das Bekenntnis zu Österreich einen pragmatischen Ausweg aus der Niederlage ermöglichte.

Die einzige britische Organisation, zu der Österreicher gezielt rekrutiert wurden, nämlich sowohl Flüchtlinge als auch desertierte Wehrmachtssoldaten, war die Österreich-Abteilung der Special Operations Executive (SOE), einer Spezialeinheit, die für die Organisation von Widerstand hinter den feindlichen Linien zuständig war. Es handelte sich um eine sehr kleine Gruppe – insgesamt wurden etwa 80 Flüchtlinge und Wehrmachtsdeserteure aus Österreich für Infiltrationen nach Österreich rekrutiert, in die britische Armee aufgenommen und ausgebildet. Ein Teil dieser Männer wurde tatsächlich nach Österreich geschickt. Ich nenne nur zwei Namen: Das vermutlich erste österreichische Todesopfer in der britischen Armee war der ehemalige Leiter der Wiener Gemeindewache Theodor Schuhbauer. Das Frachtschiff, auf dem er im Februar 1941 nach Jugoslawien gebracht werden sollte, wurde versenkt. Der Wiener Leo Hillman hingegen konnte seinen verdeckten Einsatz im März und April 1945 in Wien mit Bravour meistern und wurde dafür mit dem Military Cross ausgezeichnet, was neben Hillman nur zwei weiteren deutschsprachigen Flüchtlingen gelang. In der Begründung für die Verleihung dieses hohen Ordens heißt es: „He has been a credit to the British Army and to his own country, which is Austria." Doch wer kennt hierzulande Leo Hillman, den höchst dekorierten Österreicher in der britischen Armee im Zweiten Weltkrieg? Fast niemand.

Das Aufeinandertreffen von Flüchtlingen und übergelaufenen Wehrmachtssoldaten bei SOE war von Konflikten gekennzeichnet. Antisemitismus war auch unter NS-Gegnern verbreitet. Das Vertrauen der Flüchtlinge in die ehemaligen Wehrmachtssoldaten war gering – manche befürchteten, bei Einsätzen in Österreich verraten zu werden. Einer der österreichischen Flüchtlinge bei SOE, Karl Kaiser, war aus diesen Gründen und wegen des langen Wartens auf seinen Einsatz – er wartete seit fast zwei Jahren – so frustriert, dass er im Dezember 1944 einen Antrag auf Versetzung stellte. Wo wollte Kaiser hin? Er bat um Versetzung zu den britischen Truppen in Burma, die dort gegen Japan kämpften. Karl Kaiser, der sich den britischen Behörden stets als österreichischer Patriot empfahl, nach Burma? War das Sarkasmus, ein Anflug schwarzen Humors oder ernst gemeint?

Eines ist jedenfalls sicher: Bei den britischen Truppen in Burma hätte Kaiser sicher keine übergelaufenen Wehrmachtssoldaten getroffen. Aber vielleicht einen der wenigen dort eingesetzten österreichischen Flüchtlinge, vielleicht Rudolf Kauders.

Unter den ersten britischen Soldaten, die am 6. und 7. Mai 1945 in Kärnten eintrafen, befand sich bereits eine Reihe von Österreichern. Der vorhin erwähnte Leo Hillman war nach Kriegsende Mitglied der War Crimes Investigation Group, die in Kärnten stationiert war. Er war zuständig für die Fahndung nach Kriegsverbrechern, NS-Funktionären und deren Einvernahme. So kam es, dass er zum „bestgehassten Mann im Lande" wurde, wie ihn die Unterkärntner Nachrichten nannten. Hillmann heiratete zwar eine Kärntnerin, blieb mit seiner Familie aber nicht in Österreich, sondern emigrierte nach Kanada.

Wie Leo Hillman übernahmen viele Österreicher in der britischen Armee in den ersten beiden Nachkriegsjahren wichtige Aufgaben bei der Aufklärung von Kriegsverbrechen und leisteten viel im Wiederaufbau, etwa des Rechtssystems oder in der Reeducation von Kriegsgefangenen. Vielen von ihnen wurde aber zur Gewissheit, was sie befürchtet hatten – in Österreich zurückgebliebene Familienmitglieder waren von den Nazis ermordet worden. Nur ein Bruchteil der in der britischen Armee dienenden Soldaten österreichischer Herkunft kehrte auf Dauer in dieses Land zurück. Wie verhielt sich die Republik Österreich zu ihnen? Im Zuge der Staatsvertragsverhandlungen warf die Bundesregierung den Beitrag der ÖsterreicherInnen in den alliierten Armeen zum Kampf gegen NS-Deutschland in die Waagschale. Bei dieser einmaligen – instrumentellen – Würdigung blieb es, sieht man von einigen Auszeichnungen in jüngster Zeit ab, die erst auf hartnäckiges Betreiben von Veteranen und Angehörigen gewährt wurden. Das Bundesheer beispielsweise sah im antinazistischen Kampf von ÖsterreicherInnen in den alliierten Armeen keine Leistung, auf die sich die Traditionsbildung positiv beziehen könnte. Dafür gibt es mit der Windisch-Kaserne in Klagenfurt nach wie vor eine Kaserne, die dem Wehrmachtsgeneral Alois Windisch gewidmet ist, der von Adolf Hitler für besondere Verdienste beim Überfall auf das neutrale Norwegen mit dem Ritterkreuz ausgezeichnet worden war. Gegenüber einer solchen Geschichtsbetrachtung muss man wiederum Rudolf Kauders' „Donauwalzer am Irawadi", dem großen Fluss im fernen Burma, als Beitrag eines Österreichers zur Befreiung von Nationalsozialismus und Faschismus hochhalten.

Literatur:

Muchitsch, Wolfgang: (Hg.): Österreicher im Exil. Großbritannien 1938–1945. Wien: ÖBV 1992.

Muchitsch, Wolfgang: Mit Spaten, Waffen und Worten. Die Einbindung österreichischer Flüchtlinge in die britischen Kriegsanstrengungen 1939–1945. Wien: Europaverlag 1992.

Pirker, Peter: Subversion deutscher Herrschaft. Der britische Kriegsgeheimdienst SOE und Österreich. Göttingen: V&R 2012.

Frank, Sonja (Hg.): Young Austria. ÖsterreicherInnen im Britischen Exil 1938 bis 1947. Wien: Verlag der Theodor Kramer Gesellschaft 2014.

ZUR 2. ERWEITERTEN AUFLAGE

Seit dem Erscheinen seines Buches 2011 freute sich Rudolf noch sechs Jahre über viele positive Rückmeldungen seiner Leserschaft, die ihm das Gelingen seines Strebens bewiesen, Menschen mit seinen Geschichten und Karikaturen zum Schmunzeln zu bringen.

Heute liegen mit seinem Nachlass (darunter etwa 250 Karikaturen und Zeichnungen), der zum größten Teil Anfang 2022 der Wienbibliothek übergeben wurde, nicht nur weitere bildnerische Arbeiten in Form von acht großformatigen Tusche-Plakaten vor, die 1945 in einer umfassenden Militär-Kunstausstellung in Indien gezeigt wurden, sondern auch eine große Zahl an Dokumenten, Belegen und Korrespondenzen, vor allem ab 1938. Dadurch werden bisherige Lücken in der Aufarbeitung seines Lebens geschlossen und der Forschung in Fragen Internierung, Landarbeit und Burmafeldzug wertvolles Material zur Verfügung gestellt.

Rudolfs Unterlagen zum Verlauf seines Studiums an der Technischen Hochschule Wien (TH) ab Herbst 1938 ergeben, gemeinsam mit den Daten des Hauptkatalogs im Archiv der Technischen Universität Wien (TU), aufschlussreiche Erkenntnisse, auch über seine Studienjahre 1947 bis 1950.

Bemerkenswert sind auch die Dokumente über den – gemäß der damaligen Gesetzeslage verlorenen – Prozess aus dem Jahr 1956 gegen die aus Salzburg zurückgekehrten Ariseure, deren Anspruch auf die Villa in Mauer im 23. Bezirk stattgegeben wurde. So mussten Rudolf und seine Familie die ihnen dort im Jahr 1947 zugewiesene Erdgeschoßwohnung räumen.

Im Jahr 1957 scheiterte der erste Auswanderungsplan von Rudolf und seiner Familie nach England, wo hervorragende Jobzusagen bereits fixiert waren, wie es ausführliche Korrespondenzen belegen.

Der zweite Auswanderungsplan Mitte der 1970er-Jahre nach Genf – auch genau dokumentiert –, wo Rudolf für die Leitung der UN-Umweltbehörde für Europa vorgesehen war, kam ebenfalls im letzten Moment nicht zustande. „Da hat mich meine Vergangenheit eingeholt“, kommentierte Rudolf – auf seine frühere Mitgliedschaft in der KPÖ anspielend – diese Enttäuschungen.

Erst in den 1990er-Jahren fasste Rudolf rückblickend in einem kurzen Text seine Abkehr von der KPÖ zusammen, die 1968 endgültig erfolgt war.

Rudolfs Unterlagen über seinen beruflichen Werdegang und sein umfangreicher wissenschaftlicher Nachlass sind noch nicht systematisch gesichtet.

Seine ihm so wichtige, lebenslange Arbeit für die Wissenschaft fasste Rudolf 2002 anlässlich der Ehrung mit dem „Goldenen Ingenieurdiplom" der TU Wien, der er sich immer besonders verbunden gefühlt hatte, zusammen – detailliert und unkonventionell in winziger Handschrift auf über 13 Seiten Anhang zum Antragsformular.

Einige wissenschaftliche Projekte, vor allem zu Energiesparmaßnahmen und Gebäudedämmung, führte Rudolf noch bis 2010 weiter.

Im folgenden Teil wird im Wesentlichen der Zeitraum zwischen 1938 und den frühen 1950er-Jahren behandelt.

FAMILIE KAUDERS – CHRONIK DES ÜBERLEBENS

Matura 1938 an der 1. Staatsrealschule im 2. Bezirke in Wien

Maturafoto der Bubenklasse 1938 (Rudolf ganz links in der letzten Reihe; Dir. Franzl vorne in der Mitte)

In der Maturazeitung dieses Jahrgangs gibt es neben den üblichen Witzen über Lehrkräfte auch lustige Beschreibungen sämtlicher Burschen und Mädchen beider Maturaklassen. Die Namen der jüdischen Schülerinnen und Schüler werden in der Maturazeitung natürlich nicht mehr genannt. „Da haben sie uns schon vergessen", bemerkte traurig die 102-jährige, ehemalige Mitschülerin von Rudolf, Dr.in Susanne Bock[1] , als ich ihr im Mai 2022 das Maturafoto zeigte und sie sich an diese schreckliche Zeit

1 Dr.in Susanne Bock (13.05.1920–30.07.2022), Autorin und ehemalige Schulkameradin von Rudolf, war auch maßgeblich am Zustandekommen der Wiedersehensfeier der vertriebenen jüdischen Schülerinnen und Schüler der Vereinsgasse im Jahr 1989 beteiligt. Ihr Anliegen war vor allem, dass auch das Exil jener mutigen Frauen erforscht werde, die nicht berühmt und bekannt wurden. Das angeführte Zitat stammt aus einem persönlichen Gespräch mit Lilian Kauders.

erinnerte. „Damals waren wir ja schon dabei, unsere Flucht zu planen. Ich musste so schnell wie möglich 'raus aus Österreich."

Der Schulwart hatte zuletzt alle jüdischen Schülerinnen und Schüler sang- und klanglos aus den Klassen geholt. Die letzten Monate vor der Matura musste Susanne im nahen Gymnasium Unterbergergasse im 20. Bezirk in der „Judenklasse" absolvieren, die man nur über die damals noch vorhandene Außenstiege an der Seitenfassade erreichen konnte. Der Zugang durch den Haupteingang war ihr verboten.

Der damals 14-jährige Hermann Kauders hatte folgende prägende Erinnerungen aus denselben Monaten an der Vereinsgasse. An den verpflichtenden „Heil-Hitler-Gruß" am Anfang jeder Unterrichtsstunde erinnerte er sich folgendermaßen:

„Zu Beginn jeder einzelnen Unterrichtsstunde ertönte von Seiten der Lehrkraft ein zackiger Hitlergruß, und von der Klasse wurde ein ebenso klares ‚Heil Hitler!' erwartet. Aber wieso sagte ein Professor in einem Schwall recht unverständlich ‚HeilHitlerheutenehmenwirdieFürwörter durch', und warum sprach Prof. Schwarz den Gruß nur zur Tafel – hat er dabei vielleicht auch Grimassen gemacht? Und einmal, als ich nahe bei Prof. Kohlmann stand, hörte ich ihn deutlich ‚Drei Liter' sagen. Der buckelige Chemieprofessor Jakubez, ein Zauberer im Labor, sprach es gedehnt aus wie ein Gummiband: ‚Heeeeeiil Hiiiitleeeer!' Das ging Wochen so, bis die Klasse – mit Ausnahme der fanatischen Hitleranhänger – sich absprach, genauso langgezogen zu antworten. Das war eine der wenigen Male, da man Prof. Jakubez kichern sah – ein Amüsement, das die Fanatiker dem neuen Direktor Franzl meldeten. Nach einiger Zeit verschwand Prof. Jakubez von der Schule. Prof. Ostry wiederum intonierte den Gruß als getragene Melodie, unmöglich zu erkennen, ob ernst gemeinte Anbetung oder meisterliche Satire."[2]

In Bezug auf Direktor Franzl ist interessant, dass er am 10. November 1938, also am Tag nach dem Novemberpogrom, Rudolf eine Würdigkeitsbestätigung ausgestellt hat, in der er die ausgezeichneten Leistungen und Rudolfs kameradschaftliches Verhalten hervorhebt. Üblicherweise wurde ein solches Dokument für die Befreiung von Studiengebühren benötigt.

2 O'Dell, Audrey: Burgeoning Amid the Alien Corn. New life in a strange country. 1939–1989. Bedford: [Selbstverlag] 1989, S. 76.

Weihnachten 1938, „Burschenkreis" in der Schwedischen Mission in der Seegasse 16. 1. Reihe 3. v. l.: Pfarrer Hedenquist – Originalfoto: Schwedisches Kirchenarchiv, Uppsala

Herbst 1938: Bemühungen um Ausreisemöglichkeiten für die drei Söhne

Nach vielen fruchtlosen Versuchen, Ausreisevisa für die drei Söhne zu bekommen, stieß die Mutter auf die Möglichkeit, über die Schwedische Mission in der Seegasse 16 (9. Bezirk), die Kinder außer Landes zu bringen. Durch ihre Teilnahme an den samstäglichen Treffen mit Pfarrer Hedenquist stiegen die Chancen für die teilnehmenden Burschen, Ausreisevisa zu bekommen (siehe S. 111).

Die „Arisierung" der Gemeindewohnung im Jänner 1939

Erstaunlicherweise gibt es in der Familie keinerlei Überlieferung über das Datum und die Vorgeschichte der denkwürdigen Übersiedlung in die „Stallwohnung" in der Unteren Augartenstraße 5. Tatsächlich ist mit 16. Jänner 1939 die endgültige Räumung der Gemeindewohnung in der Engerthstraße 91/13 – nach fünfeinhalb Monaten voll von Eingaben durch Rudolf Kauders sen. und wiederholten Aufschüben der Zwangsräumung – durch Dokumente belegt. Dieser Vorgang konnte anhand der Recherche von Dr.in Ursula Schwarz (DÖW) dargestellt werden.

Zwangsarbeit

Rudolf sen. traute sich nach dem Einmarsch Hitlers kaum mehr auf die Straße, war schließlich nur mehr abends auf dem dunklen Handelskai am Donauufer unterwegs, ohne den Kindern zu sagen, wohin er ging. Eines Tages, im Jänner 1939, schlich ihm der 14-jährige Hermann nach und sah, dass sein Vater schwere Ziegel- und Zementbrocken mit Stricken um die Handgelenke gebunden hatte: „Schau, ich trage da schwere Ziegelbrocken. Ich komme nur in der Dunkelheit hierher, die Leute würden mich ja für verrückt halten. Du weißt, die Nazis sind hinter den Juden her, auch jenen, die Protestanten sind, wie ich … sie holen sie zur Zwangsarbeit, … manche haben es nicht ausgehalten. Ich will vorbereitet sein, wenn sie mich abholen … weine nicht. Schau, ich rolle diese schweren Brocken in meinen Handflächen hin und her, schau, die Haut auf meinen Fingern ist schon ganz dick.“[3]

Rudolf sen. vorne links, bei der Zwangsarbeit im Liesingbach, vermutlich Frühjahr 1940 (Beginn der Regulierungsarbeiten im Winter 1939/40) – Foto: Lilian und Elisabeth Kauders

„Wir hatten oft nur löchrige Stiefel bei der Arbeit im eiskalten Wasser an, und wenn wer vor Erschöpfung umfiel, durften wir ihm nicht helfen, mussten oft mitansehen, wie er ertrank. Aber ich hielt immer durch, das war meine einzige Chance. Als ich dann später im Zementwerk Kaltenleut-

3 Kauders, Hermann: Before The Cock Crows. [o. O.]: Lulu.com/print-on-demand 2015, S. 61.

geben arbeiten musste, war das Schleppen der Zementsäcke fürchterlich, aber ich habe mir oft die doppelte Last auflegen lassen, damit ich weiterhin gebraucht würde", erzählte er nach dem Krieg, während er laut Paul seine Zwangsarbeit seinerzeit als Arbeit in der freien Natur beschönigte und behauptete, die langen Fußmärsche sportlich zu nehmen.

Als Rudolf lange nach dem Krieg als Chemiker und Anlagenplaner mit dem Direktor des Zementwerks in Kaltenleutgeben geschäftlich zu tun hatte, brachte er einmal die Rede auf den früheren Einsatz von Zwangsarbeitern im Werk und ersuchte ihn um eine Bestätigung über die Beschäftigung seines Vaters dort während des Krieges, um diesem eine Wiedergutmachung zu ermöglichen. Laut Rudolfs Aussagen stritt der Direktor aber vehement ab, dass im Werk je Zwangsarbeiter beschäftigt gewesen waren.

Studienbeginn Herbst 1938

Im Wissen, dass er Österreich so bald wie möglich verlassen müsse, legte Rudolf im Frühjahr 1939 die Prüfungen an der Technischen Hochschule (TH) über das Wintersemester ab, nachdem er endlich die Studiengebühren für beide Semester bezahlt hatte – sein Ansuchen um Ermäßigung war abgelehnt worden. Die Zeugnisse holte seine Mutter dann erst am 3. Juli von der TH für ihn ab, als Rudolf schon sechs Wochen außer Landes war. Nach dem Krieg konnte er nahtlos weiterstudieren und die Prüfungen über die besuchten Fächer des Sommersemesters 1939 ablegen, gemäß einer vereinfachten Prüfungsverordnung, die für ehemalige Wehrmachtssoldaten und zurückgekehrte Flüchtlinge gleichermaßen galt.

Hermanns Zukunft in England

Mit siebzehn, nach seinem Abschied aus Riversmead (siehe S. 249), musste Hermann als Schweißer in einer Fabrik arbeiten. Wie viele andere auch, wies er auf die Verschwendung an Manpower hin – dass er doch als Techniker viel mehr für England von Nutzen wäre. Nur nach Bittbriefen an britische Behörden durfte er schließlich als technischer Zeichner angelernt werden und Abendkurse für Ingenieurswesen besuchen. Wer hätte ihm auch ein Studium bezahlt? Erst nach dem Krieg konnte er eine technische Ausbildung machen.

Hermann (2. v. l.), August 1939 im Kinderheim Riversmead – Foto: Hermann Kauders

Rudolfs Internierung von Juli 1940 bis August 1941

Ehemaliges Peveril Camp heute (2014). Vor den dunklen Gebäuden des Camps verlief der Stacheldrahtzaun entlang der Strandpromenade. – Foto: Christoph Mentschl

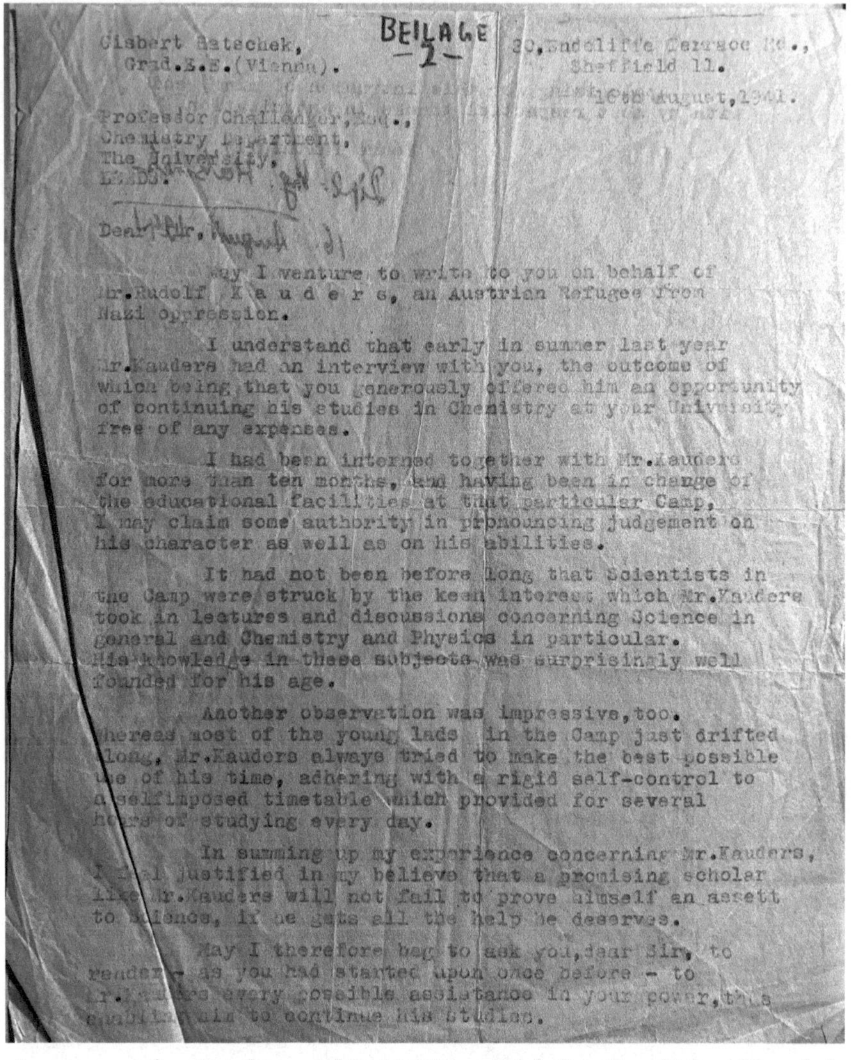

Gisbert Hatschek,
Grad.E.E.(Vienna).

BEILAGE
-2-

30,Endcliffe Terrace Rd.,
Sheffield 11.

16th August,1941.

Professor Challenger,Esq.,
Chemistry Department,
The University,
LEEDS.

Dear

May I venture to write to you on behalf of Mr.Rudolf K a u d e r s, an Austrian Refugee from Nazi oppression.

I understand that early in summer last year Mr.Kauders had an interview with you, the outcome of which being that you generously offered him an opportunity of continuing his studies in Chemistry at your University free of any expenses.

I had been interned together with Mr.Kauders for more than ten months, and having been in charge of the educational facilities at that particular Camp, I may claim some authority in pronouncing judgement on his character as well as on his abilities.

It had not been before long that Scientists in the Camp were struck by the keen interest which Mr.Kauders took in lectures and discussions concerning Science in general and Chemistry and Physics in particular. His knowledge in these subjects was surprisingly well founded for his age.

Another observation was impressive,too. Whereas most of the young lads in the Camp just drifted along, Mr.Kauders always tried to make the best possible use of his time, adhering with a rigid self-control to a selfimposed timetable which provided for several hours of studying every day.

In summing up my experience concerning Mr.Kauders, I feel justified in my believe that a promising scholar like Mr.Kauders will not fail to prove himself an asset to Science, if he gets all the help he deserves.

May I therefore beg to ask you,dear Sir, to render - as you had started upon once before - to Mr.Kauders every possible assistance in your power,thus enabling him to continue his studies.

Auszüge aus dem Brief vom 16.8. 1941 von Dipl.-Ing. Dr. Gisbert Hatschek, Absolvent der TU Wien (ca. zehn Jahre älter als Rudolf und zehn Monate gemeinsam mit ihm in Peveril Camp, auch Camp Peel genannt, interniert) an Prof. Challenger vom Chemischen Institut der Universität London – mit der Bitte, Rudolf ein gratis Chemie-Studium zu ermöglichen, wie er es ihm schon beim Besuch Rudolfs am Institut im Frühsommer 1940, kurz vor der Internierung, angeboten hatte. Rudolf halte sich – anders als die meisten jungen Internierten – an einen strengen, selbst auferlegten Tagesplan mit mehreren Stunden Studium, habe mit seinen Kenntnissen bereits das Interesse der Wissenschaftler im Camp geweckt … wäre sicher ein Gewinn für die Wissenschaft, wenn er nur die nötige Unterstützung bekäme.

So nahe war Rudolf seinem Traum schon 1940 gewesen. Anstelle eines Studiums wurden Rudolf bei seiner Entlassung aus Peveril Camp nur mehrere Fachkurse bewilligt, deren Abschlüsse ihm offensichtlich sehr wichtig waren: Er legte sie 1956 seinen Bewerbungsschreiben bei, als seine Auswanderungspläne zurück nach England konkrete Formen annahmen.

Aufgrund seiner anstrengenden und langen Arbeitstage im Camp war Rudolf bei den abendlichen Schulungsversuchen von Fritz Propst, einem Mitbegründer von Young Austria, der versuchte, Rudolf das Kommunistische Manifest näherzubringen, so erschöpft, dass er regelmäßig einschlief. Auch während der Landarbeit hatte er wenig Kontakt zu Young Austria. Erst in Leicester stieß er auf eine sehr aktive YA-Gruppe.

Internierung – vergeudete intellektuelle Ressourcen

Dr. Anna Nyburg[4] beleuchtet den noch wenig erforschten Beitrag für die britische Industrie und Wirtschaft – insbesondere für deren Entwicklung nach dem Krieg – durch engineer refugees, vor den Nazis nach Großbritannien geflüchteten Technikern und Ingenieuren, darunter auch Frauen, vor allem aus Deutschland und Österreich, von denen viele dann ab 1940 interniert wurden. Sie berichtet über eine Reihe von Briefen von verzweifelten, hochqualifizierten Technikern und Erfindern an die zuständigen britischen Ministerien. In diesen heute in den National Archives in London gesammelten Schreiben, denen die Internierten auch ihre wichtigsten Patente und Forschungsergebnisse beilegten, ersuchten sie dringend um Entlassung aus den Camps, um den War Effort unterstützen zu können.

Rudolf setzte nicht nur während seiner Internierung Innovationen ein, um die Arbeit erträglicher zu machen, sondern nutzte dann 1943 in Leicester auch seine inzwischen profunde chemische Bildung für sein kriegswichtiges erstes Patent. Dann begann er noch wenige Wochen vor seiner Registrierung für die britische Armee ein Verfahren zur Analyse des Inhalts von Fässern mit unbekannter Befüllung als zweites Patent, ebenfalls für die pharmazeutische Firma Dalma's & Co., zu entwickeln, deren Direktor ihm für die Fertigstellung des Verfahrens einen leitenden Posten nach seiner Rückkehr aus dem Krieg versprach.

4 Vgl. Anna Nyburgs (auch auf auf Youtube veröffentlichten) CLCC-Vortrag (Centre for Languages, Culture and Communication of Imperial College London) vom 20.1.2022 bezüglich der für September 2023 festgelegten Konferenz: *Refugees from Nazism: Trade, industry and engineering*, veranstaltet vom Research Centre for German and Austrian Exile Studies, University of London.

Paul: von Wien über Frankreich (OT) nach England ins POW-Camp

Paul blieb bis 1943 bei den Eltern in Wien in der „Stallwohnung“ in der Unteren Augartenstraße 5 – einer feuchten Unterkunft in einem ehemaligen Stallgebäude – bis er zur Organisation Todt (OT) eingezogen wurde und nahe Paris stationiert war (siehe S. 265). Fast wäre es Paul, der in den letzten Kriegstagen desertiert und von einer Gruppe von Resistance-Mitgliedern versteckt worden war, gelungen, die Kriegsgefangenschaft zu vermeiden: Paul hatte schon länger Kontakte zur Resistance gehabt, ohne aber an Aktionen teilzunehmen, um im Falle eines Auffliegens seine Eltern, insbesondere seinen Vater in Wien nicht zu gefährden.

Schließlich kam Paul dennoch in ein englisches Kriegsgefangenenlager in Schottland (POW-Camp), wo er als „Halbjude“ von den dort internierten Nazis gequält und schikaniert wurde, bis er in ein POW-Camp bei Birmingham verlegt wurde, wo ihn im März 1946 seine beiden Brüder besuchen konnten.

Hermann drückte dies später folgendermaßen aus: Wollten oder konnten die Engländer nicht unterscheiden zwischen einem zur Zwangsarbeit eingeteilten „Halbjuden“ und einem Wehrmachtssoldaten?

Kurz nach dem Treffen der drei Brüder setzte sich Rudolf bei der Militärbehörde für eine schnelle Entlassung Pauls aus der Kriegsgefangenschaft ein, aber es dauerte noch mehr als ein halbes Jahr, bis dieser zu den notleidenden, kranken Eltern nach Wien heimkehren durfte.

Inzwischen waren diese dreimal ausgebombt worden. Die dritte Unterkunft in der Schöllerhofgasse 7 war ebenso von Bomben getroffen worden, wobei die Eltern aber in der gepölzten Wohnung bleiben mussten. Dort nahmen sie auch den aus der britischen Gefangenschaft zurückgekehrten Paul auf.

Paul neben seinem Bett in der Küche in der Schöllerhofgasse, (ca. 1950)

Rudolf: Repatriierung über London nach Wien

Nachdem Rudolf noch in Burma, im Herbst 1945, zufällig gelesen hatte, dass ausländische Soldaten über England nach Österreich zurückkehren und dort erst abrüsten konnten, suchte er um Repatriierung an (siehe S. 244 f). Dann, im Frühjahr 1946, bat er „aus dringenden persönlichen Gründen" um raschere Versetzung nach Wien, was von den Militärbehörden anerkannt wurde. Rudolf hatte erfahren, dass seine Eltern am Leben waren – dreimal ausgebombt, geschwächt und Hunger leidend, der inzwischen 61-jährige Vater magenkrank durch die Zwangsarbeit.

In einem Schreiben vom 13. Mai 1946 an das Kriegsministerium wird an höchster Stelle für Rudolfs rasche Repatriierung nach Österreich urgiert – „aufgrund extrem wichtiger persönlicher Gründe, die in Betracht gezogen werden sollten." (Im Original: „extreme compassionate grounds")

Aber Rudolf und Mela konnten erst am 2. Dezember in größter Eile nach Wien aufbrechen. Die beiden hatten sich erst im März kennengelernt und im August geheiratet. Es blieb Rudolf nicht einmal mehr Zeit, seine ihm verliehene Burma-Star-Medaille vom Kriegsministerium abzuholen. Die beiden reisten nur mit dem Allernötigsten. Alles andere, verstaut in einer Seemannskiste, schickte Melas Mutter später an die Adresse von Rudolfs Eltern nach Wien: Ein großes Lebensmittelpaket war auch dabei, darunter grüne Tomaten „zum Nachreifen", wie sie in einem beigelegten Brief erklärte. Der Fleck, den diese verursachten, ist heute noch am Boden der Kiste zu sehen.

Rudolf und Mela nach der Hochzeit 1946

RUDOLFS CARTOONS – DOKUMENTE DES EXILS

Seit den 2000er-Jahren gewinnen auch vermehrt Karikaturen und sogar die Werke von Autodidakten, wie Rudolf einer war, Beachtung in der Exilforschung.

Rudolf nutzt die Zeichnung einerseits, um auszudrücken, was ihn bewegt, in durchaus kritischer und agitatorischer Art und Weise, andererseits, um vergnüglich-optimistische Stimmung zu verbreiten. Ein Beispiel für erstere Kategorie ist die expressionistisch in starken Schwarz-Weiß-Kontrasten gehaltene Hand im Stacheldrahtzaun des Internierungslagers mit dem Jahrzehnte später hinzugefügten Titel „WARUM?" (siehe S. 133).

Oder die schattenhaft anmutende Gruppe von gerade entlassenen Internierten, mit ihren Koffern und Taschen schon außerhalb des Zaunes, denen die Menschen von drinnen noch nachwinken, als scheinbar statische, verschmolzene Menge von Figuren. Wenn auch mit flotten Strichen als Karikaturen dargestellt, wirken diese Zeichnungen in ihrer eigenartigen Stilmischung sehr bedrückend (siehe Abb. S. 158 sowie Abb. auf der Umschlag-Innenseite: „Internierte winken den Entlassenen nach").

Plenty of leaves, but no leave! 1944/45, schwarze Tusche, Feder
Übersetzt bedeutet der Titel: Viele Blätter, aber kein Urlaub (engl. leave)!

Zu den heiteren Motiven zählen aber die meisten von Rudolfs Arbeiten. So ist ihm kein Anlass, wie etwa der Toilettengang ohne Klopapier, zu seicht, um diesen nicht für seine Wortspiele in Cartoons über den Soldaten-Alltag im Dschungel zu verwenden – übrigens ein beliebtes Thema bei vielen anderen War-Cartoonists.

Die Motive von Rudolfs Karikaturen und der entsprechende Wortwitz erscheinen häufig allzu harmlos. Nur so aber gelingt es, die Leidensgenossen trotz der stets präsenten Gefahr aufzuheitern, ihnen einen kurzen Moment des Lachens zu ermöglichen und so ihre Moral zu stärken.

Dieser Gegensatz von Humor und großer Gefahr war für Rudolf kein Problem. Dem entsprach seine privat gelebte Devise, auf schlechte Nachrichten und Widrigkeiten mit Lachen zu reagieren: „Warum sich ärgern, wenn ich in zehn Jahren ohnehin darüber lachen kann? Da lach' ich doch lieber gleich, statt zehn Jahre zu warten."

Sinnlose Eile 1940, schwarze Tusche, Feder

Die Absurdität der Situation im Internierungslager kommt in diesem Cartoon aus Peveril Camp zum Ausdruck. Jahrzehnte später schreibt Rudolf erklärend zu diesem Cartoon dazu: SINNLOSE EILE.

Fritz Propst, groß und hager, mit dem Rudolf im gleichen Gebäude im Peveril Camp wohnte, glaubte sich selbst in dem Läufer am Stacheldraht zu erkennen. Er war einer der Schnellsten in den organisierten Wettrennen zwischen Internierten und Wachpersonal und trainierte oft entlang des Zauns, aber es könnte einfach auch ein wichtigtuender Wächter gewesen sein.

Die auffallende, fast senkrechte Signatur „RK“ in Kurrentschrift mit einem angehängten Kürzel für „Jim“ erklärte Rudolf folgendermaßen: Den Engländern habe sein Vorname nicht gefallen, weshalb sie ihn „Jim“ nannten, und so habe er sich diese Signatur zugelegt.

Seinen von ihm gewählten Alias-Namen Ronald Oliver Kent (R. O. Kent) verwendete er erst ab 20. Mai 1944, noch gegen Ende der Ausbildung, als er den Bescheid zum Militäreinsatz bekam. Ab diesem Zeitpunkt signierte Rudolf auch seine Zeichnungen mit R.O. Kent.

Militärausbildung, Jänner – Juli 1944

Immer dieselben Zwei! 1944, blaue Tinte, Feder

Ungeeignete Rekruten hat Rudolf öfters persifliert. Hier ein Beispiel, das zeigt, dass der gute Wille nicht reicht. Während der achtmonatigen Zeit seiner Ausbildung bis Juli 1944 in den Kasernen Maryhill in Schottland und Warwick in Warwickshire hatte er mehr Zeit zu zeichnen. Es entstanden zahlreiche Arbeiten, auch seine Anti-Nazi-Cartoons. Als Gestalter von Lehrplakaten im Rahmen seiner Funktion als Ausbildner an der Waffe konnte er sein Talent zur Schriftgestaltung einsetzen.

Rudolf, der Plakatmaler

Die überall in England verbreiteten, grafisch hoch interessanten WAR POSTERS von bekannten Künstlern haben Rudolf offensichtlich sehr beeindruckt und sofort zur Kommentierung inspiriert.

Die qualitätsvolle Gestaltung, der Schwung der Zeichnung und die Treffsicherheit seiner Slogans zeigen, welches Vergnügen diese Arbeiten Rudolf bereitet haben müssen.

Intelligence – undatiert (entweder 1944 während seiner Ausbildung oder danach in Burma), schwarze Tusche, Pinsel
"I have nothing to offer but blood, toil, tears and sweat": Zitat aus Churchills berühmter Antrittsrede als Prime Minister 1940.

Rudolf wandelt selbstbewusst das bekannteste Churchill-Zitat ab. Die mächtige Feder als Waffe im Dienste des Kriegsziels zeigt auf, dass man mit Intelligenz (brains) und militärischer Aufklärung (engl. auch intelligence) Menschenleben retten kann.

Die Bedeutung der Intelligence Section (Nachrichtendienst), der Rudolf in seiner Einheit selbst angehörte, und deren Tätigkeit er in mehreren Cartoons zum Motiv wählt, wird hier als essentiell hervorgehoben. Auch in Rudolfs Burma-Geschichten spielt diese Einheit eine große Rolle, mit dem Funker als zentraler Figur, der das schwere Funkgerät quer über die Schulter gehängt schleppen muss.

Shanks' Pony, Poster von Lewitt-Him – Abbildung gemeinfrei

Rudolf spielt in seinem Cartoon „Die Fata Morgana" auf ein in England verbreitetes, beliebtes Plakatmotiv des berühmten Grafiker-Duos Lewitt-Him an, das die Bevölkerung aufruft, kurze Strecken zu Fuß zu gehen, um Beförderungskapazitäten für den WAR TRANSPORT freizuhalten. Shanks' Pony bedeutet so viel wie „auf Schusters Rappen" (shanks = Schenkel).

Zeitungsausschnitt aus SEAC, Die Fata Morgana (The Mirage)
In Rudolfs Karikatur blicken sich die beiden Tiere an!

Nachfrage für Rudolfs Cartoons

Die meisten Cartoons von Rudolf werden in der Zeitung SEAC – herausgegeben vom South East Asia Command – abgedruckt, aber auch für die Zeitschrift BUGLE kommen Anfragen über mehrere Dutzend Zeichnungen, mit der Zusage für die baldige Zusendung von Zeichenmaterial.

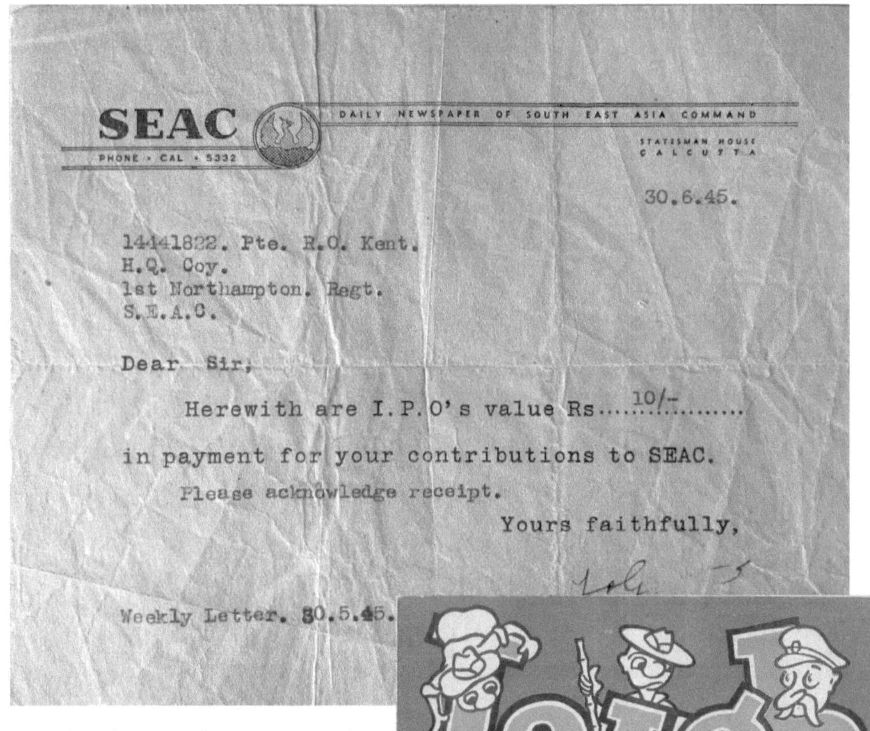

SEAC — DAILY NEWSPAPER OF SOUTH EAST ASIA COMMAND
PHONE · CAL · 5332
STATESMAN HOUSE CALCUTTA

30.6.45.

14441822. Pte. R.C. Kent.
H.Q. Coy.
1st Northampton. Regt.
S.E.A.C.

Dear Sir,

Herewith are I.P.O's value Rs......10/-.........

in payment for your contributions to SEAC.

Please acknowledge receipt.

Yours faithfully,

Weekly Letter. 30.5.45.

Briefkopf der großformatigen Tageszeitung SEAC, der Publikation des Südostasienkommandos der britischen Armee. Zahlungsbeleg über zehn Rand für eine Lieferung von Rudolfs Karikaturen.
Der Umschlag des Jahreshefts 1946 mit den gesammelten Karikaturen aus der Tageszeitung SEAC. Dieser Band ist den berühmteren unter den zahlreichen britischen War-Cartoonists gewidmet. – Bild: Lilian Kauders

Skizzen von zwei indischen Dorfbewohnern mit deren handschriftlich hinzugefügten Namen. Dokumentarzeichnung, Bleistift, 1945

All-Services-Art-Exhibition in Indien im Juni 1945

Rudolfs Beitrag zu dieser alle Einheiten umfassenden Kunstausstellung in Indien heißt WAR DIARY (Kriegstagebuch) und besteht aus comic-artigen Montagen seiner bewährten Cartoon-Motive auf acht großformatigen Kartons.

Diese stellte er aus thematisch passenden Cartoons zusammen, die er aus seiner Sammlung von Arbeiten auswählte. Rudolf schickte nämlich seine Cartoons immer in Form von Kopien, durchgepaust von den Originalen, an die SEAC-Redaktion. Die Originale oder die entsprechenden Zeitungsausschnitte aus den SEAC-Nummern behielt er stets bei sich.

Mit Variationen und neuen Ideen bereichert und bemüht um originelle grafische Effekte, konnte er sein satirisches Werk nun krönen, indem er in formaler Anlehnung an die Bildergeschichten und Comics seiner Jugend diese Tusche-Pinsel-Feder-Plakate schuf.

Zwei verlorene Ausstellungskataloge

Der dazugehörige Ausstellungskatalog – damals an seine Einheit in Burma geschickt – erreichte Rudolf nicht, wie aus einer Nachricht an ihn hervorgeht. Auch der Katalog, den der verantwortliche Offizier nach der Ausstellung gemeinsam mit den Originalen im Auftrag von Rudolf nach London schickte, scheint verschollen zu sein. Der Empfänger war der zu Young Austria gehörende Verlag „Jugend Voran".

Offensichtlich holte Rudolf nach seiner Rückkehr nach England die acht 60 x 42 cm großen Blätter vom Verlag „Jugend Voran" ab, rollte sie ein und verwahrte sie in der hölzernen Seemannskiste, zusammen mit sämtlichen anderen kleinformatigen Cartoons und Zeichnungen aus den Jahren seit 1939, mit allen Dokumenten und seinen wenigen Habseligkeiten. Der Katalog war wahrscheinlich nicht mehr dabei. Rudolf erwähnte später auch keinen Katalog, auch nicht, als er all seine verloren geglaubten Zeichnungen und die acht gerollten Blätter aus der Militärausstellung sechzig Jahre später in Wien am Boden der Kiste, bedeckt mit anderen Papieren, wiederentdeckte.

Die jährlichen Kunstausstellungen von Young Austria

Die letzte der erfolgreichen, jeden Sommer von Young Austria organisierten, Kunstausstellungen von österreichischen Exilkünstlerinnen und -künstlern fand im September 1945 in London in der zum bekannten Buchgeschäft gehörenden Foyle's Gallery statt. Vielleicht hatte Rudolf gehofft, dass seine Arbeiten dort ausgestellt würden, oder dass der Verlag sie publizieren würde. Wie hätte er auch die großformatigen Kartons in seinem Marschgepäck verstauen sollen?

Auf den Folgeseiten befinden sich vier Beispiele aus dem War Diary.

Höhenmarsch, November 1944, Tusche, Feder, Pinsel auf Karton

Für die Ausstellung in Indien wählte Rudolf auch den kritischen und anklagenden Cartoon mit dem enorm angeschwollenen Fuß im zerfetzten Schuhleder: Alle sollen sehen, was geschehen ist.

Eine grafisch gut gelungene Lösung für fünf Einzelbilder – mit dem entzündeten Fuß im Blickpunkt, der gefragt wird: Zu wem willst du? Zum Quartiermeister (für neue Schuhe) oder zum Arzt?

Zum Cartoon rechts oben: 'Chocolate Staircase' nannten die Soldaten eine bräunliche Bergwand, die stufenartig in die Höhe ragte.

Übersetzung zum Cartoon links unten: Was ist? Du warst doch ein Chindit, oder? (siehe S. 265)

NOVEMBER 44
"I AM GLAD TO SAY I'VE FOUND THEM, SIR!"
NESTLE'S MILK CHOCOLATE
CARAMEL'S IS GOOD WIL YOU
EAT FRY'S
MARS BLOCK
BOURNVILLE
CADBURY'S IS BEST!
CHOCOLATE STAIRCASE
"COME ON, YOU MEN– UP THEM STAIRS!"
(AS PTE. KENT IMAGINED IT...)
WALK SHORT DISTANCES–
WAR TRAFFIC FIRST
USE SHANK'S PONY!
THE MIRAGE...
(WITH APOLOGIES TO THE MINISTRY OF WAR TRANSPORT.)
"WHO DO YOU WANT TO SEE? THE Q.M. OR THE M.O.?"
COAL 2 CWT
"SO WHAT – YOU USED TO BE A CHINDIT!"
THE MOUNTAIN TREK...

Alles Gute kommt von oben, Jänner 1945, Tusche, Feder, Pinsel auf Karton

Bild rechts oben: He du, warte doch eine Minute, ich will dich einholen, ich habe ein Paket für dich!

Bild unten: Neujahrsgrüße für Hitler und seine Getreuen

Das Motiv mit dem verkehrt herum gehaltenen Fernrohr wird von anderen War-Cartoonists auch verwendet.

JANUARY 45

RUM
MILK
A GOOD 'DROP'!
"HEY, YOU– WAIT A MINUTE– I WANT TO CATCH YOU UP, I'VE GOT A PARCEL FOR YOU!"
ALL GOOD THINGS COME FROM HEAVEN ABOVE–
HAPPY NEW YEAR
"LOOK THROUGH IT THE OTHER WAY ROUND–AND THE DEVILS ARE MILES OFF!"
GERMANY

Bleiben Sie in der Leitung, März 1945, Tusche, Feder, Pinsel auf Karton
Bild oben: „M für – dreckige! verdammte! verfluchte! verflixte! – Entschuldigung – Mosquito …"

Bild unten: Wird es Hitler schaffen deutschen Boden zu verlassen? Ja, nach oben!

Die Kartonschildchen am Rand unten tragen die fortlaufenden Nummern der Exponate, was bedeutet, dass die acht Plakate offensichtlich in einigem Abstand voneinander gehängt waren, mit anderen Arbeiten dazwischen.

MARCH 1945

"M FOR — (BLASTED! ROTTEN! FILTHY! DAMNED! -SORRY-) MOSQUITO..."

R.O.KENT

JUST...

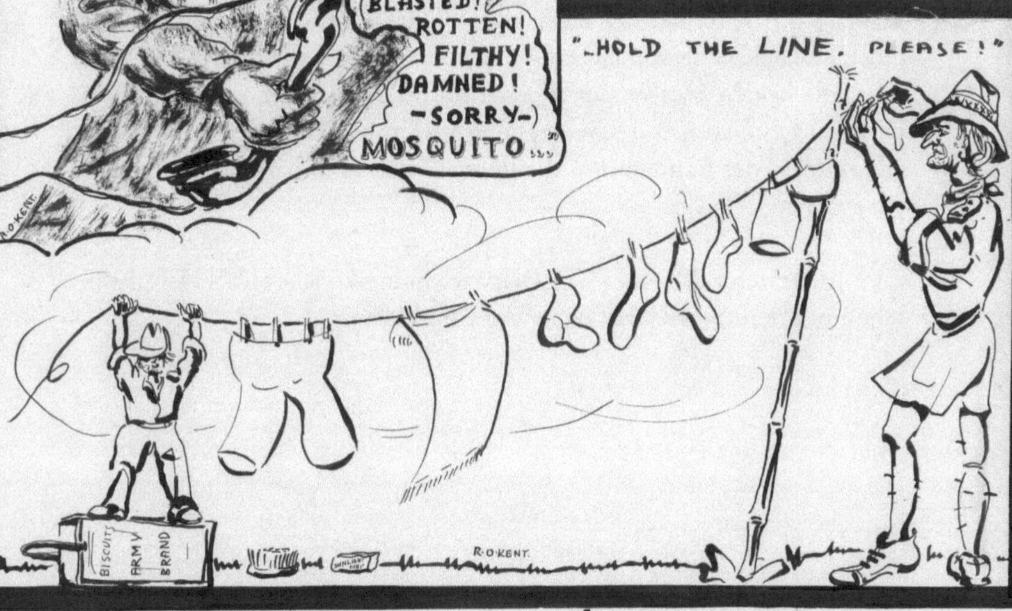

HANG...

ON...!

Juni 1945, Tusche, Feder, Pinsel auf Karton
Bild oben: Liebe Mutter, wir werden bald abziehen, inzwischen stoßen wir vor…

Bild unten: Holt den Heimkehrer da runter!

Rudolfs Traum vom Getragenwerden wird hier kombiniert mit dem Traum vom Abrüsten. Holt den Repat (Heimkehrer) da runter! („den nichtsnutzigen Repat, der nach Hause fährt“, schwingt da mit). „Bring down a plane“ bedeutet: ein Flugzeug vom Himmel herunterholen.

Die beiden Motive zum Thema Abrüsten sind hier in unterschiedlichen Stilrichtungen und sehr sorgfältig ausgeführt. Das obere Bild ist nicht eingerahmt, der Rahmen um die untere Zeichnung wird vom faulen Repat gesprengt.

Im letzten Bild seines War Diary zeichnet sich Rudolf als Heimkehrer schon mit dem Seesack auf dem Weg zum Hafen.

JUNE 1945

"Dear Mum,

We should soon pull out...
Meanwhile, we are pushing on..."

R.O.KENT

...BRING THAT 'REPAT' DOWN!'...

R.O.KENT

RÜCKSCHAU

Ab dem Alter von etwa achtzig Jahren schrieb Rudolf mehrere kurze Texte als Rückblick und Zusammenfassung von seinen ihm wichtigen Anliegen, welche die sozialen und politischen Themen seiner Wien-Geschichten aufgreifen. Aufgewachsen im Armenviertel Zwischenbrücken, wählt er als wiederkehrende Motive neben Armut und Außenseitertum auch die Abgeschlossenheit des Bezirks, der von Bahngleisen und der Donau begrenzt wird, wobei nur Brücken über die Donau nach draußen führen.

Aus dieser Abgeschlossenheit hat es Rudolf ins Exil nach England und als Soldat der britischen Armee in den Dschungelkrieg von Burma verschlagen, endlich mit Mela zurück ins Nachkriegs-Wien. Die Brücken zum früheren Zufluchtsland blieben ihnen wichtig, so wie den meisten der kleinen Gruppe der aus dem Exil Zurückgekehrten. Mit vielen der in England Gebliebenen verband sie die Sehnsucht nach dem jeweils anderen Ort.

Rudolf Kauders (1920–2018)
Mela Kauders (1923–2014) im Alter von 59 Jahren.
Trotz ihres Rückenleidens tippte Mela nach ihrer Pensionierung hunderte Seiten von Rudolfs Geschichten, meist nach Diktat, und ermöglichte so die Umsetzung seines Traums von einer Veröffentlichung.
Foto: Lilian und Elisabeth Kauders

Rudolf Kauders sen. (1885–1975), ca. 85 Jahre alt, nahe dem Brigittenauer Sporn und der Otto-Wagner-„Löwenbrücke", dem „Tor nach Wien", auf einem Spazierweg Richtung Nussberg, mit dem Leopoldsberg im Hintergrund – alles auch Lieblingsplätze von Hermann, Paul und Rudolf.
Foto: Lilian und Elisabeth Kauders

Paul (1922–2013) mit dem Bild der Mutter, das er 1951 von der damals 63-Jährigen gemalt hat. Hinter ihr ist der alte Kachelherd in der Wohnung Schöllerhofgasse zu sehen (vgl. S. 286). Ausschnitt aus einem Foto von Peter Kauders, 2009.

Die Mutter, Franziska Kauders (1888–1972), war überzeugt, ihren Mann durch ihre hartnäckige und wiederholte Weigerung, sich von ihm scheiden zu lassen, vor der Deportation schützen zu können.

Sie ließ sich bei keiner der Vorladungen, als sie die Scheidungsurkunde unterschreiben sollte, auf irgendwelche Argumente ein, beharrte nur immer wieder darauf, dass ihr Glaube eine Scheidung nicht zulasse und sie einer Annullierung der Ehe nicht zustimmen könne, da ihre drei Söhne dann unehelich geboren wären.

Mela, Hermann, Rudolf. Hermann (1924–2019) hatte stets Heimweh nach Wien und kam oft nach Österreich, ab seiner Pensionierung jedes Jahr auf ausgedehnte Familienbesuche. Ausschnitt aus einem Foto von 2005, Lilian und Elisabeth Kauders

Die glücklichen Eltern im Jahr 1952 auf Besuch in England bei Sohn Hermann und seiner Familie, als die älteste Tochter fünf Jahre und der Sohn ein Jahr alt waren.

Melas Mutter Helen Katz (1895–1977), zu Besuch in Wien im Jahr 1950, als ihre Enkelinnen eineinhalb und drei Jahre alt sind.

Beim Abschied in England 1946 sagte sie ihrer Tochter traurig: „You are going back to the country that drove your parents away." (Du gehst in das Land zurück, das deine Eltern vertrieben hat). Diesen Satz wiederholte Mela oft, auch um auszudrücken, wie sehr sie sich nach ihrer Familie in England und dem freieren Leben dort sehnte, und wie sehr sie unter dem in Österreich drückenden Klima von Antisemitismus und Konservatismus litt. Mela war für ihre fröhliche und temperamentvolle Art, für ihre großzügige Hilfsbereitschaft bekannt. Über ihre dramatische Flucht in die Schweiz sprach sie nicht. Erst nach Melas Tod berichtete ihr jüngerer Bruder Julius darüber. Melas älterer Bruder Erwin (Eric Kelsey), der dem Pioneer Corps beigetreten war, beschloss, Österreich nie mehr zu betreten.

Literaturhinweise

Anthony, Elizabeth: The Compromise of Return. Viennese Jews after the Holocaust. Detroit: Wayne State University Press 2021.

Berger, Ernst / Wodak, Ruth: Kinder der Rückkehr. Geschichte einer marginalisierten Jugend. Wien: Springer 2018.

Brinson, C. / Müller-Härlin A. / Winckler J.: 'His Majesty's Loyal Internee': Fred Uhlman in Captivity. London: Vallentine Mitchell 2009.

Bock, Susanne: Mit dem Koffer in der Hand. Leben in den Wirren der Zeit 1920–1946. Wien: Passagen 1999.

Bock, Susanne: Heimgekehrt und fremd geblieben. Eine alltägliche Geschichte aus Wien 1946 bis 1955. Strasshof: Vier-Viertel-Verlag 2003.

Dogramaci, Burcu: Der Stift als Seziermesser im englischen Exil. Politische Zeichnungen von Richard Ziegler und Walter Trier für *Die Zeitung*. Göttingen: V&R 2016.

Fettner, Ernst: „Geh' du voran". Ein Jahrhundert. Hg. v. Jana Waldhör. Graz: Clio Verlag 2021.

Frank, Sonja (Hg.): Young Austria. ÖsterreicherInnen im Britischen Exil 1938 bis 1947. Wien: Verlag der Theodor Kramer Gesellschaft 2014.

Franz, Margit / Halbrainer, Heimo (Hg.): Going East, Going South. Österreichisches Exil in Asien und Afrika. Graz: Clio Verlag 2014.

Hecht, Dieter / Lappin-Eppel, Eleonore / Raggam-Blesch, Michaela: Topographie der Shoah. Gedächtnisorte des zerstörten Wien. Wien: Mandelbaum Verlag 2015

Kauders, Hermann: And God Created Bed Bugs Too. [o.O.]: Lulu.com/print-on-demand 2015.

Kauders, Hermann: Before The Cock Crows. [o.O.]: Lulu.com/print-on-demand 2015.

Leighton-Langer, Peter: X steht für unbekannt. Deutsche und Österreicher in den britischen Streitkräften im Zweiten Weltkrieg. Berlin: Spitz-Verlag 1999.

Meissner, Renate (Hg.): Erinnerungen. Exil in Asien 3. Wien: Nationalfonds der Republik Österreich 2015.

Neugebauer, Rosamunde: Zeichnen im Exil – Zeichen des Exils? Handzeichnung und Druckgraphik deutschsprachiger Emigranten ab 1933. Weimar: VDG Weimar 2003.

Neugebauer, Rosamunde: Anti-Nazi-Cartoons deutschsprachiger Emigranten in Großbritannien: Ein spezielles Kapitel Karikaturengeschichte, in: Schreckenberger, Helga (Hg.): Ästhetiken des Exils. Amsterdam: Brill 2003.

Pirker, Peter: Entrümpelung postnazistischer Geschichtspolitik. Das Wiener Heldendenkmal und seine Transformation 70 Jahre nach dem Ende des Zweiten Weltkrieges, in: Jahrbuch für Geschichte und Politik 7. Stuttgart: Franz Steiner Verlag 2021.

Rapp, Christian / Schwarz, Ursula: Wider die Macht. Die Kunstsammlung des Dokumentationsarchivs des österreichischen Widerstandes. Salzburg: Residenz Verlag 2022.

Waldhör, Jana: Zeitspiegel. Eine Stimme des österreichischen Exils in Großbritannien 1939–1946. Wien / Hamburg: new academic press 2019.